Helmut Brenske

Ikonen

www.legat-verlag.de

Aktualisierte und verbesserte Neuauflage

Titelbild: *Gottesmutter Hodigitria*, 17. Jh., Russland,
mit perlenbesticktem Stoffoklad, darüber vergoldetes Silberoklad,
guillochiert und graviert, mit Edelsteinen besetzt, S. 51

Text: Helmut Brenske, Hannover
Redaktion der Überarbeitung: Erhard Gaß
Satz und Herstellung: Medienwerkstatt Alexander Frank, Heike Ostarhild
Druck: Appl, Wemding
Printed in Germany

ISBN 3-932942-16-7

Helmut Brenske

Ikonen

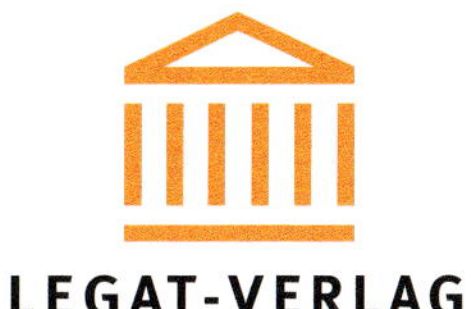

LEGAT-VERLAG

Inhalt

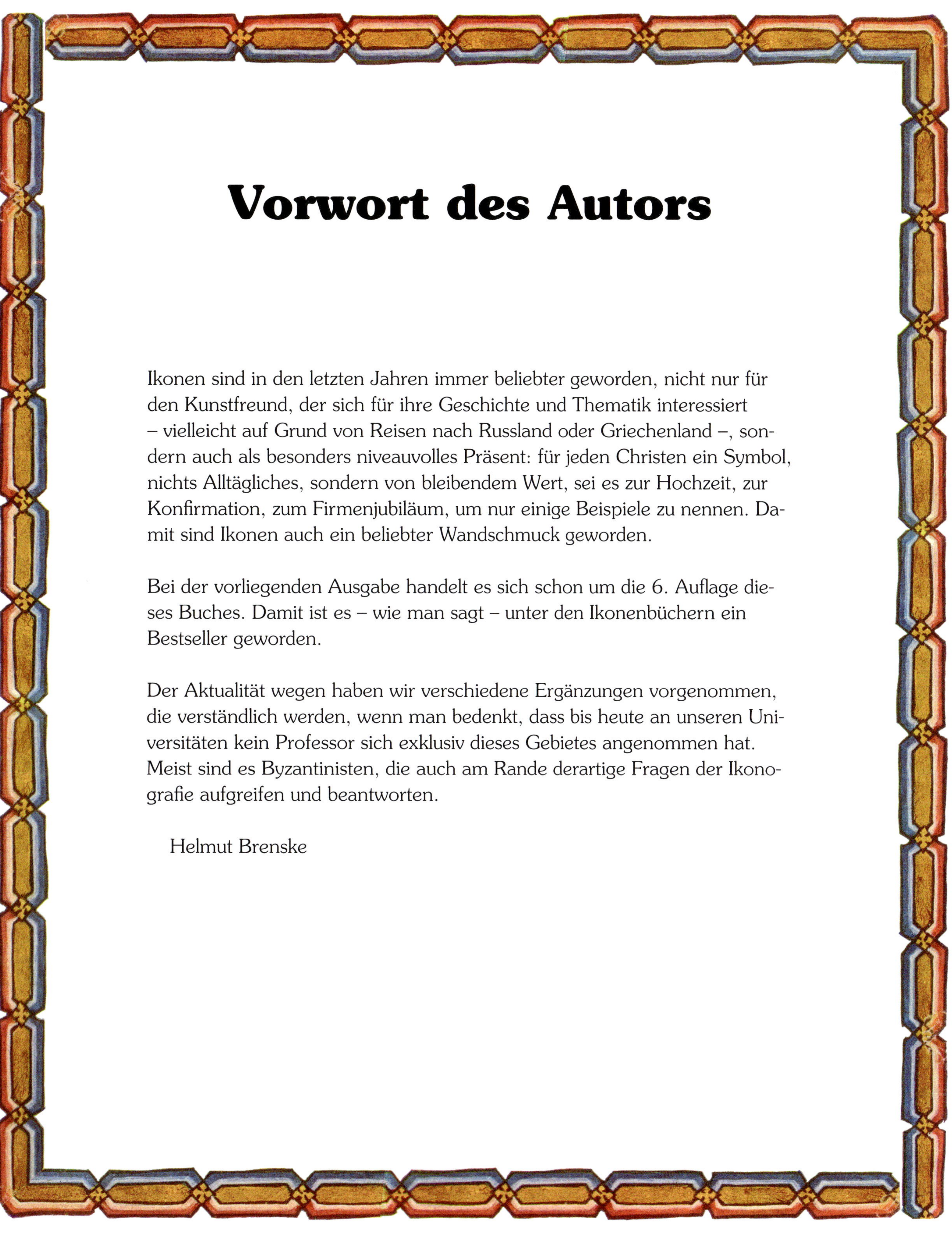

Vorwort des Autors

Ikonen sind in den letzten Jahren immer beliebter geworden, nicht nur für den Kunstfreund, der sich für ihre Geschichte und Thematik interessiert – vielleicht auf Grund von Reisen nach Russland oder Griechenland –, sondern auch als besonders niveauvolles Präsent: für jeden Christen ein Symbol, nichts Alltägliches, sondern von bleibendem Wert, sei es zur Hochzeit, zur Konfirmation, zum Firmenjubiläum, um nur einige Beispiele zu nennen. Damit sind Ikonen auch ein beliebter Wandschmuck geworden.

Bei der vorliegenden Ausgabe handelt es sich schon um die 6. Auflage dieses Buches. Damit ist es – wie man sagt – unter den Ikonenbüchern ein Bestseller geworden.

Der Aktualität wegen haben wir verschiedene Ergänzungen vorgenommen, die verständlich werden, wenn man bedenkt, dass bis heute an unseren Universitäten kein Professor sich exklusiv dieses Gebietes angenommen hat. Meist sind es Byzantinisten, die auch am Rande derartige Fragen der Ikonografie aufgreifen und beantworten.

Helmut Brenske

Ikonen sind gemalte Frömmigkeit

Bücher über Ikonen gibt es viele. Dieses ist von anderer Art als die meisten von ihnen: Ein Sammler schreibt über sein Sammelgebiet für dessen Liebhaber, die der gleichen Leidenschaft frönen wie er selbst. Er schreibt von dem, was ihn bewegt, was er sich über Wesen und Sinn seiner Sammelobjekte erarbeitet und zu Eigen gemacht hat. Sein Sammelgebiet ist nicht alltäglich, ist dem Menschen von heute in unseren Breiten meist innerlich fremder als exotische oder primitive Kunst, denn die Welt der Ikonen erschließt sich nicht ohne weiteres, verschließt sich dem, der sie nur unter ästhetischen Gesichtspunkten betrachtet, lässt den in die Irre gehen, der sich ihnen mit romantischen Gefühlen nähert oder sie aus dem geistigen Erbe des römisch geprägten Teiles Europas zu verstehen sucht. Zugang zu ihnen findet nur, wer sich zuerst in die Lehren und die Frömmigkeit der Kirchen vertieft, aus deren Raum sie kommen.

Helmut Brenske hat das getan. So wurde aus einem Sammler ein Kenner. Und der Kenner gibt hier Auskunft über das, was er nicht nur sammelt, weil es für ihn schön ist, sondern der mit dem lebt, was er an Kunstwerken und Wissen, Verstehen und Erkenntnis gesucht und gefunden hat. Von dieser Warte aus schreibt er für die, die gleich ihm Ikonen lieben und zu erkennen suchen, und wohl auch für die, die noch für diese Sammelleidenschaft gewonnen werden können. Das ist das Besondere an diesem Ikonenbuch, das ihm neben den zahllosen Artgenossen sein eigenes Daseinsrecht verschafft.

Ikonen sind gemalte Frömmigkeit, bildhafte Verkündigung, Bild gewordene Theologie; sie sind ganz etwas anderes als die Heiligenbilder im Herrgottswinkel eines frommen katholischen Hauses. Unlösbar sind sie in ihrem Wesen und in ihrer Geschichte mit Legenden und Wundern, mit Gebet und Liturgie, mit Verehrung und Glauben verbunden. Für den, der an sie glaubt und sie verehrt, stehen sie auf der Grenze zwischen dieser und der jenseitigen Welt, ist in ihnen etwas von der ewigen Kraft des Dargestellten real anwesend, wirkt in diese unsere Welt hinein und nimmt die Gebete und die kultische Verehrung an, um sie an den Dargestellten, dem sie ja eigentlich gelten, weiterzugeben. So ist die Ikone nicht ein aus noch so frommem Wollen entstandenes Idealbild aus der Phantasie des Künstlers, sondern ein Abbild des jenseitigen Urbildes.

Das gilt gleichermaßen vom schlichten Bild eines dörflichen Ikonenmalers wie von den großen Werken bedeutender Ikonenkünstler. Das verbindet sie über alle Abgründe von Zeit und Raum, zwischen handwerklicher Arbeit und künstlerischer Hochleistung. Das bedingt auch ihre auf den ersten Blick so befremdliche Gleichförmigkeit, ihre scheinbar geringe Variationsbreite. Und das macht es unmöglich, sich ihnen allein mit den Maßstäben der Ästhetik zu nähern, wenn man sie begreifen und nicht nur als etwas fremdartig Schönes bewundern will. Die Ikone ist eben in erster Linie ein religiöses, kein künstlerisches Phänomen, ein unverzichtbarer Bestandteil des kirchlichen Lebens der Orthodoxie. Sie will Glauben und Verehrung wecken.

So ist Nachstehendes eine Darstellung, die vom Erfassen des Wesens der Ikonen getragen ist, geschrieben aus der Sicht eines engagierten Liebhabers. In diesem Sinne sollte sie gelesen werden.

Prof. Dr. Klaus Wessel, München

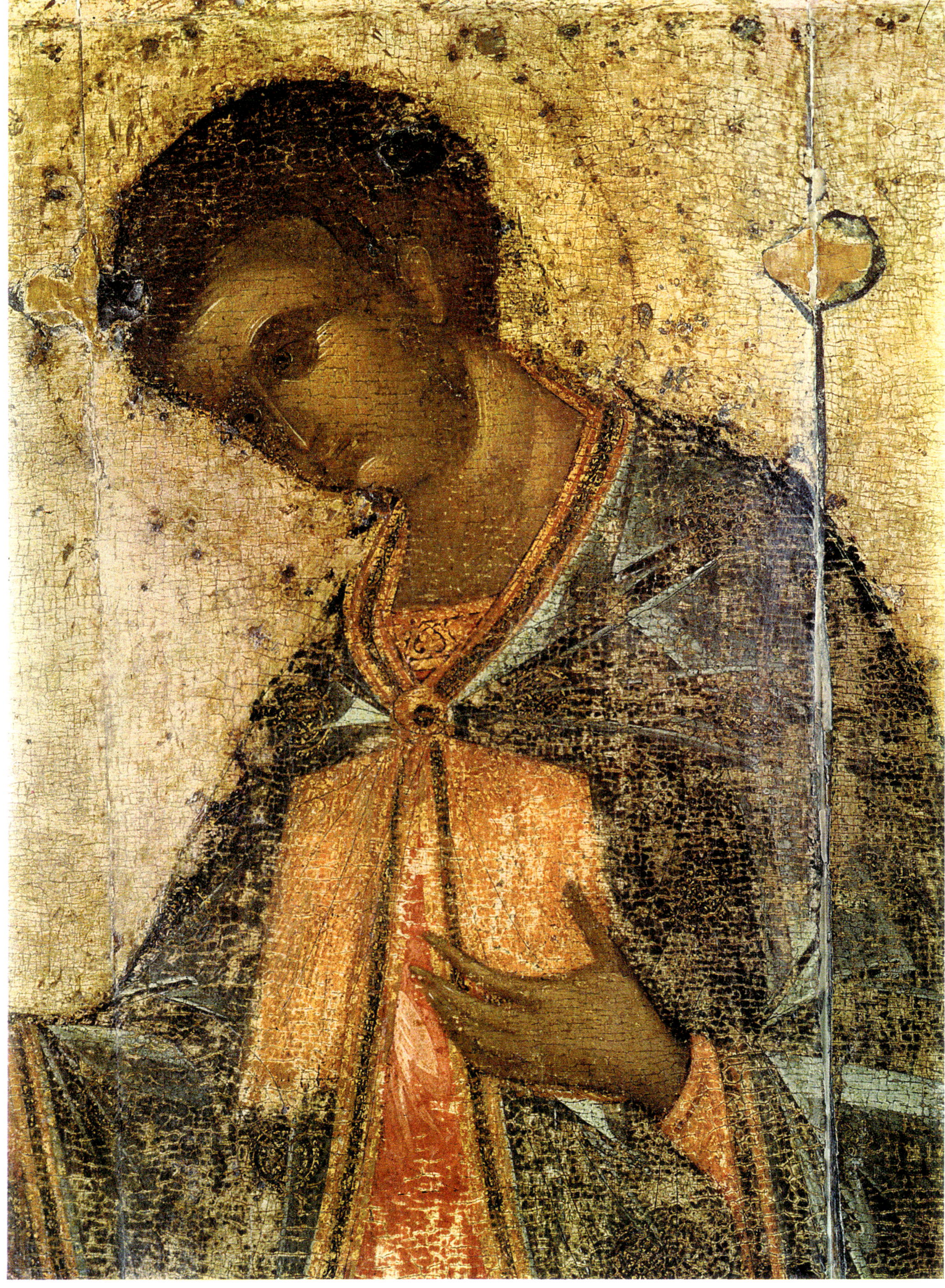

Heiliger Georg (Ausschnitt). Vermutlich ein Werk des Malers Prochor aus Gorodec, um 1410 entstanden. Es ist in der Ikonostase der Moskauer Mariä-Verkündigungskathedrale (Kreml) verblieben, für die es einst auch bestimmt war.

Wundertätige Bilder

Als der syrische König Abgar V. von Edessa, so weiß es die Legende, von einer schweren Krankheit heimgesucht wurde, schickte er einen Abgesandten zu Jesus mit einem Brief, in dem er ihn um Genesung bat. Jesus schrieb ihm eine Antwort und übersandte ihm sein Porträt, das in einem Tuch abgedrückt war. Es zeigte sein dem Betrachter frontal zugewandtes Antlitz.

Der König genas. Das Bild hielt er in Ehren, und da es Macht besaß und wundertätig wirkte, wurde es in Syrien jahrhundertelang verehrt. Es soll sogar den Sassanidenkönig Chosroes I. (531–579) zum Rückzug gezwungen haben.

Lange Zeit zierte es das Stadttor von Edessa und schützte die Bevölkerung vor feindlichen Angriffen, Krankheit und Hungersnot. Später überführte man es in die der heiligen Sophia geweihte Kirche der Stadt und bewahrte es in einem goldenen Schrein auf. An bestimmten Festtagen holte man es im Rahmen einer Zeremonie hervor, stellte es auf einen Thron und betete es an.

Alle, die es sahen, spürten seine wundersame Kraft und begriffen es als ein Mysterium. Es ist überliefert, dass der Gesichtsausdruck im Laufe des Tages wechselte, bald freundlich und mild, bald streng und unnahbar war. Das Bild wirkte Wunder und war die Zuflucht aller, die Trost oder Heilung suchten. Es vervielfältigte sich auf unbegreifliche Weise: An vielen Orten tauchten im Laufe der Zeit Christusbilder auf, die dem Edessenum bis in die Einzelheiten glichen.

944 wurde das Bild von Edessa nach Konstantinopel gebracht.

Um das Jahr 560 erzählte man sich folgende Legende: Eine Heidin aus Kamuliana in Kappadokien, einem Hochgebirgsland im östlichen Kleinasien, hatte im Brunnen ihres Gartens ein auf Leinwand gemaltes Christusbild gefunden, das zahlreiche Wunder wirkte und sich wie das Bild von Edessa vervielfältigte. Auch das Kamulianum genannte Christusbild gelangte nach Konstantinopel, wo es das oströmische Reich bei dem Ansturm der Perser 574 vor der Niederlage bewahrte.

Beide Bilder, das Edessenum und das Kamulianum, zählen zu den berühmtesten Urikonen. Von ihnen heißt es, sie seien Acheiropoitai: nicht von Menschenhand geschaffen. Beide sind verloren gegangen: das Kamulianum während des so genannten Bilderstreits, einer stürmischen Auseinandersetzung der Gegner der Bilderverehrung mit ihren Anhängern, etwa zwischen 726 und 843, das Edessenum bei der Plünderung Konstantinopels durch die Kreuzfahrer im Jahre 1204.

Viele frühe Ikonen genossen wegen ihrer Wunderkräfte und ihrer unfassbaren mystischen Schönheit große Verehrung. Für Ostrom galt Maria als Schirmherrin des Reiches, besonders aber für seine Hauptstadt. Seit im Jahre 431 das Konzil von Ephesos dogmatisch Marias Eigenschaft als Gottesmutter festgelegt hatte, stieg der Ruhm und die Zahl der Muttergottesbildnisse gewaltig an.

Auch die Marienikonen gehen auf ein Urbild zurück. Einer Legende zufolge, die vermutlich im 6. Jahrhundert entstand, war der Arzt und Evangelist Lukas, der als Apostel besonders in Kleinasien lehrte, der erste Ikonenmaler. Er hatte Maria um Erlaubnis gebeten, ein Bild von ihr schaffen zu dürfen. Er gestaltete das Porträt, wie es heißt, nach dem Leben und verwendete dazu Wachsfarben.

Jahrhundertelang blieb das Bild in Jerusalem. 438/39 unternahm die oströmische Kaiserin Eudokia eine Reise ins Heilige Land. Sie erwarb das Bild und brachte es mit nach Konstantinopel,

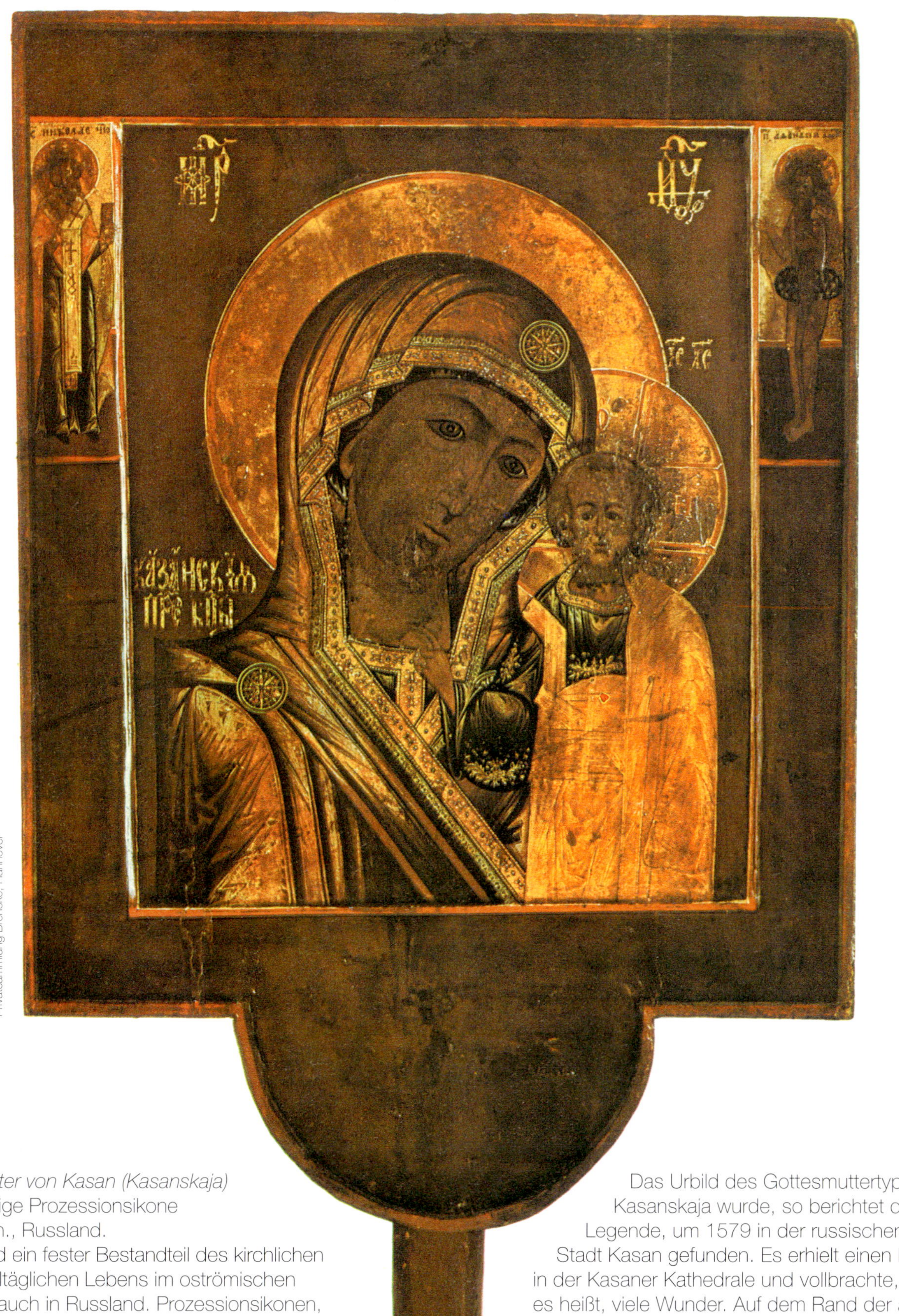

Privatsammlung Brenske, Hannover

Gottesmutter von Kasan (Kasanskaja)
doppelseitige Prozessionsikone
17./18. Jh., Russland.
Ikonen sind ein fester Bestandteil des kirchlichen und des alltäglichen Lebens im oströmischen Reich wie auch in Russland. Prozessionsikonen, meist doppelseitig bemalt, wurden von den Gläubigen mitgeführt und noch im napoleonischen Krieg 1812 in der Schlacht wie eine Standarte den Truppen vorausgetragen.

Das Urbild des Gottesmuttertyps Kasanskaja wurde, so berichtet die Legende, um 1579 in der russischen Stadt Kasan gefunden. Es erhielt einen Platz in der Kasaner Kathedrale und vollbrachte, wie es heißt, viele Wunder. Auf dem Rand der abgebildeten Ikone erscheinen links der Hl. Nikolaus, rechts der griechische Kirchenlehrer Athanasius (295–373), Gründer des Hauptklosters auf dem Berge Athos.

wo ihm tausend Jahre lang höchste Verehrung zuteil wurde. Es wurde an bestimmten Festtagen feierlich durch die Stadt getragen, und dann senkte sich, so ist es überliefert, der Heilige Geist auf die Menschen herab. Eine Quelle des frühen Mittelalters gibt uns eine Beschreibung: »Die Nase war schön, gleichmäßig gebildet und gerade; die außerordentlich schönen Augen waren von einer fast göttlichen Hoheit erfüllt; die Farbe des Augapfels war dunkel, die Wimpern äußerst freundlich, dunkel auch die Augenbrauen, die

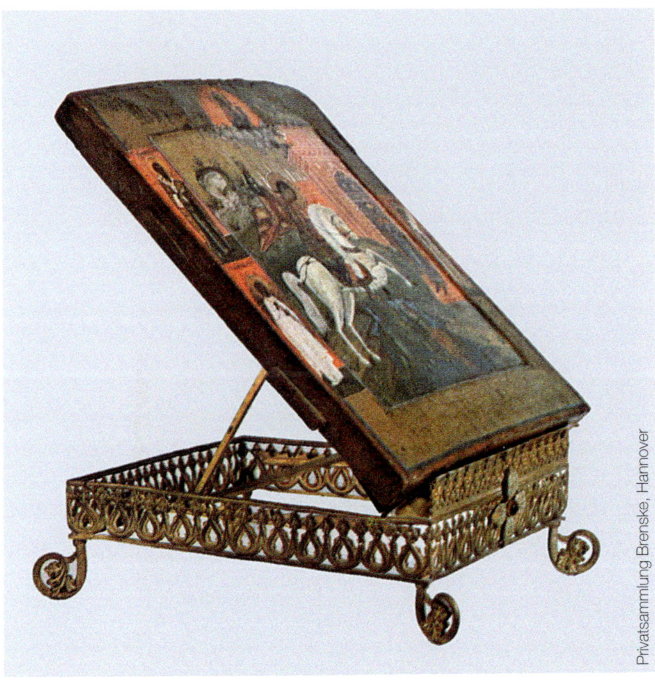

Privatsammlung Brenske, Hannover

Ikonenpult aus Messing 18. Jh., Russland. An ihren Festtagen werden die Heiligen besonders verehrt. In den Kirchen sind so genannte Kniefallikonen mit Szenen aus ihrem Leben aufgestellt, die die Gläubigen mit einem Kuss berühren können. Die auf diesem Ikonenpult ausgelegte Ikone zeigt das Drachenwunder des Heiligen Georg. Sein Tag ist der 23. April.

untadeligen Lippen erglänzten in schönem Scharlach, und die Haare des goldglänzenden Hauptes leuchteten in sanftem Goldgelb.«

Enthalten diese Legenden einen Kern Wahrheit? Ist wirklich die Ikonenmalerei auf Lukas oder gar Christus selbst zurückzuführen?

Unwahrscheinlich ist, dass bereits die Apostel einen Hang zur Ikonenmalerei verspürt haben. Ihr Mittel, sich den Menschen mitzuteilen, ihnen Jesu Wesen zu verdeutlichen, war das gewaltige, charismatische Wort. Und hatte nicht schon Gott dem Moses gesagt: »Du sollst dir kein Bildnis noch irgendein Gleichnis machen …«?

Vermutlich sind einige dieser Legenden zu Zeiten entstanden, als man das Schaffen heiliger Bilder verteidigen und rechtfertigen, sich gegen diejenigen zur Wehr setzen musste, die das Anbeten der Bilder als Abgötterei verdammten.

Verlassen wir den Boden der Legende und wenden wir uns geschichtlichen Tatsachen zu.

Wir wissen, dass die Ikonenmalerei im 4. Jahrhundert in Konstantinopel aufkam. Sie nahm rasch an Umfang zu, und im 6. Jahrhundert gehörten Ikonen nicht nur zum kirchlichen, sondern längst auch zum alltäglichen Leben. Man traf sie überall dort, wo der Beistand der himmlischen Macht, sei es für das Gelingen eines bestimmten Vorhabens, die Abwendung heraufziehenden Unglücks oder ganz einfach für persönliches Wohlergehen, das der Stadt und des Reiches, vonnöten war: auf öffentlichen Plätzen, in Straßen, an Toren, in Werkstätten und Wohnungen. Zu den berühmten wundertätigen Ikonen brachte man kranke Kinder, ließ sie vor ihnen schlafen, während die Angehörigen Heilung erflehten. Ikonen galten als Garant bei Schwüren, bekräftigten Vertragsabschlüsse, wohnten Gerichtsverhandlungen bei und zogen mit den Soldaten ins Feld.

Die Wundergläubigkeit überschritt nicht selten das Maß des Vorstellbaren und der Aberglaube wucherte. So warf zum Beispiel eine Frau eine Ikone in ihren versiegten Brunnen, in der Hoffnung, er werde wieder Wasser spenden.

Man betete Ikonen an und verehrte sie. Die gebräuchlichste und intensivste Art, Verehrung zu bezeugen, ist der Kuss. Auch heute noch ist das Küssen der Ikonen ein Höhepunkt der Liturgie der Ostkirche. Im Orient war das Küssen heiliger Gegenstände, der kultische Kuss, nichts Ungewöhnliches. Selbst die römischen Kaiser der Spätzeit ließen es zu, dass ihre Bilder eine ebensolche Verehrung genossen wie sie selbst. Dabei mag die Vorstellung mitgespielt haben, dass bei der Berührung des Mundes mit dem geheiligten Bild etwas von der Kraft und dem Wesen der dargestellten Person auf den Küssenden übergeht.

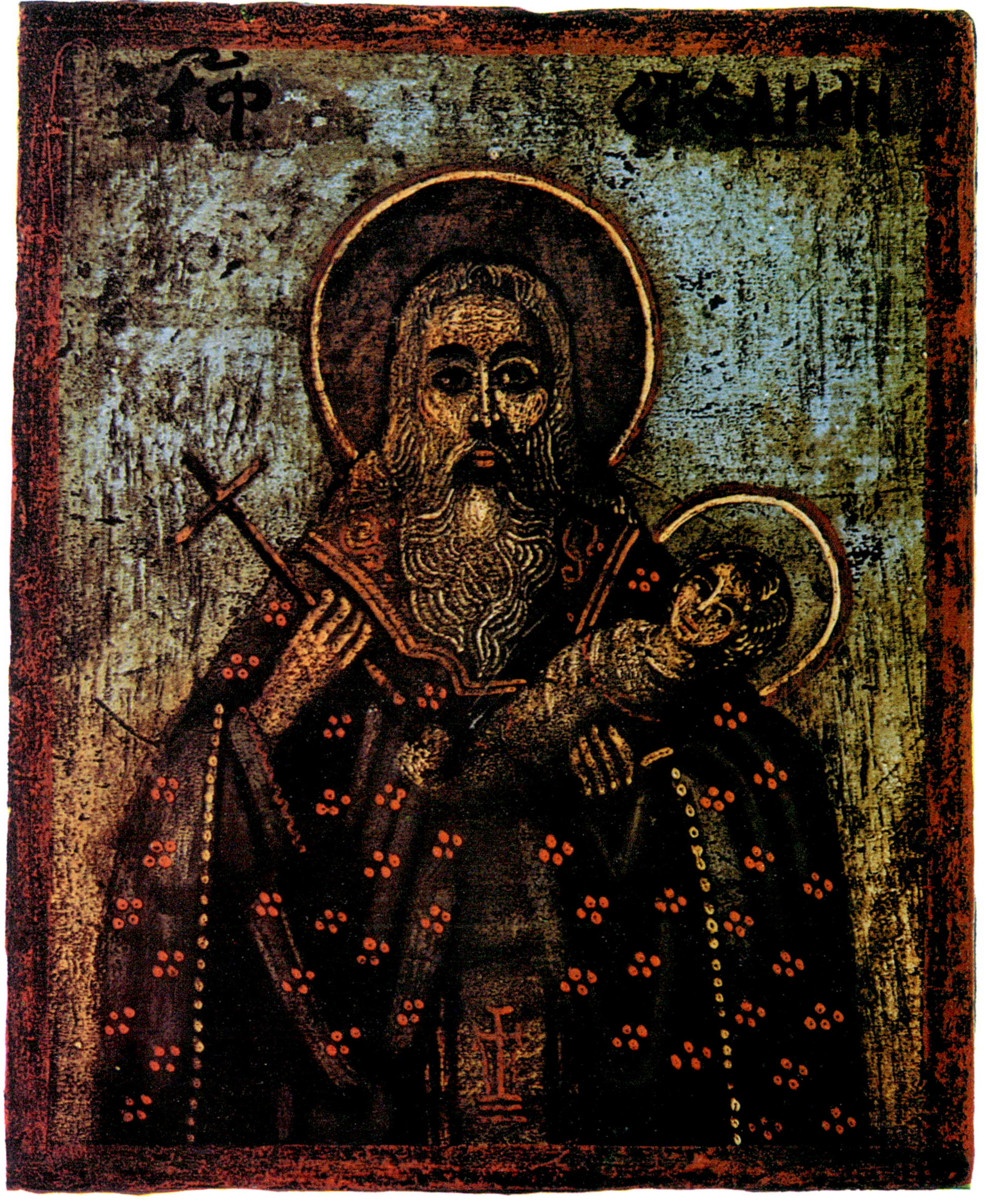

Der Heilige Stilianos, 17. Jh., Russland. Vermutlich ist der Name dieses Heiligen eine Zusammensetzung der beiden Worte »Stylit« – so hießen die Gläubigen, die ihr Leben auf Säulen verbrachten – und »Alypios«. Der Legende nach lebte Stilianos als Asket in Paphlagonien, einer antiken Landschaft an der Schwarzmeerküste Anatoliens. Er ist der Schutzpatron der Kinder und Frauen, die er besonders vor Kinderlosigkeit bewahrt. Auf der abgebildeten Ikone ist der Heilige als Mönch gekleidet. In seiner Linken hält er als Attribut ein Wickelkind.

Privatsammlung Brenske, Hannover

Tiefe Verbeugung, oft bis zum Boden, ist auch heute noch üblich, wenn ein orthodoxer Gläubiger einen Raum betritt, in dem eine Ikone steht. Und er tut dies als Erstes, bevor er die Anwesenden, den Gastgeber eingeschlossen, begrüßt.

Ikonen werden mit Blumen geschmückt, mit Weihrauch umgeben und mit sanftem Licht beleuchtet – zum Ausdruck der Ehrfurcht und der Gläubigkeit.

Bilderstreit

Prozessionsikone 16. Jh., Russland. Das 35 Zentimeter hohe Holzkreuz wurde nicht nur bei Prozessionen mitgetragen, man nahm es auch mit ins Sommerhaus. Im Kreuzbalken zur Rechten des Gekreuzigten ist Maria dargestellt, zu seiner Linken Johannes der Täufer – in der orthodoxen Kirche der Vorläufer (Christi) genannt. Zu Füßen Christi der Schädel Adams: Nach orthodoxer Auffassung wurde Adam auf Golgatha bestattet und erst durch den Tod Christi erlöst.
Privatsammlung Brenske, Hannover

Konstantinopel war in frühchristlicher Zeit ein Schmelztiegel vieler Rassen und Völker und ein Kulturzentrum der Welt. Hier stießen Orient und Okzident aufeinander. Das gestalterische Denken der griechischen Antike lebte noch nach, mischte sich mit dem pragmatischen der Römer, die das Land erobert hatten, wurde durchsetzt von dem zum Schwärmerischen und Überschwänglichen neigenden Wesen sinnenfroher orientalischer Völker, der Syrer, Ägypter, Perser. Durchdringend wirkte die gedankliche Gewalt des jungen Christentums. Es formte sich in dieser Stadt ein Lebensstil, in dem Frömmigkeit, Feierlichkeit und Sinnenfreude, Prachtentfaltung und Askese, Machtgier, Intrige und staatsmännische Klugheit ihren Platz hatten. Die Kunst jener Zeit setzt sich aus Formelementen verschiedensten Herkommens und unterschiedlichster Prägung zusammen und verschmolz zu einem neuen Ganzen, in dem sich der Geist dieses neuen großen Reiches widerspiegelt, das aus dem alten römischen Reich hervorgegangen ist.

Der römische Kaiser Konstantin der Große gründete 324 diese Stadt und gab ihr seinen Namen. Er hatte nicht die Absicht, ein zweites Rom zu schaffen, aber doch weiter östlich von Rom einen Stützpunkt für das mächtige Reich, das bis zum Kaukasus reichte. Bereits Cäsar hatte mit dem gleichen Gedanken gespielt – zu seiner Zeit war das römische Reich noch intakt –, ihn aber nie verwirklicht.

Die griechische Siedlung, aus der die Stadt hervorgegangen ist, hieß Byzanz. Griechen bildeten den überwiegenden Teil der Bevölkerung, daher spricht man immer noch von der Stadt Byzanz und von byzantinischer Kunst.

360 erhielt Konstantinopel einen eigenen Senat, und seit dem ökumenischen Konzil im Jahre 381 sprach man davon, Konstantinopel sei ein »neues Rom«. 395 starb der römische Kaiser Theodosius I. Er hinterließ sein Reich zur besseren Verwaltung seinen beiden Söhnen: Honorius erhielt den Westen, Arcadius den Osten. Nun bahnte sich die Teilung des römischen Reiches an.

Das Ostreich umfasste Libyen, Ägypten, Palästina, Syrien, Kleinasien, Bulgarien, Rumänien, Südostjugoslawien und Griechenland. Einen Kaiser gab es zwar in dem oströmischen Reich, nicht aber einen Papst, sondern nur einen Patriarchen, der jedoch einen höheren Rang hatte als die in Antiochia und Alexandria.

Unter Kaiser Justinian I. (527–565) erlebte die byzantinische Kunst ihre erste große Blütezeit – es muss auch eine Blütezeit der Ikonenmalerei gewesen sein. Doch nur ganz wenige Werke sind uns aus diesem und dem folgenden Jahr-

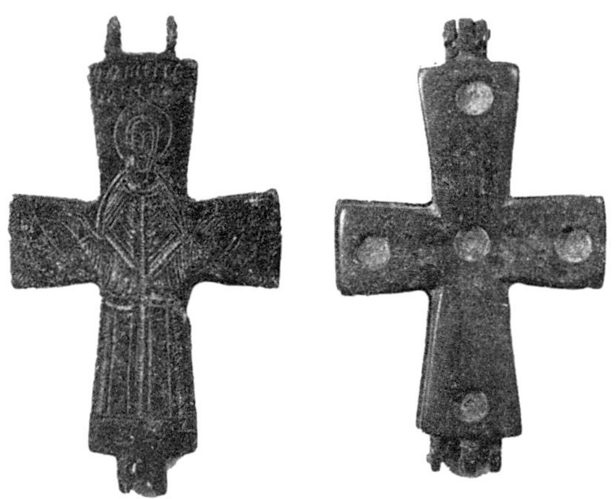

Bronzekreuze, 6.–8. Jh., byzantinisch.
In frühbyzantinischer Zeit bewahrte man die Bronzekreuze in der Kirche auf. Mit ihnen segnete der Priester die Gemeinde. In späterer Zeit trifft man sie auch in den Wohnungen der Gläubigen an. Zu Prozessionen nimmt man sie von der Wand und führt sie mit sich.
Privatsammlung Brenske, Hannover

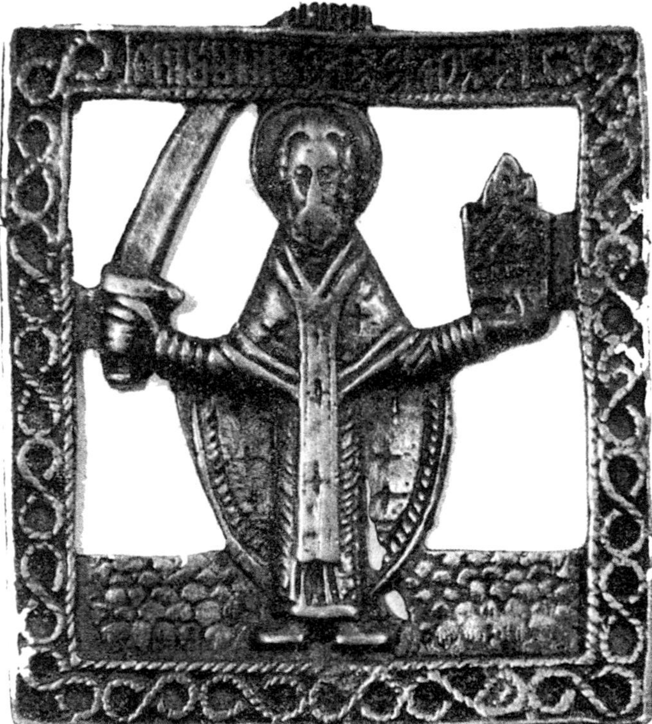

Nikolaus von Moshaj
Bronze, 16./17. Jh., Russland.
Die 6,5 Zentimeter große, fast quadratische, archaisch anmutende Bronze-Ikone ist dem Heiligen Nikolaus gewidmet, der die russische Stadt Moshaj von den Tataren befreit haben soll. Symbol dieser Wundertat sind das Schwert in seiner Rechten und ein Modell der Stadt Moshaj in seiner Linken.
Privatsammlung Brenske, Hannover

hundert erhalten geblieben. Sie werden heute im Katharinenkloster am Fuße des Berges Dschebel Musa auf der Halbinsel Sinai aufbewahrt. Wenn es die politischen Verhältnisse zulassen, kann man sie dort besichtigen. Noch ältere Ikonen gibt es kaum.

527 hatte Kaiser Justinian das Kloster erbauen lassen. Dem Geschick der Mönche, die den erobernden Arabern im 7. Jahrhundert den Zutritt zum Kloster verwehrten, ist es zu verdanken, dass die Kunstschätze, die sich hier im Laufe der Jahrhunderte angesammelt hatten, der Vernichtung durch die Andersgläubigen entgingen.

Das Wort Ikone leitet sich ab von eikón, dem griechischen Wort für Bild, Abbild. Zur Zeit des frühen Christentums war jedes religiöse Bild – Mosaik, Fresko oder Tafelbild – ein eikón. Heute verstehen wir unter dem Begriff Ikone das religiöse Kultbild der Ostkirche. Viele Ikonen gerieten zu Kunstwerken: Mit gestalterischen Mitteln versuchten die Maler die Spannung zwischen Urbild und Abbild zu bewältigen. Es ging ihnen um Naturtreue und Echtheit der dargestellten Person.

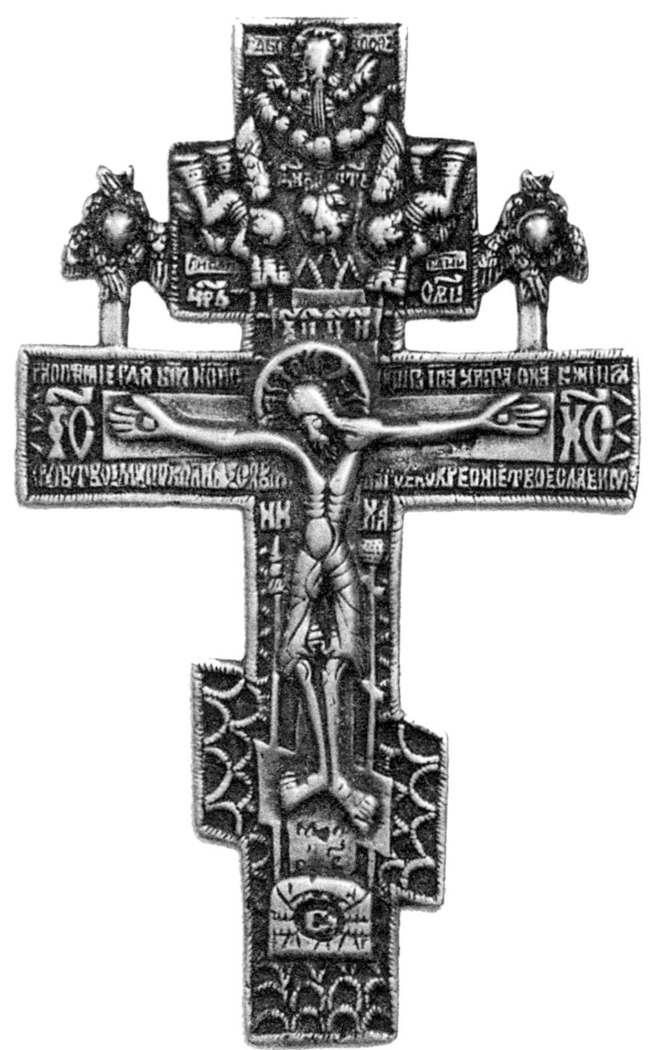

Bronzekreuz
16./17. Jh., Russland.
Es ist nur 15 Zentimeter hoch und 9 Zentimeter breit. Inschriften erläutern die Bedeutsamkeit der Kreuzigung; Essigschwamm und Lanze neben Christus, Adams Schädel zu seinen Füßen und Engel zu seinen Häupten bilden den szenisch-symbolhaften Rahmen des Geschehens auf Golgatha.
Privatsammlung Brenske, Hannover

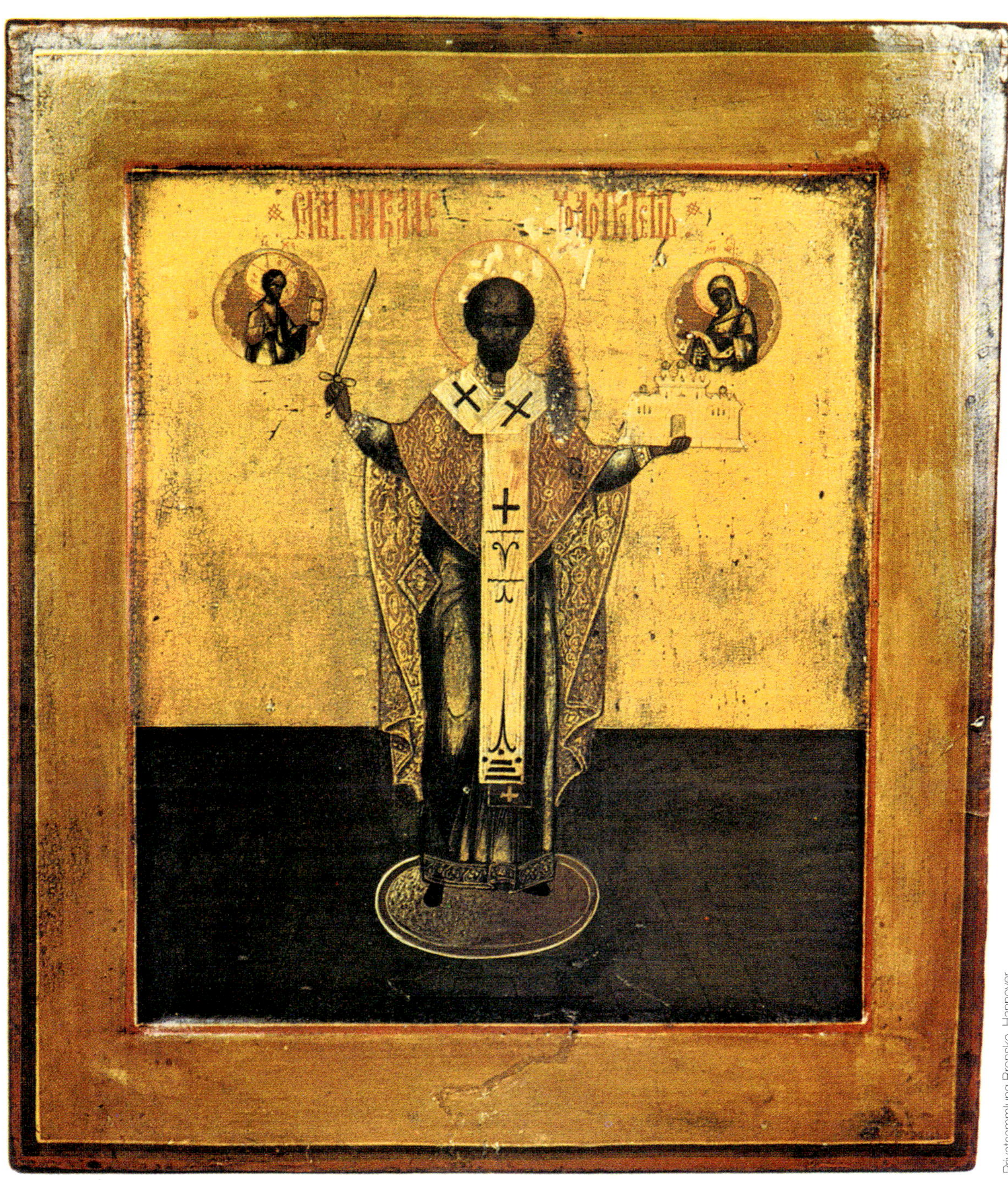

Nikolaus von Moshaj
18. Jh., Russland.
Das 18. Jahrhundert liebt es, die Gewänder der Heiligen mit zarten Ornamenten zu schmücken. Dadurch erhält diese Ikone des Heiligen Nikolaus, der in Moshaj die Tataren davonjagte, eine höfische Note. Im Medaillon links überreicht ihm Christus die Bibel, im Medaillon rechts die Gottesmutter seinen Ornat, das so genannte Omophorion.

Privatsammlung Brenske, Hannover

Sorgfältig und genau sind die Züge gezeichnet, doch trotz aller Bewegtheit der Linien, vor allem auf Ikonen der späteren Zeit, haftet den Figuren etwas Starres, Unnahbares an. Die dargestellte Person ist gleichzeitig bestürzend gegenwärtig und entrückt, mit den Sinnen greifbar und doch unbegreiflich – ein Mysterium.

»Fenster zur Ewigkeit« hat man die Ikonen genannt. Das diesseitsbezogene griechisch-hellenistische Denken erhielt durch das Christentum einen neuen Wesenszug – das Weisen ins Transzendente, über das Diesseits hinaus zum Absoluten hin. In den Ikonen ist es künstlerisch gestaltet.

Vorläufer und in gewisser Weise auch Vorbilder der Ikonen – das darf heute als sicher gelten – sind die ägyptisch-hellenistischen Mumienporträts. In den Gräbern von Fayum südlich von Kairo sind

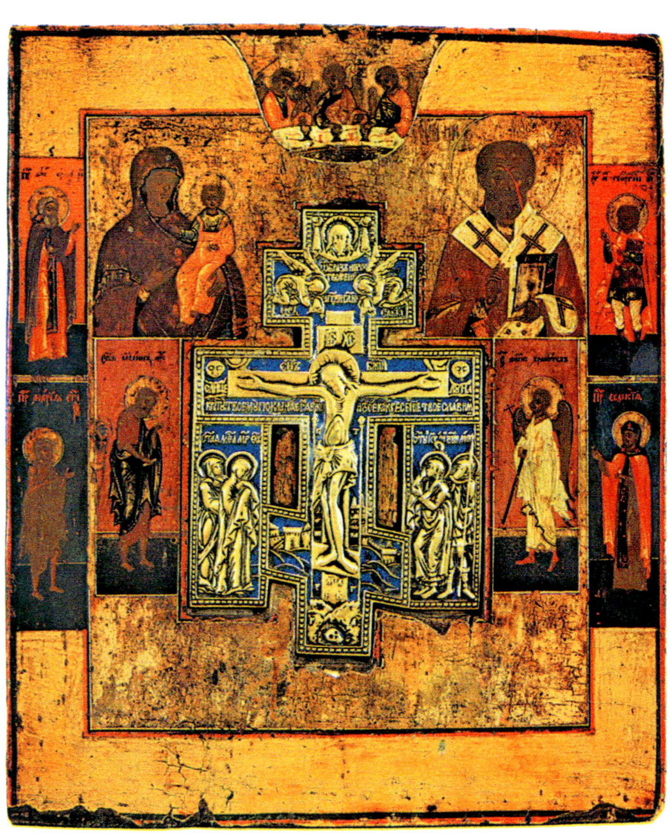

Staurothek-Ikone, 18. Jh., Russland.
Der Name Staurothek kommt aus dem Griechischen und bedeutet Kreuzpartikelbehälter. Bereits Jahrhunderte zuvor findet man im byzantinischen Bereich ähnliche, feingearbeitete Reliquienbehälter; dieser Ikonentyp wird in Russland übernommen. Hier wie dort fügt man häufig anstelle der Reliquien in der Mitte des Bildfeldes ein Kreuz ein – in diesem Fall ist es ein Bronzekreuz mit blauer Emaileinlage. Zu Füßen des Gekreuzigten ist der Schädel Adams zu erkennen, hoch über dem Haupt Christi Gottvater auf der Wolkenbank und zwei weinende Engel. Über der rechten und linken Hand des Gekreuzigten sind Sonne und Mond zu sehen. Wie in den Evangelien beschrieben, verfinsterte sich die Sonne, als Christus starb. Der Mond ist der kaiserlichen Symbolik entnommen: In Byzanz galten Sonne und Mond als Garanten des Reichsglücks. Im Kreuzfuß: die Stadtsilhouette von Jerusalem. Im bemalten Bildfeld der Ikone: links oben die Gottesmutter von Smolensk (Smolenskaja); rechts oben der Heilige Nikolaus; neben dem Bronzekreuz: Johannes der Täufer und rechts ein Schutzengel. Auf dem Rand: unten links Maria von Ägypten; oben rechts der jugendliche Georg; unten rechts die Hl. Eudokia.
Privatsammlung Brenske, Hannover

zahlreiche gefunden worden. Sie stammen aus der Zeit vom 2. bis 4. Jahrhundert nach Christus. Diese Porträts Verstorbener, auf Tafeln mit Wachsfarben gemalt, zeichnen sich durch höchste Naturtreue aus und bestechen durch die Unmittelbarkeit der Darstellung: Die Gesichter scheinen zu leben. Die Tafel brachte man zwischen den Mumienbinden in Höhe des Halses oder Kopfes an.

Nach ägyptischer Auffassung brauchte der unsterbliche Teil des Menschen nun, da der Leib gestorben war, eine neue Hülle, in der er sich einwohnen konnte. Ein Teil dieser Hülle waren die Porträttafeln. Die lebensechten Züge machten es den Hinterbliebenen leichter, mit dem Toten in einer Art metaphysischer Verbindung zu bleiben. Auffallend sind die weitaufgerissenen Augen der abgebildeten Person: Sie verdeutlichen die mysteriöse Welt des Jenseits, die der Tote bereits geschaut hat.

Das Bild wurde zu einem Mittel der Kommunikation zwischen Lebenden und Verstorbenen, und man war der Meinung, dass die geistige Kraft des Dargestellten auch aus seinem Bildnis strahle, also der Verstorbene immer noch seinen ehemaligen Mitmenschen nützlich sein könne.

Diese Auffassung wurde philosophisch begründet durch verschiedene Theorien des Neuplatonismus, vor allem durch die Emanationstheorie (emanare – ausstrahlen), nach der kleine Teilchen des Göttlichen nach und nach stufenweise in die Welt der Dinge eingehen und sie durchdringen.

Bald setzte man Bild und dargestellte Person gleich. Das galt auch und vor allem von Bildern der Gottheit, denn, so hieß es, das nach dem Gesetz der Sympathie durch Künstlerhand geschaffene Bild einer Gottheit sei mit ihrem Wesen verbunden oder nehme daran Teil.

Es ist eine ganz natürliche Sehnsucht des Menschen, sich von dem, was er liebt, verehrt oder als heilig empfindet, ein Bild zu machen, es lebendiger werden zu lassen im Bild, wenn die Vorstellungskraft nicht ausreicht oder zu schwinden droht.

Für den antiken Menschen war es etwas ganz Natürliches, Göttliches mit stofflichen Mitteln sichtbar zu machen – schon immer hatten die Griechen ihre Götter im Bilde dargestellt. Für sie waren die Götter den Menschen ähnlich, die griechischen Plastiken künden davon. Götter wurden hineingezogen in das Leben der Menschen, weilten mitten unter ihnen. Doch trotz aller Menschlichkeit in der Gestalt fehlte den griechischen Göttern nicht das Numinose, das Dämonische und das für den Menschen letztlich Unbegreifbare.

Ganz anders dachte der christliche Mensch der Frühzeit. Er lehnte es ab, das Göttliche im Bild gegenwärtig zu machen. Maler und Bildhauer sollten sich der Darstellung des Göttlichen enthalten, so hieß es damals. Diese Auffassung mag auch in der Bilderfeindschaft des Judentums ihren Grund haben.

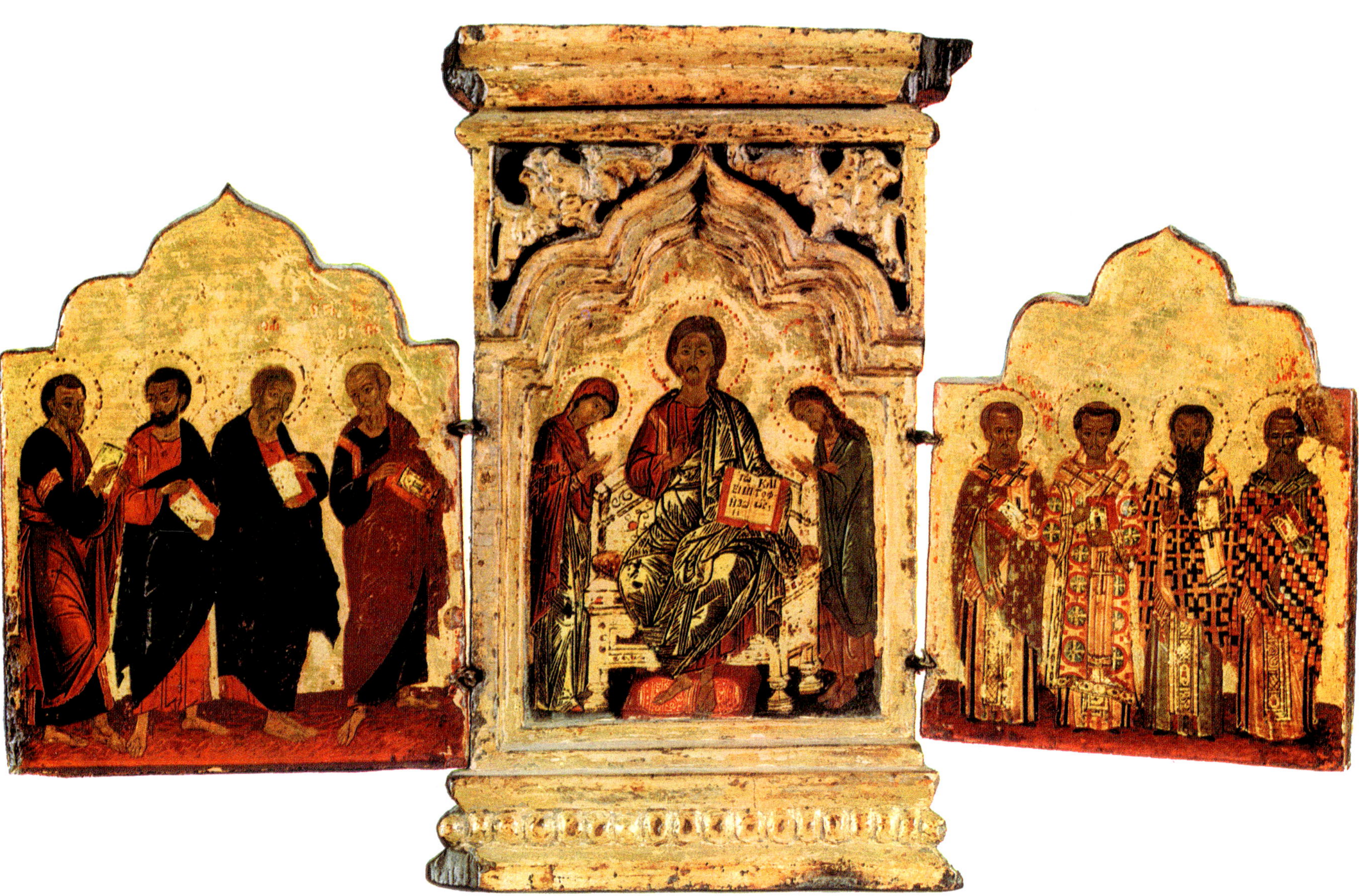

Triptychon, Anfang 17. Jh., mazedonische Schule.
Diesen kleinen dreiflügeligen Altar, griechisch Triptychon, kann man zusammenklappen und mit auf die Reise nehmen. Der Mittelteil zeigt eine Deësis: Maria und Johannes der Vorläufer leisten bei dem Pantokrator (Allherrscher) Christus Fürbitte für die Menschheit; Deësis heißt Bitte, Gebet. Auf dem Flügel links: die vier Evangelisten; rechts: die orthodoxen Kirchenväter Basilios der Große, Gregor von Nazianz, Johannes Chrysostomos und Athanasius.

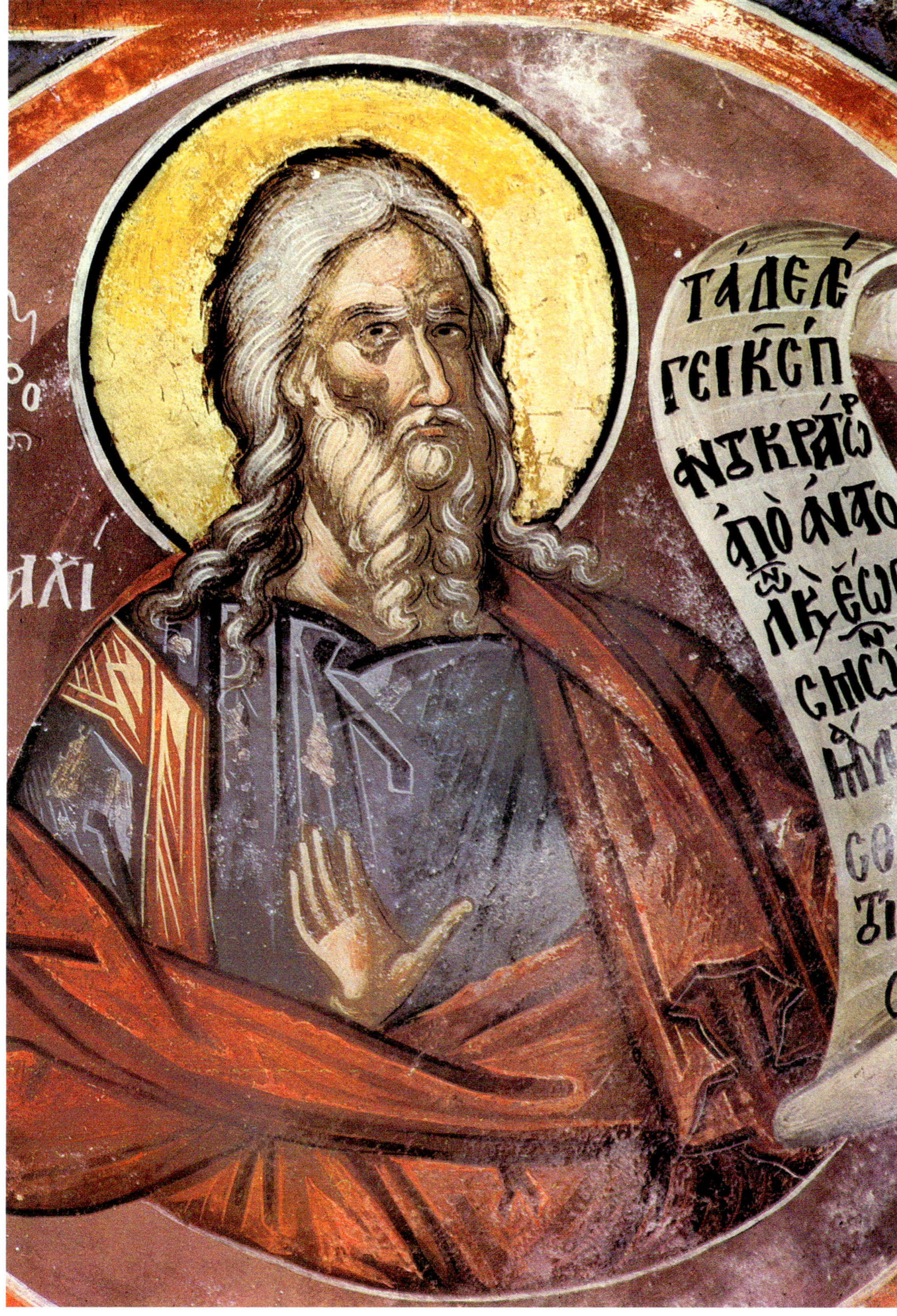

Prophet Maleachi, Fresko aus der Mitte des 17. Jh., Kloster des Hl. Nicolaos Spanos, Ioannina (Griechenland). Die Malschulen in den Klöstern bildeten sowohl Ikonen- als auch Freskenmaler heran. Manche waren beides zugleich und brachten es in beiden Disziplinen zu großer Kunstfertigkeit. Der Freskenmaler setzt andere malerische Mittel ein, er muss sein Bild auf Fernwirkung abstellen. Häufig finden sich Stilmittel der Freskenmalerei auf Ikonen wieder.
Maleachi oder Malachias, »mein Bote«, ist der letzte der kleinen Propheten des Alten Testaments.

Die verschiedenen Meinungen führten vor allem im menschenreichen Byzanz zu Spannungen, aus denen sich ein mit großer Leidenschaft geführter Streit entzündete. Überzeugung stand gegen Überzeugung; die Ikonodulen, die Bilderverehrer, fochten gegen die Ikonoklasten, die Gegner der Bilderverehrung.

Bereits seit dem 4. Jahrhundert schwelte die Bilderfrage. Es gab Stimmen für die Bilderverehrung und Stimmen dagegen. Die berühmtesten

Kirchenmänner der Zeit diskutierten miteinander und nahmen in Schriften dazu Stellung, so der Heilige Augustinus (354–430) und vor allem Johannes Chrysostomos (344–407). Beide zeigen eine positive Einstellung zum Bilderschaffen der Zeit, setzten sich aber noch nicht grundsätzlich mit der Bilderverehrung auseinander.

Drei hervorragende Lehrer der Ostkirche sind es, die bereit waren, christliches Bildschaffen zu bejahen, weil sie den Nutzen für die Frömmigkeit der Menschen, die des Lesens nicht kundig waren, einsahen. Außerdem konnten die Darstellungen aus dem Leben von Heiligen und Märtyrern die Menschen besser und eindringlicher als geschriebene oder vorgetragene Worte dazu bringen, beharrlich in ihrem Glauben zu sein. So ermunterte zum Beispiel Basilios der Große (330–379) die Maler, ihr ganzes Können aufzubieten, um die Szenen eindringlich und kunstvoll zu schildern, würdevoll die Personen und sieghaft den neuen Glauben. Auch das Leben weiblicher Heiliger wird bildhaft dargestellt, so die Passion der Hl. Euphemia, von der Folterung durch die Häscher bis zu ihrem Flammentod, den sie ohne zu klagen im Zeichen des Kreuzes, in der Gewissheit seligen Lebens, erträgt.

Ähnlich wie Basilios äußerten sich auch Gregor von Nazianz (330–390) und Gregor von Nyssa (335–394).

Kriterium für die Qualität eines Bildes ist zu dieser Zeit die Aussage, deren Wirkung so stark sein muss, dass in der Seele des Betrachters echte Frömmigkeit entsteht oder gefördert wird.

Märtyrer und Heilige sind Menschen, die ihres frommen Lebens und ihrer außerordentlichen Taten wegen am Göttlichen teilhaben. Aber galt das auch für Christus?

Die Frage, ob und wie man ihn darzustellen hätte, rührte an die damals noch offene Grundfrage des Christentums: Ist Christus wesensgleich mit Gott? Der Presbyter Arius in Alexandria (gestorben 336) verneinte diese Frage – für ihn war Jesus ein gottähnlicher Mensch –,

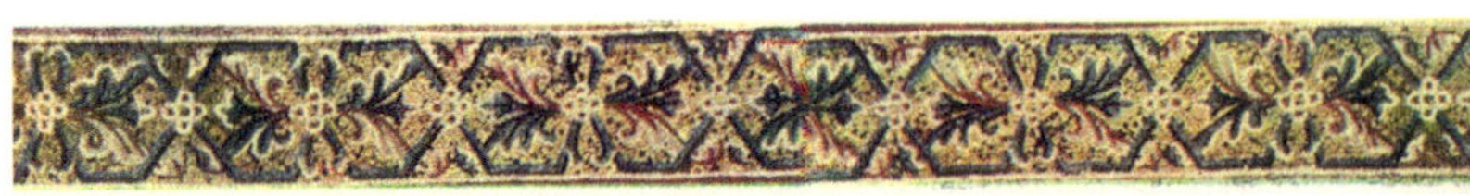

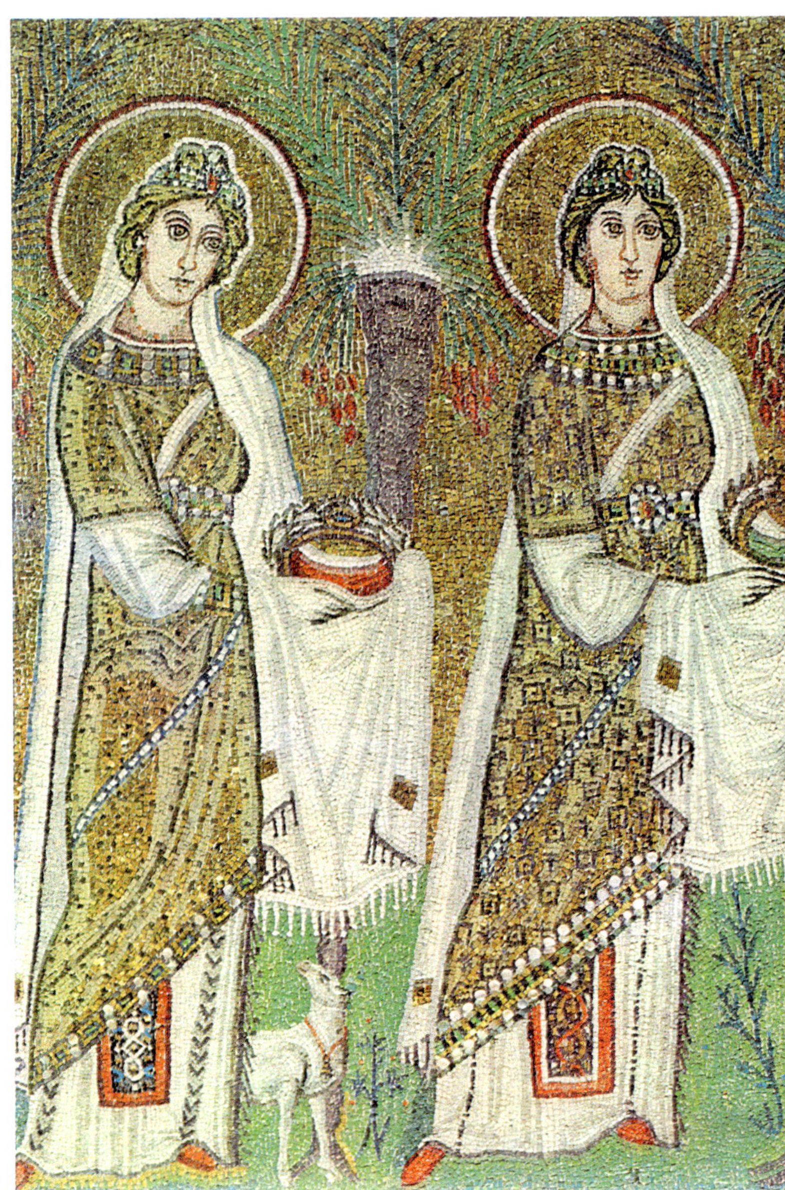

Prozession der Märtyrerinnen (Ausschnitt), Mosaik, Mitte 6. Jh., Basilika San Apollinare Nuovo, Ravenna. Die heiligen Frauen schreiten, kostbare Kronen in den Händen haltend, gemessenen Schrittes in einem langen Zug auf Maria mit dem Kinde zu, in Gestik und Ausdruck zum Verwechseln ähnlich. Ihre Körper und Gesichter, frontal dem Betrachter zugewandt, tragen kaum individuelle

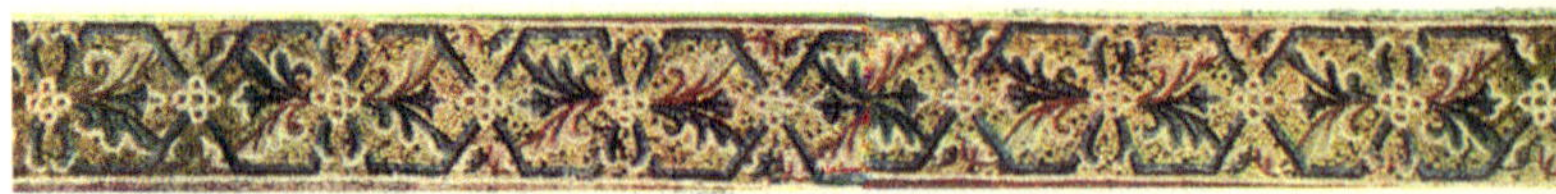

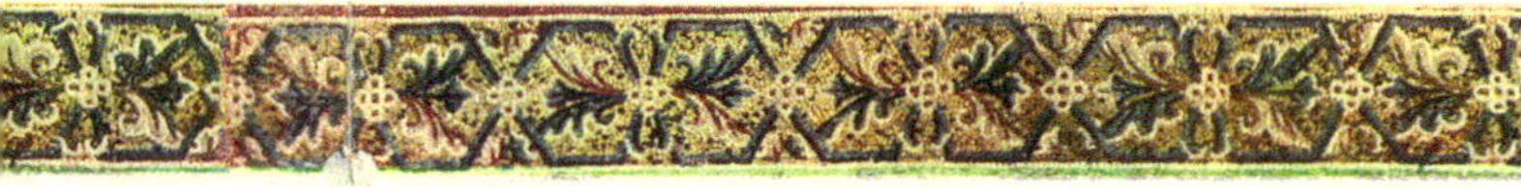

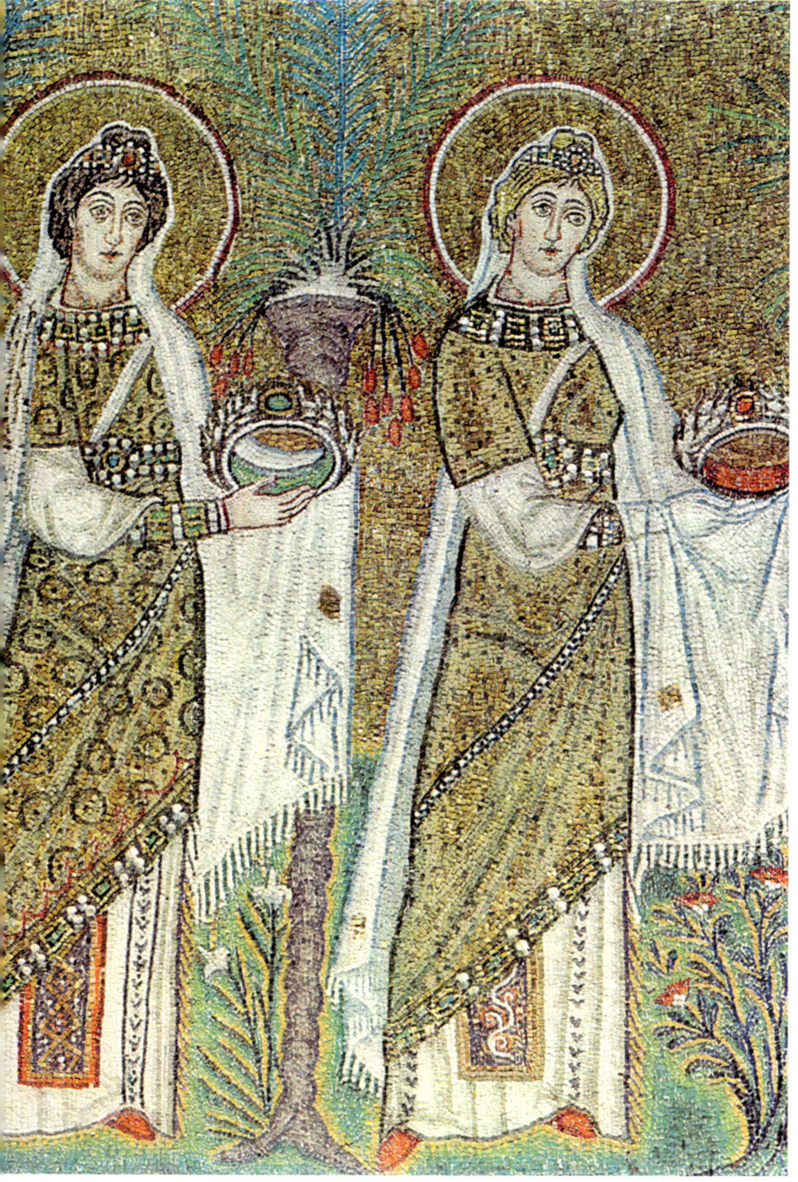

Züge – sie sind zum Symbol geworden. Sie alle verbindet die Verehrung für die Gottesmutter, die künstlerisch einen gesteigerten Ausdruck findet in dem immerfort sich wiederholenden Rhythmus, der sich wie eine Wellenbewegung fortpflanzt. Neben einigen anderen sind diese Mosaike ein Beispiel für den Stil der justinianischen Zeit, aus der sich nur wenige Ikonen erhalten haben.

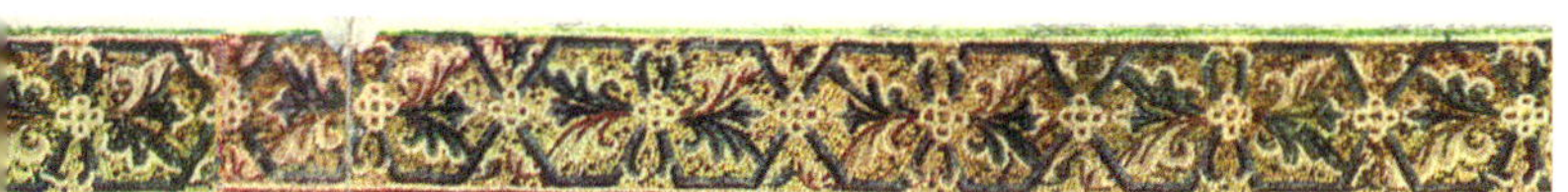

der griechische Kirchenlehrer Athanasius (um 293–373) bejahte sie. Die Kirchenversammlungen von Nikäa 325 und Konstantinopel 381 gaben Athanasius recht und bestätigten die Wesensgleichheit von Christus und dem Vater. Dennoch hielt sich unter den christlich gewordenen Germanen die Lehre des Arius bis ins 7. Jahrhundert.

Aber sowohl nach weströmischer als auch nach oströmischer Auffassung war Christus göttlichen Wesens, und es erhob sich nun die Frage: Ist es zulässig, das Menschliche des Herrn abgelöst von seiner Göttlichkeit im Bild darzustellen? Oder ist Göttliches darstellbar, und wie lässt es sich im Bild begreifen? Lässt sich die reale Gestalt Christi überhaupt fixieren, die doch, so wird berichtet, verschiedenen Menschen unterschiedlich erschien, die kraft seiner Göttlichkeit unendlich wandelbar war?

Die Lösung fand man in einem Kompromiss. Die Bildnisse jener Zeit – Fresken, Mosaike und Ikonen – zeigen Christus als menschliche Erscheinung, aber ausgestattet mit der Würde und Majestät des Himmlischen, dessen wichtigstes Symbol die Aureole, der zumeist goldene Heiligenschein, ist, sie zeigen ihn als gottmenschliche Einheit. Die wichtigsten Argumente dafür, dass es nicht unmöglich war, Gottmenschliches darzustellen, waren die Menschwerdung der Zweiten Person der Trinität und jene Stelle aus der Genesis, in der es heißt, Gott schuf den Menschen nach seinem Bilde. Doch die Kirche hatte diese Auffassung noch nicht sanktioniert. Erst Jahrhunderte später wird sie gezwungen, Stellung zu beziehen.

Die nach griechischer Tradition und byzantinischer Überzeugung freundliche Einstellung zu kultischen oder religiösen Bildnissen geriet im 8. Jahrhundert ins Wanken. Der byzantinische Kaiser Leo II. war es, der 730 durch ein Bildverbot den Bilderstreit entfesselte.

Wie ist dieser recht plötzliche Gesinnungswandel im sonst so bilderfreundlichen Byzanz zu erklären? Die Zweifel an der Rechtmäßigkeit bildnerischen Tuns waren nie ganz verstummt, sie fanden neue Nahrung in der Auffassung des Islam, der sich nun mächtig auszubreiten begann. Schon seit einiger Zeit bestürmten die Araber das byzantinische Reich und bedrohten Konstantinopel.

Im Islam durfte die menschliche Gestalt Gottes oder seines Propheten nur als abstraktes Ornament auf Bildern angedeutet werden. 720 hatte der Kalif Jazid II. ein strenges Bilderverbot erlassen, das auch für die Christen in seinem Lande galt. Er ließ alle Bilder aus ihren Kirchen entfernen. Die Überzeugungskraft dieser jungen Religion, die mit Schwert und Feuer die neue Heilsbotschaft in die Völker Asiens, Afrikas und Europas trug, blieb nicht ohne Wirkung auf das Christentum, wenngleich Leo III. die Verteidigung des Christentums gegen den Islam als seinen Heiligen Krieg betrachtete. Seine Entscheidung gegen die Bilder hatte auch noch einen politischen Grund: Er strebte die Unabhängigkeit der Ostkirche vom Papst an und wollte gleichzeitig seine Macht, die Macht des Kaisers, über die Kirche in seinem Reich betonen.

Die Päpste Gregor II. und Gregor III. verdammten den Ikonoklasmus, das Bilderverbot. Auch die Griechen stemmten sich dagegen, und so wurde vor allem Byzanz der Schauplatz dieser heißen und blutigen Auseinandersetzung. Kaiserliche Truppen, unterstützt von einer armenischen Elitetruppe, kämpften gegen Scharen von Mönchen, die gegen das gutorganisierte Heer mit Methoden von Untergrundbewegungen vorgingen. Der kaiserliche Sprecher wurde auf offener Straße von einer aufgebrachten Menschenmenge überrannt und erschlagen. Die Antwort darauf waren Brecheisen und Stangen, mit denen die Kaiserlichen in den Kirchen und Wohnungen die Bilder zerstörten. Viele Anhänger der Bilderverehrung emigrierten nach Unteritalien und der Krim und schufen hier Reservate der Ikonenmalerei.

Die Synode von Hiereia 754 wollte ein für allemal den Bilderstreit durch ein Bildverbot beenden

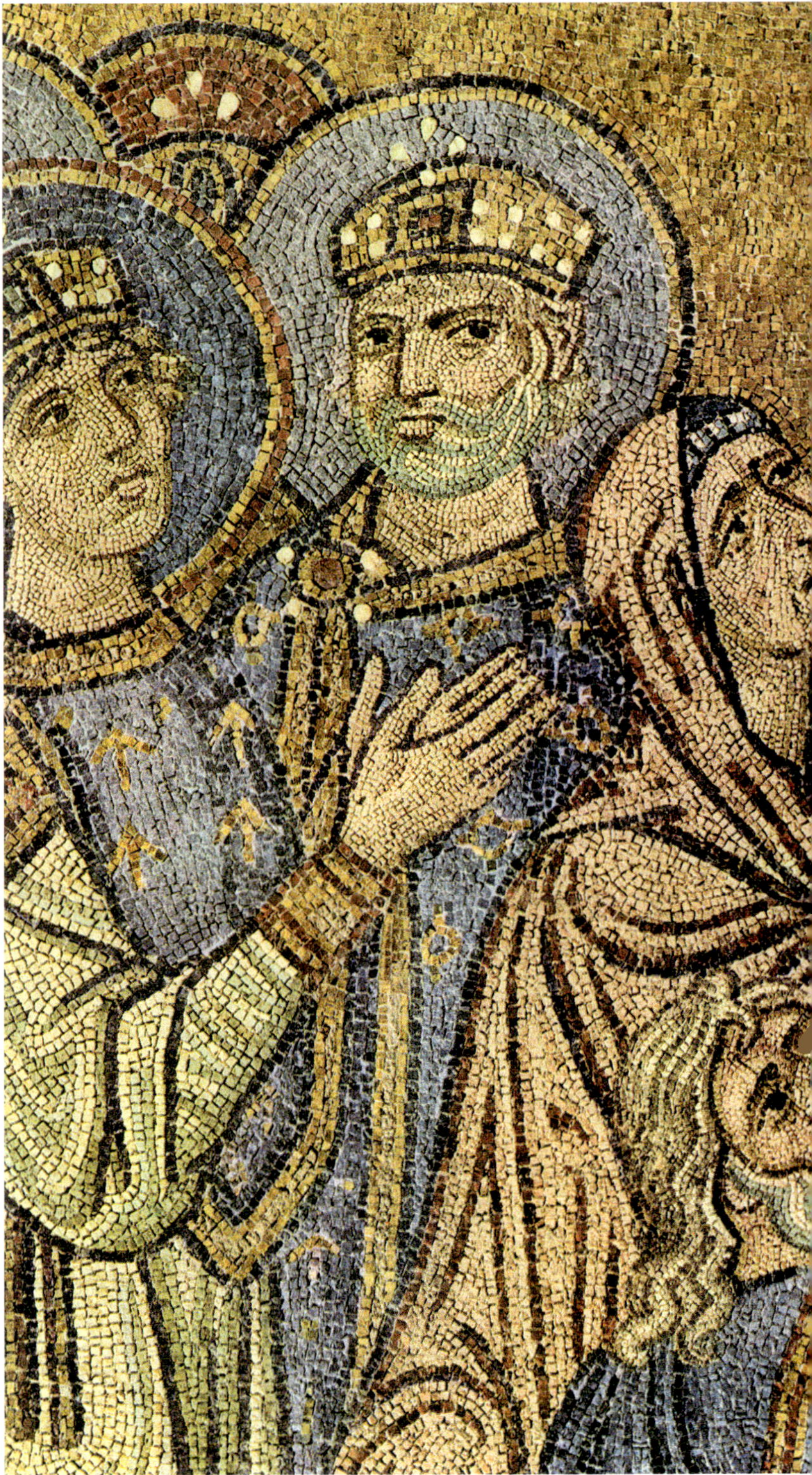

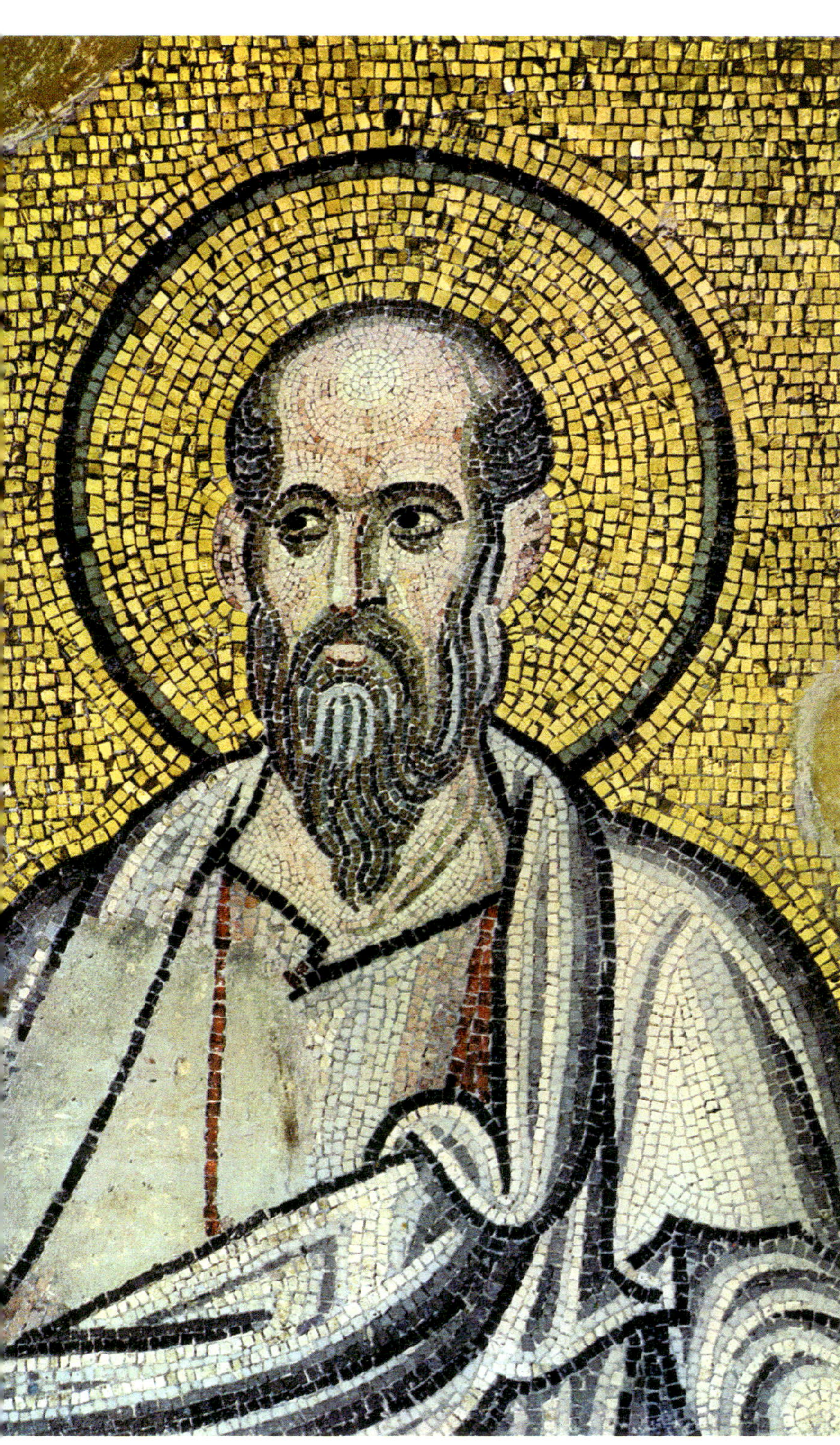
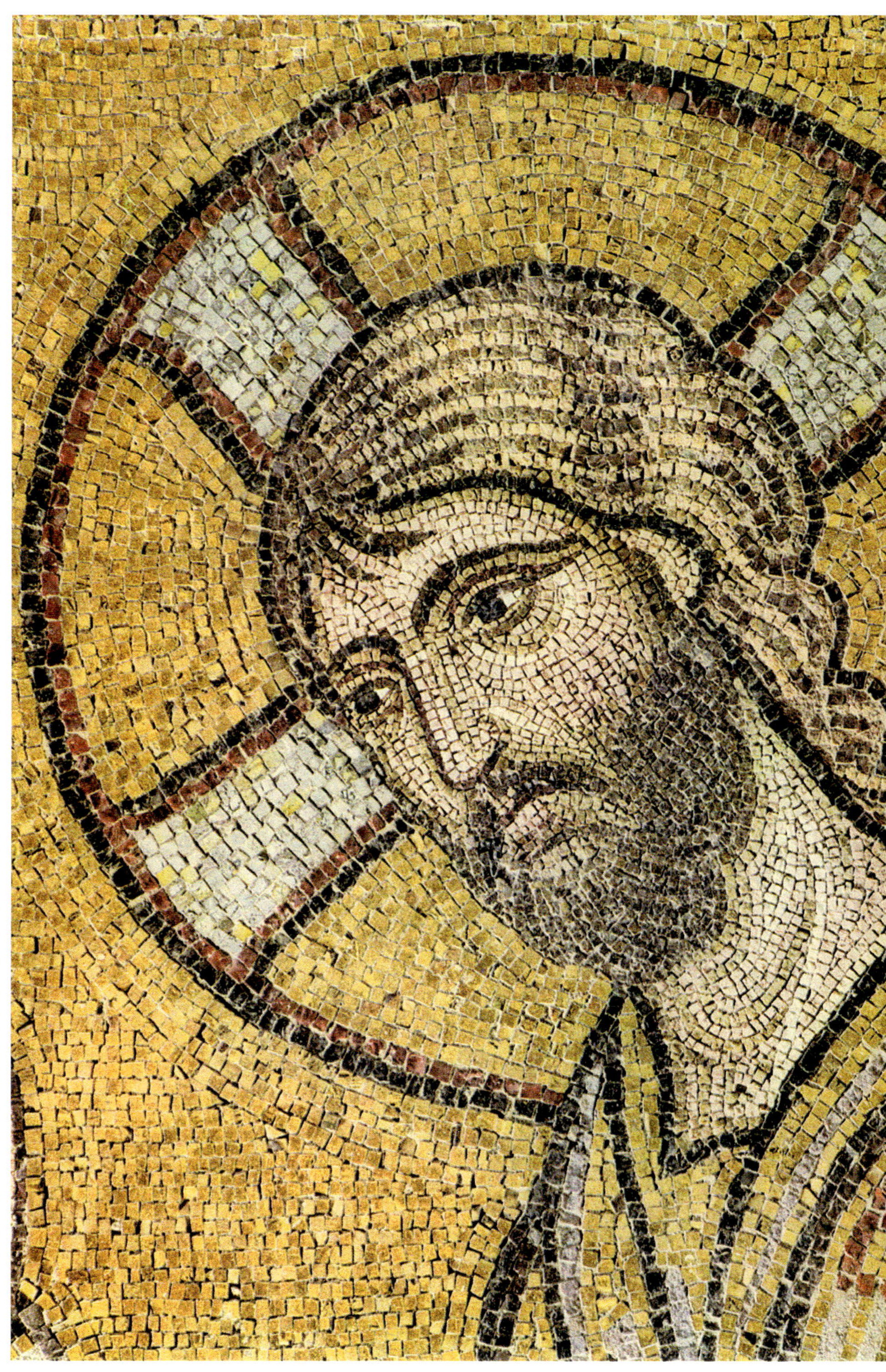

Links und oben:
Mosaike, um 1100, Klosterkirche zu Daphni bei Athen.
Über die Wesensmerkmale künstlerischer Gestaltung in mittelbyzantinischer Zeit geben uns die Wandmosaike in Daphni Auskunft: Der Schönheitsbegriff des Hellenismus wird neu belebt und verbindet sich mit frühbyzantinischer Strenge. Ausgewogenheit und schönes Gleichmaß kennzeichnen sowohl die Komposition als auch die Gesten und Bewegungen der Figuren, die – so scheint es – eine neue psychologische Dimension hinzugewonnen haben: Die Gesichter tragen individuelle, ausdrucksstarke Züge. Auch die Ikonenmalerei jener Zeit lässt Streben nach Schönheit und Individualität erkennen.

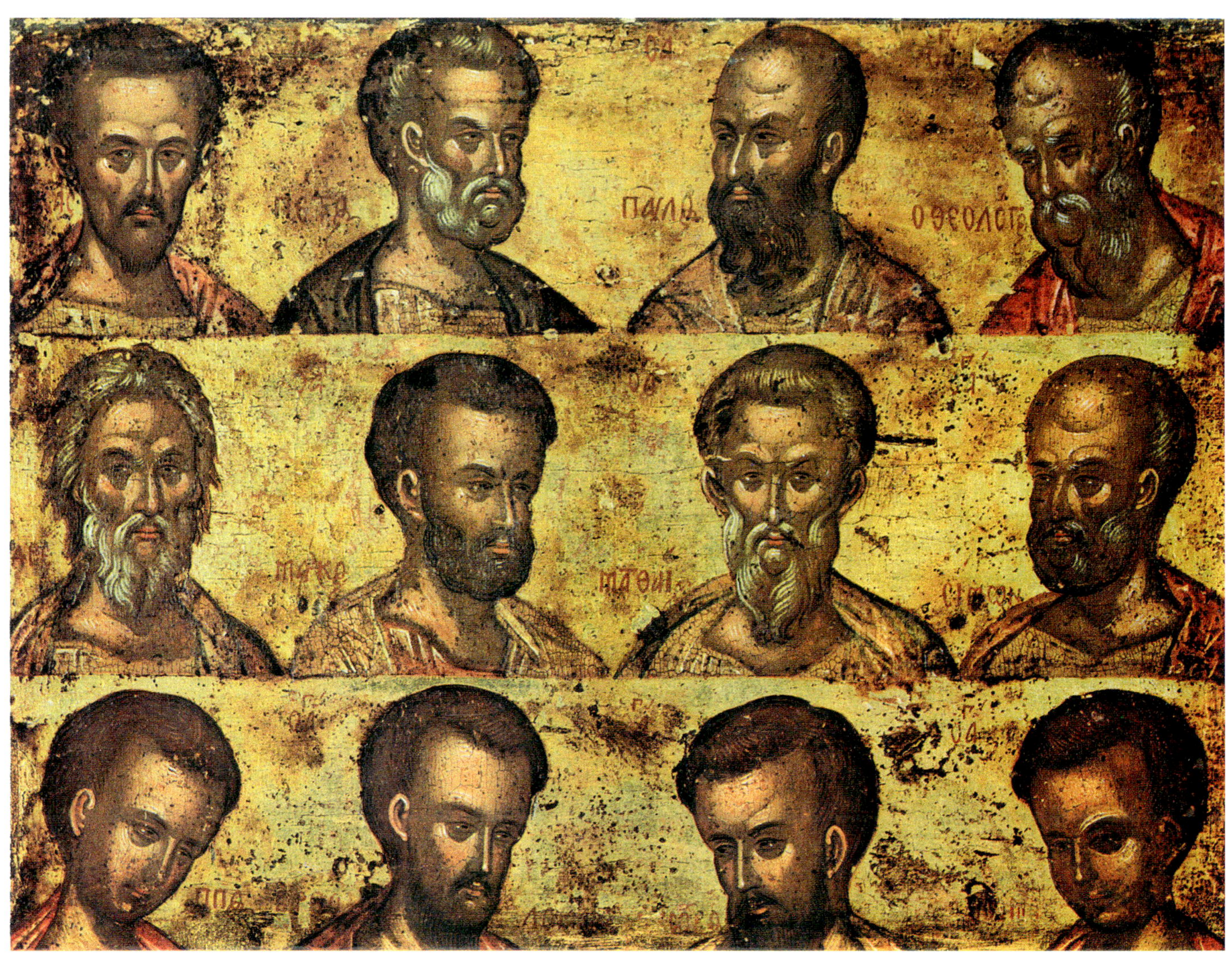

Die zwölf Apostel, griechisches Miniatur-Triptychon, 17. Jh. – Diese ungewöhnliche Ikone, Teil eines kleinen Triptychons, gibt ausschließlich eine Zusammenstellung der Kopfbilder aller zwölf Apostel. Sie sind nicht durch Attribute, sondern nur durch die angefügten Namen gekennzeichnet. Nur selten finden wir alle Apostel auf einer Ikone vereint: Nach der Himmelfahrt Christi trafen sich, wie es in der Apostelgeschichte heißt, die Apostel in Zion, um »einmütig im Gebet zu verharren«; beim Tod der Gottesmutter schweben sie aus aller Welt auf Wolken herbei. Die vier Evangelisten sind häufig gemeinsam auf Ikonen dargestellt, ebenso Petrus und Paulus, meist stehend, miteinander im Gespräch, oder in Halbfigur.

und befahl die Bildervernichtung. Doch der Papst erhob Einspruch und brachte das Gesetz um seine ökumenische Wirksamkeit. Dennoch setzte im oströmischen Reich ein neuer Sturm auf die Bilder ein. Es sind nicht viele Ikonen, die der Vernichtung entgingen, etwa 40 bis 50 aus der so überaus schöpferischen justinianischen Epoche (6.–7. Jahrhundert) und der Zeit des Bilderstreites (726–843), in der man nicht aufgehört hatte, im Verborgenen zu malen. Aus der Frühzeit (4. und 5. Jahrhundert) sind uns gar keine Ikonen erhalten geblieben.

Ein vorläufiges Ende fand der Bilderstreit durch die Kaiserin Eirene, eine überzeugte Anhängerin der Bilderverehrung – sie stammte aus Athen –, die für ihren unmündigen Sohn Konstantin VI. die Regentschaft führte und später Alleinherrscherin war.

Auch der Westen nahm zur Bilderfrage Stellung. Die von Karl dem Großen geleitete Synode zu Frankfurt 794, bei der auch Papst Hadrian I. zugegen war, wendete sich sowohl gegen Bilderverehrung als auch gegen Bilderzerstörung.

Das 7. ökumenische Konzil von Nikäa 787, das Eirene zusammen mit dem Patriarchen von Konstantinopel einberief und zu dem zwar nicht Papst Hadrian I. selbst, aber doch seine Legaten erschienen, stellte fest: Alle heiligen Bilder von Jesus Christus, der Gottesmutter, den Heiligen dürfen gemalt oder sonstwie gestaltet und aufgestellt werden. Jedermann darf ihnen Ehrfurcht und Verehrung erweisen, ohne sie jedoch im eigentlichen Sinne anzubeten, was nur allein Gott zukommt. Diese Verehrung betrifft nicht das Bild, sondern die auf ihm dargestellte Person.

Noch einmal schien sich der Streit zugunsten der Ikonoklasten entscheiden zu wollen, eine Synode im Jahre 815 widerrief die Beschlüsse von Nikäa, doch 843 beendete die Kaiserinwitwe Theodora auf einer Synode in Konstantinopel endgültig den Bildersturm. In einer feierlichen Prozession wurden Ikonen durch die Straßen getragen, Kirchen und Häuser aufs Neue geschmückt. Die Begeisterung in Konstantinopel war grenzenlos, und noch heute wird zum Gedenken an diesen Tag in der griechischen und russischen Kirche am 19. Februar das »Fest der Orthodoxie«, der Rechtgläubigkeit, gefeiert.

Die Beschlüsse der Synode von Konstantinopel hatten noch weiterreichende politische Folgen: Sie vertieften die Trennung der Ostkirche von Westrom, die Spaltung der europäischen Christenheit. Die Ostkirche blieb Staatskirche. 1054 wurde ihre Unabhängigkeit vom Papst endgültig besiegelt.

Bedeutende Kirchenmänner hatten den Kampf auf beiden Seiten geführt. Punkt für Punkt widerlegten der Abt Theodor, genannt Studita und der Patriarch Nikephoros von Konstantinopel, auf den Gedanken Johannes von Damaskus und den Aussagen der Bibel fußend, die Argumente der Ikonoklasten. Ihre Rechtfertigung des Bildschaffens legte auch gleichzeitig Sinn und Ziel der Ikonen für die nächsten Jahrhunderte fest, sie schufen sozusagen eine Theologie der Ikonen.

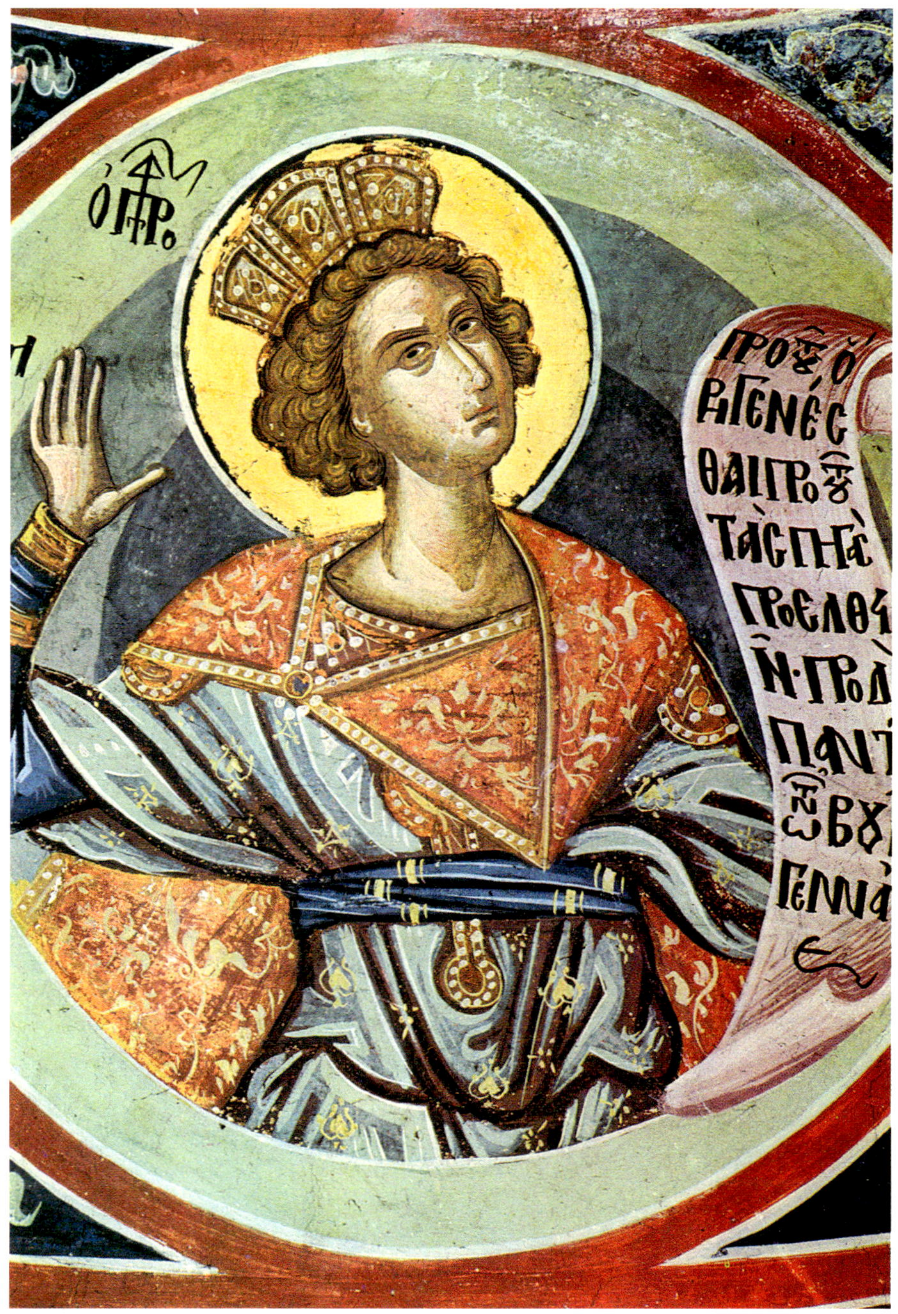

König Salomon, Ausschnitt aus einem Fresko, Mitte des 17. Jh., Kloster des Hl. Nicolaos Spanos, Ioannina (Griechenland).
Unter den alttestamentlichen Propheten haben die Könige David und sein Sohn Salomon einen besonderen Rang: Auf Ikonen der Höllenfahrt (Auferstehung) Christi führen sie die Schar der Gerechten an, die auf Christus wartet. Beide sind immer gekrönt dargestellt, David bärtig und Salomon jugendlich.

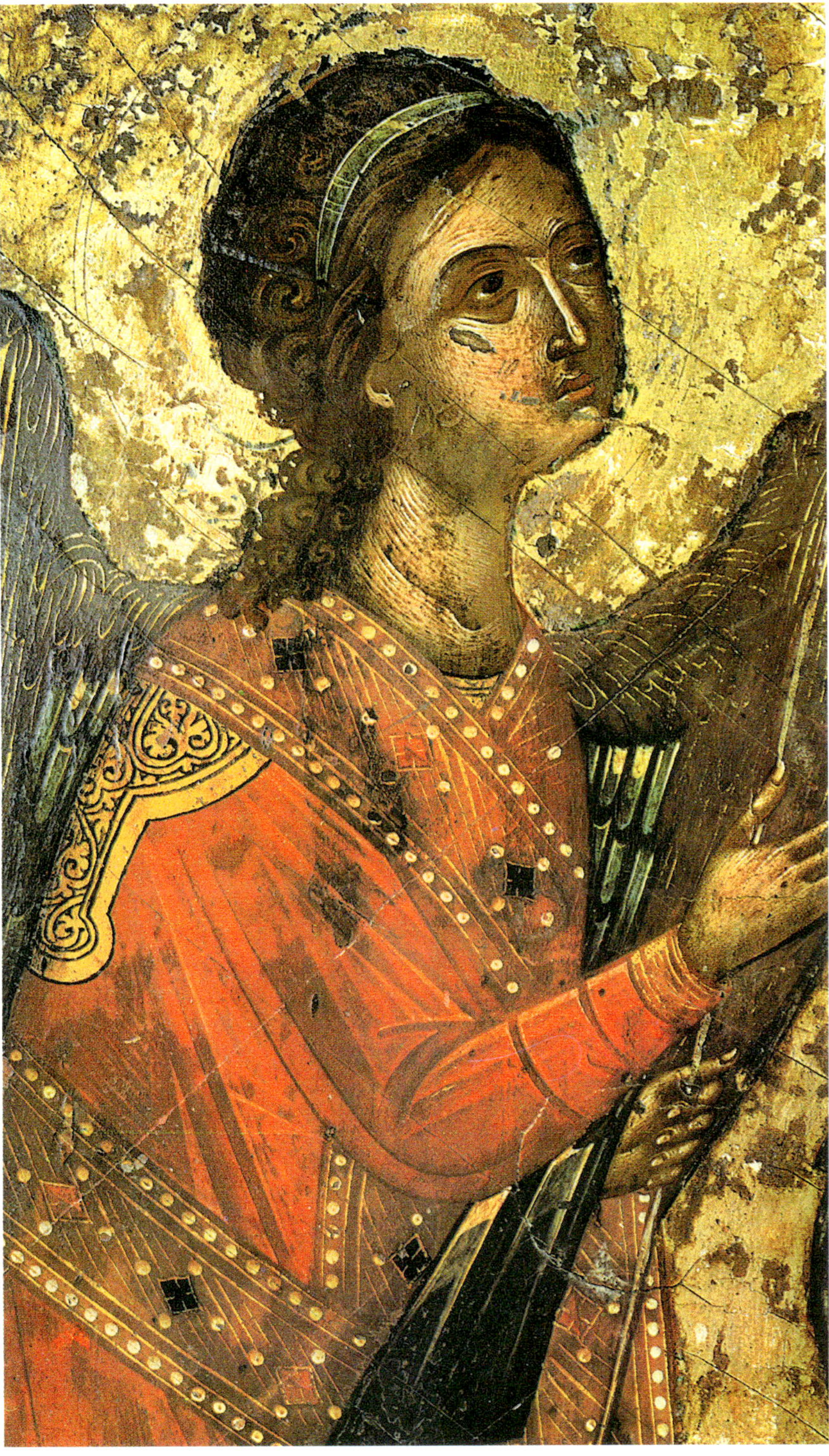

Erzengel Michael (Ausschnitt aus: thronende Gottesmutter mit Engeln),
Ende 16. Jh., kretische Schule.
Der Engel hält in der einen Hand den Kadukéus, den Stab. Er wendet sich verehrungsvoll der thronenden Gottesmutter und dem Kind auf ihrem Schoß zu. Seit mittelbyzantinischer Zeit tragen die Erzengel häufig das kaiserliche Prachtkleid mit langer, perlenbesetzter Schärpe. Die farbenprächtige Ikone ist ein Meisterwerk der kretischen Schule. Die sorgfältige Zeichnung folgt bester byzantinischer Tradition, das Gesicht erinnert an italienische Frauenbildnisse. Vor allem in der Malschule auf Kreta, das seit dem 13. Jahrhundert zu Venedig gehörte, hat sich der italo-byzantinische Stil entwickelt.

Doch außer ihren scharfsinnigen Argumenten fanden sie auch ganz einfache Begründungen: Die menschliche Natur ist aufs Schauen angelegt. Die Menschen um Jesus wollten ihren Heiland sehen. Wir möchten uns ein Bild von ihm machen. Und damit ist nicht nur das einfache Abbild gemeint, das die äußere Erscheinung festhält, sondern ein Bild, das die ganze heilige Person umfasst. Und diejenigen, die das Bild betrachten, schauen nicht nur mit den Augen, sondern auch mit dem Herzen.

Ikonenregeln

Ikonen sind heilige Bilder. Sie unterliegen festen Regeln, die sich aus ihrem Sinn und Ziel ableiten. Ikonenmalen ist Gebet. Während der Arbeit steht der Maler im geistigen Zwiegespräch mit der dargestellten Person.

Nicht jeder darf Ikonen malen. Auf den heiligen Konzilien wurde Folgendes festgelegt: »Der Maler soll friedliebend, demütig und fromm sein. Er soll nicht leicht reden oder Späße machen, nicht streitsüchtig oder gehässig sein. Zu seinem eigenen Heil soll er die Reinheit der Seele und des Leibes bewahren, und wenn er nicht unverheiratet bleiben kann, so soll er sich wenigstens kirchlich und gesetzlich trauen lassen. Er soll sich Rat bei seinem Beichtvater holen und gemäß dessen Belehrung bei Fasten und Beten enthaltsam und demütig, ohne Ungezogenheit und Schande lebend, mit großem Eifer und mit Hingebung die Bilder unseres Herrn Jesus Christus und seiner reinsten Mutter, der heiligen Propheten, Apostel, Märtyrer, seligen Frauen, der Hohepriester und seligen Väter malen.«

Der Meister tritt hinter sein Werk zurück, bleibt anonym. Seine Arbeit ist Dienst an Gott, eine andere Form der Anbetung. Nur wenige Ikonenmaler kennen wir mit Namen, den frühesten aus dem 11. Jahrhundert. Im Allgemeinen entstanden Ikonen in Malschulen der Klöster. Es gab sie bereits in justinianischer Zeit an vielen Orten im oströmischen Reich, auf dem Balkan und auf Kreta sowohl wie in Syrien, Armenien und Ägypten und seit dem 10. Jahrhundert auch in Russland.

Der Maler hat wenig gestalterische Freiheiten, fast alles ist vorgeschrieben: die Malweise, häufig auch die Farbgebung, der Themenkanon, der nur allmählich im Laufe der Jahrzehnte Erweiterungen erfährt. Auch die Behandlung der einzelnen Themen liegt fest. Je nach Haltung, Gestus und Attributen lassen sich die verschiedenen Christus- oder Muttergottesikonen typologisch einordnen.

Um so erstaunlicher ist es, dass trotz der Einengung durch Vorschriften die Ikonenmalerei nicht binnen kürzester Zeit im Schematismus erstarrte, sondern eine stilgeschichtliche Entwicklung durchläuft und immer wieder künstlerische Meisterwerke hervorbringt.

Das einmal Festgelegte wird zur Tradition. Auch darin zeigt sich der Hauptwesenszug der Ikonenmalerei: ihr Streben nach dem ewig Gültigen und Absoluten.

Der wesentliche Unterschied des Kultbildes der Ostkirche zum Andachtsbild im christlichen Abendland wird deutlich: Im Westen kennt man keine solche Eingrenzung des Themas, sondern lässt dem Künstler die Freiheit, ein christliches Motiv oder Thema so darzustellen, wie er es sieht. Bei der Ikonenmalerei hat das Thema oder der Bildinhalt Vorrang vor der subjektiven Sehweise des Künstlers, das Ziel der Aussage steht für jeden Ikonentyp von Anfang an fest.

Aufgezeichnet waren die Malvorschriften in den Malhandbüchern, russisch Podlinniks genannt, die von einzelnen Malern oder den Malschulen angelegt wurden. Nur wenige sind uns erhalten geblieben und nur solche aus jüngster Zeit. Doch sie enthalten die von alters her überlieferten Auffassungen über Gestaltung von Themen und Motiven sowie Malanleitungen. Das umfangreichste dieser Art ist die Hermeneia aus dem 18. Jahrhundert. Mönche auf dem Berge Athos, wo es noch heute eine berühmte Ikonen-Malschule gibt, haben es verfasst. Aus der russischen Stroganow-Schule, die von etwa 1580 bis 1620 bestand, stammen Malerbücher mit Umrisszeichnungen.

Trotz aller Vorschriften ist keine Ikone wie die andere gemalt. Die stärkeren und feineren

Orthodoxer Mönchsheiliger
Ikone einer griechischen Ikonostase, Ende 15. Jh. Außer der bedeutenden Malschule auf dem Athos und der mazedonischen Schule gab es in Griechenland mehrere Werkstätten, deren bedeutendste Mistra auf dem Peleponnes war. Die frühesten sind schon im 5./6. Jahrhundert entstanden. Sie folgen byzantinischer Tradition, bildeten aber einige Besonderheiten heraus: Vorliebe für geometrisch angeordnete Gewänder und flächige Malweise. Bis heute werden in manchen griechischen Werkstätten Ikonen gemalt.

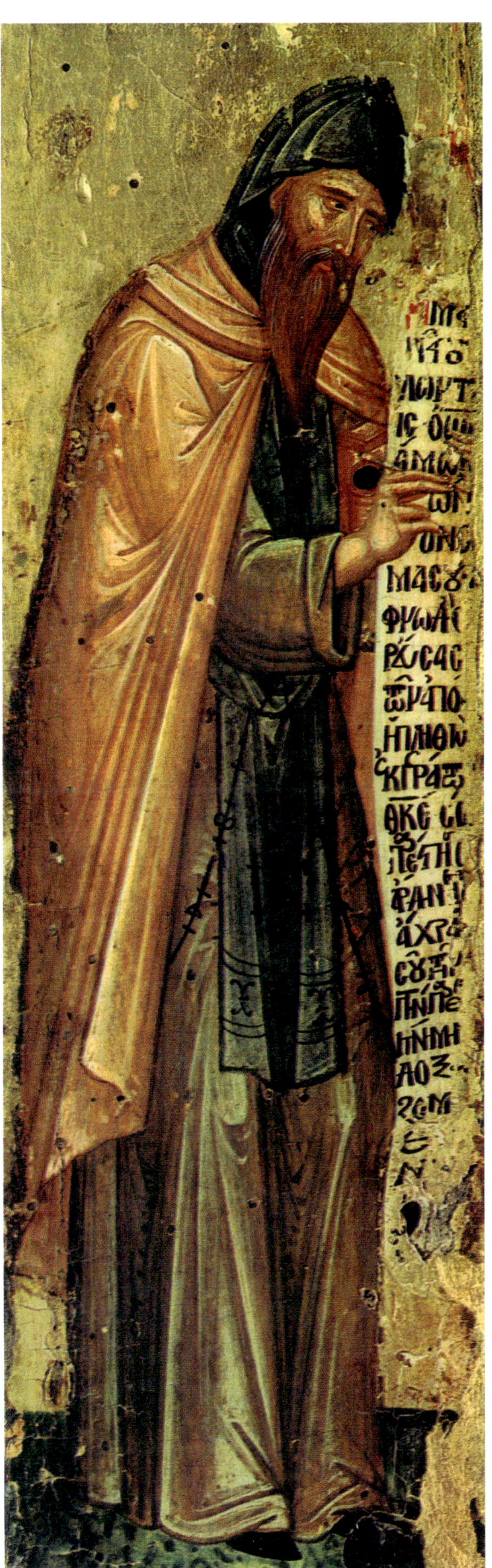

Differenzen und Nuancierungen geben den Ikonen ihren besonderen Reiz. Sie verraten die Handschrift des Malers oder die Auffassung der Malschule. In späterer Zeit zeigen sie – jedoch weniger reizvoll – die Einflüsse kunstgeschichtlicher Strömungen Westeuropas. Die Art, wie man eine Ikone herstellt, hat sich im Laufe der Jahrhunderte so gut wie gar nicht geändert. Zu Anfang des 8. Jahrhunderts, kurz vor Ausbruch des Ikonoklasmus, kam eine neue Technik auf, die man bis heute beibehalten hat: das Malen mit Eitemperafarben. Bis dahin hatte man wie bei den Mumienbildnissen Enkaustik angewendet, ein Malverfahren, bei dem man erhitzte, durch Wachs gebundene Mineralfarben mit dem Spachtel aufträgt. Da man schnell arbeiten musste – abgekühlte Farben ließen sich nicht mehr verstreichen –, wirken in Enkaustik gemalte Ikonen oft improvisiert und impressionistisch. Der Spachtelstrich ist meist deutlich sichtbar. Als Untergrund für die Ikonen nimmt man Bretter aus dem Holz von nicht harzhaltigen Baumarten, zum Beispiel Buche, Birke, Erle, Pappel, Zeder und Zypresse, in byzantinischen Schulen vor allem Pinie, Nussbaum und Olive. Die Größe der Ikonen, die man in den Ikonenecken der Wohnungen aufhängt, beträgt im Allgemeinen etwa 30 x 35 Zentimeter; sie sind durchweg hochformatig, nur ausnahmsweise querformatig. In justinianischer Zeit waren runde Ikonen (wie die Handschriften, Seite 76–79) sehr beliebt, die man zuweilen auch noch in späterer Zeit antrifft. In Kirchen und Klöstern – insbesondere an den Ikonostasen – findet man Tafeln zwischen ein und zwei Metern Höhe, bisweilen noch größere.

In früherer Zeit hieb man ein bis drei Zentimeter starke Tafeln mit der Axt aus dem Stamm, in späterer Zeit schnitt man sie aus dem Holz heraus.

Man lässt das Holz gut durchtrocknen und fügt dann auf der Rückseite ein oder zwei etwa drei Zentimeter breite Querleisten, russisch Sponki genannt, lose ein. Sie sollen verhindern, dass sich

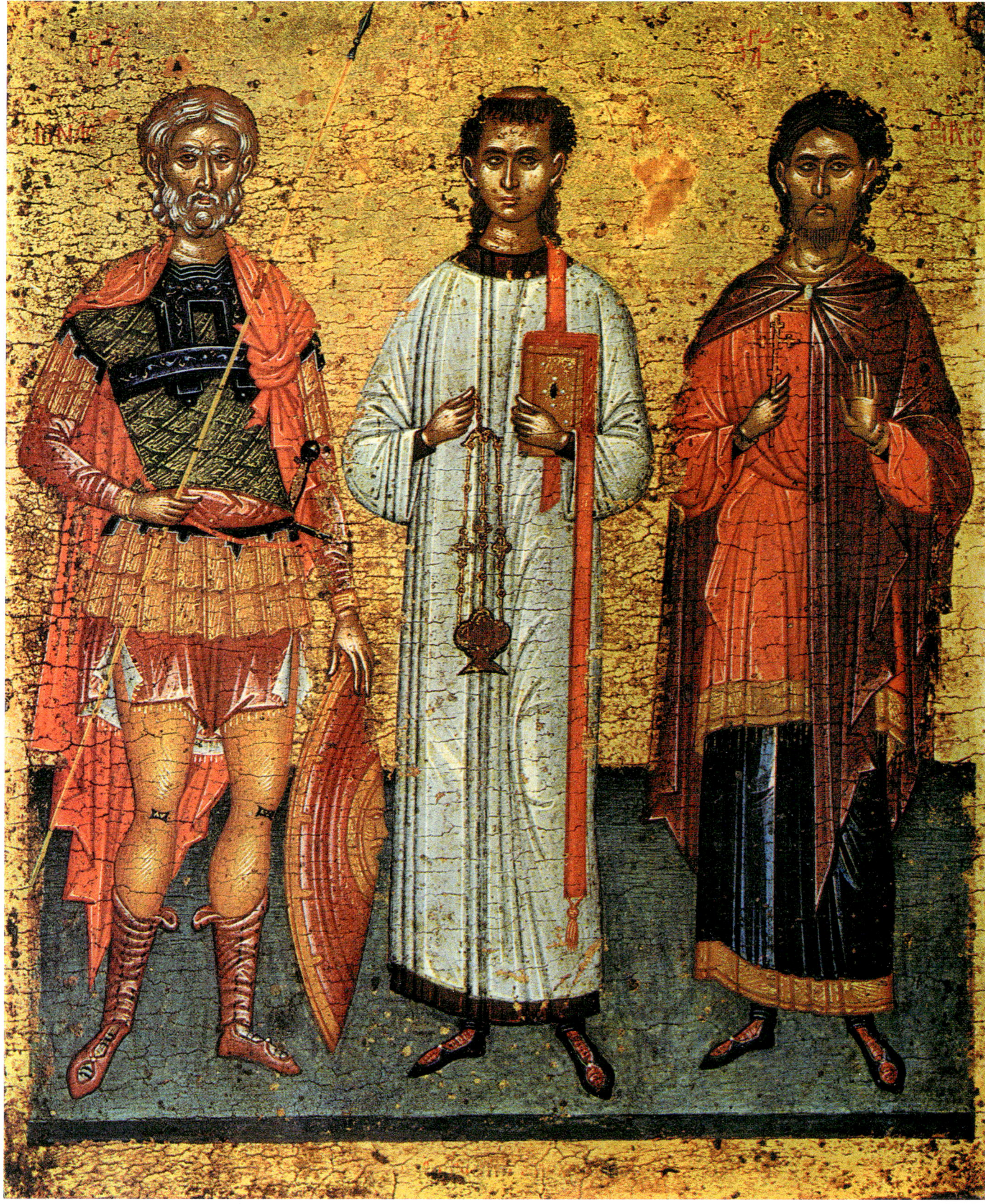

Der Hl. Menas, ein Diakon und ein Märtyrer (Ausschnitt), Anfang 18. Jh., kretische Schule. Menas starb 295 unter Diokletian den Märtyrertod. Sein Grab befindet sich an einer heiligen Quelle in der Wüste bei Alexandria. Als 1453 das byzantinische Reich vollends zusammenbrach, wurde Kreta die Zufluchtsstätte der Maler aus Kleinasien und vom Balkan. Der rege kulturelle Austausch mit dem Abendland, vor allem mit Venedig, unter dessen Herrschaft die Insel damals stand, führte zu einem italienisch-byzantinischen Mischstil, bei dem häufig abendländische Elemente überwiegen.

das Holz später verkrümmt oder spaltet. In einigen Schulen werden diese Querhölzer auch am oberen und unteren Rand eingefügt.

Auf der Vorderseite schafft man meist ein vertieftes Mittelfeld, so dass ein Rand als Rahmen stehenbleibt, raut die Oberfläche auf und bestreicht sie mit einer Leimschicht. Wenn sie gut getrocknet ist, klebt man ein entsprechend großes Stück Leinwand auf. Der Stoff kann Risse im Holz vermeiden und überbrücken, und bei einer möglichen Krümmung bleibt die Bemalung erhalten. Bei späteren Ikonen lässt man die Leinwand fort.

Dann trägt man mehrmals, oft in zehn dünnen Schichten, warmen Levkas auf, eine Mischung aus Alabasterpulver, feinem Gips oder Kreidepulver und Leim. Ist sie gut durchgetrocknet, schleift man die Oberfläche mit Schachtelhalmen oder anderen Materialien glatt – heutzutage nimmt man dazu nasses Glaspapier. Nun ist der Malgrund geschaffen, in den man mit Hilfe einer Schablone die Umrisszeichnung des Themas einritzt. Bei manchen Ikonen kann man die Ritzzeichnung auch heute noch deutlich erkennen.

Zur Ikonenmalerei verwendet man fast immer Temperafarben unter Zusatz von Eigelb. Auch für die Gold- und Silberschichten wurden niemals Ölfarben genommen, denn Eitempera ist haltbarer als Aquarell- oder Ölfarbe und gibt dem Kolorit der Farben mehr Transparenz. Daher rührt zu einem großen Teil die eigentümliche, realitätsferne Wirkung der Ikonen. Auf die Flächen, die vergoldet werden sollen, streicht man zuvor Poliment, eine Mischung aus rotem Ton, Wachs und Leinölseife. Diese fein zerriebenen Stoffe werden mit Wasser und Eiweiß verflüssigt.

Die rote Farbunterschicht verleiht dem Gold das warme Strahlen. Später dringt oft das Rötliche durch die Goldschicht hindurch. Für die vergoldeten Flächen, meist der Hintergrund der Heiligen und der dargestellten Gebäude, verwendet man Blattgold: Gold ist ein Symbol des Ewigen.

Rechts: *Die vierzig Märtyrer von Sebaste*
18. Jh., kretische Schule.
Die dargestellte Begebenheit hat sich im Jahre 320 bei Sebaste in Armenien ereignet, die Kirchenväter Gregor von Nyssa und Basilios der Große haben darüber berichtet. Zum Martyrium der 40 christlichen Krieger, die von Soldaten des römischen Kaisers Licinius gefangen genommen worden waren, gehörte ein Bad in einem gefrierenden See. Einer von ihnen unterlag der Verlockung eines warmen Bades, das am Seeufer gerichtet war; er starb, weil er wankelmütig wurde. Einer der römischen Wachmannschaft mit Namen Aglaios, der von der Standhaftigkeit der 39 Märtyrer sehr ergriffen war, nahm die Stelle des Abtrünnigen ein. Aglaios habe, so heißt es, in einer Vision gesehen, wie sich 39 Kronen auf die Männer niedersenkten. Der Maler hat sein Bild sehr dramatisch aufgebaut: Er zeigt die Märtyrer in heftiger Bewegung, über ihnen zwischen den Kronen in erhabener Ruhe der segnende Christus. Am linken Bildrand ist noch sichtbar, wie der Wankelmütige das Badehaus betritt. Der Römer Aglaios hat sich bereits zu den 39 gestellt, den Arm triumphierend erhoben.

Häufig nimmt man auch Rotwein für die Grundierung des Blattgoldes.

Einzelne Schulen bevorzugen Silber für den Hintergrund. Die Nowgoroder Schule im 14. Jahrhundert wählte Rot, später auch Weiß oder einen blassen Ockerton.

Dann macht sich der Maler eine Palette von 24 Grundfarben zurecht. Alle Farben sind natürlichen Ursprungs – Farbpigmente aus Mineralen und Erden. Man verrührt sie mit einer vorher angesetzten Eidotterflüssigkeit – in Deutschland meist Eidotter mit Roggenbier, in Italien mit Feigenbaumflüssigkeit, in Russland mit Kwas –, die als Bindemittel dient.

Zunächst wird Zinnober verwendet, dann eine Schicht Bleifarbe, die durch vorheriges Brennen einen grünlichen Schimmer erhält. Nun malt man die Gesichter in schwärzlichem Braun, einzelne Züge in rötlichem Ocker, der mit lichtem Braun aufgehellt wird.

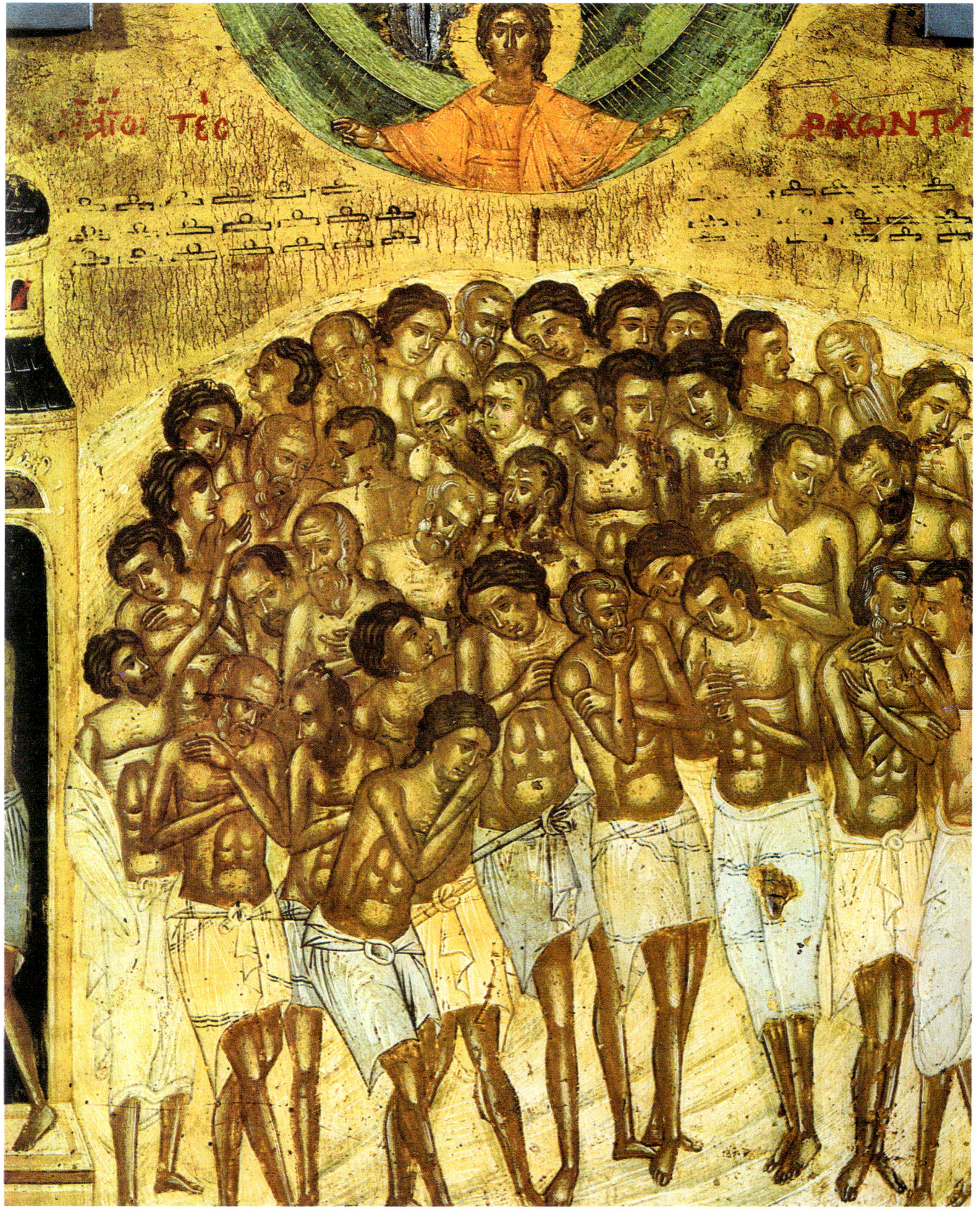

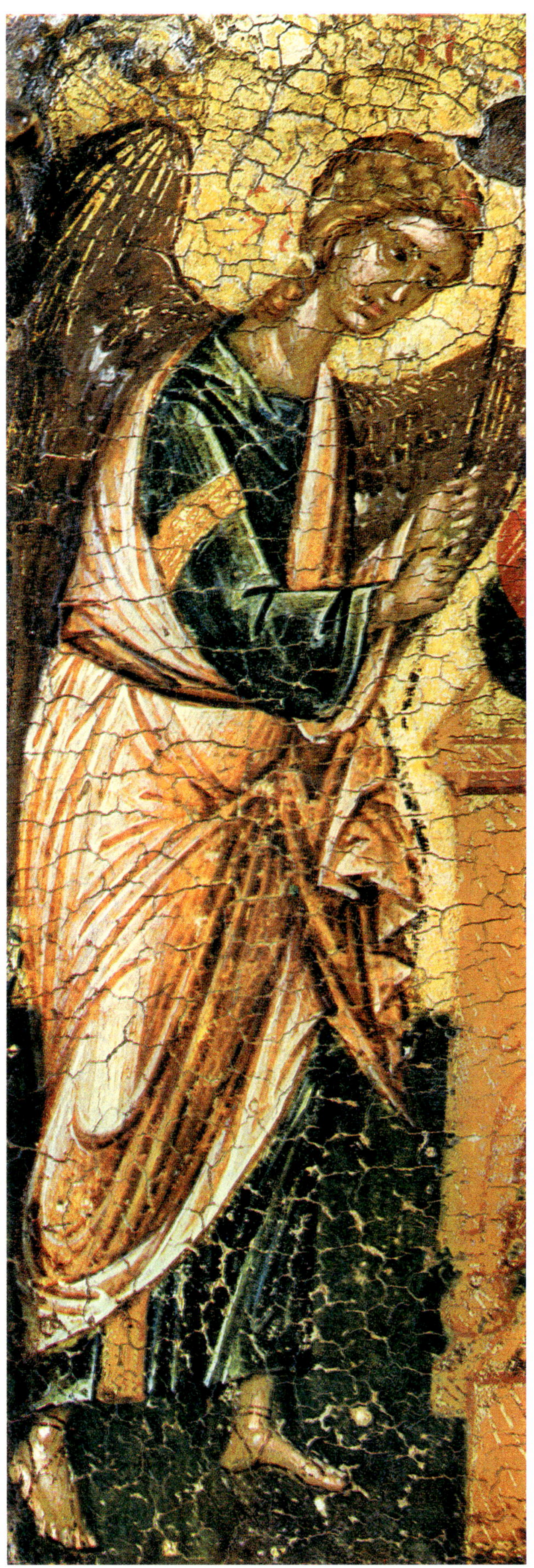

Engel (Ausschnitt aus einer griechischen Ikone), Anfang 15. Jh., vermutlich von Feofan Grek (Theophanes dem Griechen). Feofan Grek stammte wahrscheinlich von Kreta. Über Konstantinopel führte sein Weg nach Nowgorod und Moskau. Er war der Lehrmeister Andrej Rubljews, der als der größte aller Ikonenmaler gerühmt wird. Feofan Grek hat hauptsächlich Fresken gemalt – er soll in Konstantinopel, Griechenland und Russland insgesamt 40 Kirchen ausgemalt haben, darunter allein drei in Moskau. Seine Ikonen sind zumeist auf Fernschau angelegt. Daher erklärt es sich vielleicht, dass er für die Tafeln der Ikonostase in der Moskauer Verkündigungskathedrale ein bis dahin ungewöhnliches Maß wählte: Sie sind mehr als zwei Meter hoch und über einen Meter breit.

Jede Farbe wird für sich aufgetragen und scharf gegen die andere abgegrenzt.

Zunächst werden die großen Flächen ausgemalt, zum Schluss die kleinen Glanzlichter aufgesetzt, etwa in den Augen oder auf den Gewändern, und die kleinen Schatten unter den Augen oder in den Gewandfalten angedeutet.

Heute besteht die bindende Flüssigkeit aus Eidotter mit Terpentin oder venezianischem Mohnöl oder Ähnlichem. Dann gibt man soviel Wasser hinein, bis die Emulsion dem Flüssigkeitsgrad einer Haferschleimsuppe entspricht, und setzt die Farben zu.

Besonders in späteren Jahren teilte man die Arbeit beim Ikonenmalen unter mehreren Mönchen auf: Einer übernahm die Architektur des Hintergrundes, ein anderer den Faltenwurf der Vorhänge und Gewänder und die figurale Komposition, und ein weiterer gestaltete die Gesichter.

Eitemperafarben trocknen schnell, so dass man schon nach kurzer Zeit die Ölschicht darüber legen kann, die so genannte Olifa; gekochtes Leinöl, dem Bernstein oder Harz beigemischt ist. Die Olifa durchtränkt die Malschicht und macht sie geschmeidig, vor allem aber schützt sie das Gemälde vor Weihrauch, Kerzenruß und Staub.

Mit der Zeit wird die Ikone immer dunkler. Nimmt man aber die Ölschicht von einer alten Ikone ab, so treten wieder die früheren leuchtenden Farben hervor.

Wenn es im Leben des Malers nichts auszusetzen gab, Malutensilien, Farben und Wasser geweiht waren und der Maler alle Vorschriften beachtet hatte, wurde die Ikone von der Kirche anerkannt und geweiht. Eine der von Iwan IV. im 16. Jahrhundert erlassenen Bestimmungen verbot es dem Künstler, Ikonen gegen Bezahlung zu malen, oder, wie man sagte, zu »schreiben«. Es handelt sich nach Auffassung der östlichen Kirchen um niedergeschriebenen Glauben.

Ikonen sind im Allgemeinen bewusst ohne Perspektive, ohne Tiefenwirkung gemalt. Durch diese Vereinfachung *(Fortsetzung auf Seite 34)*

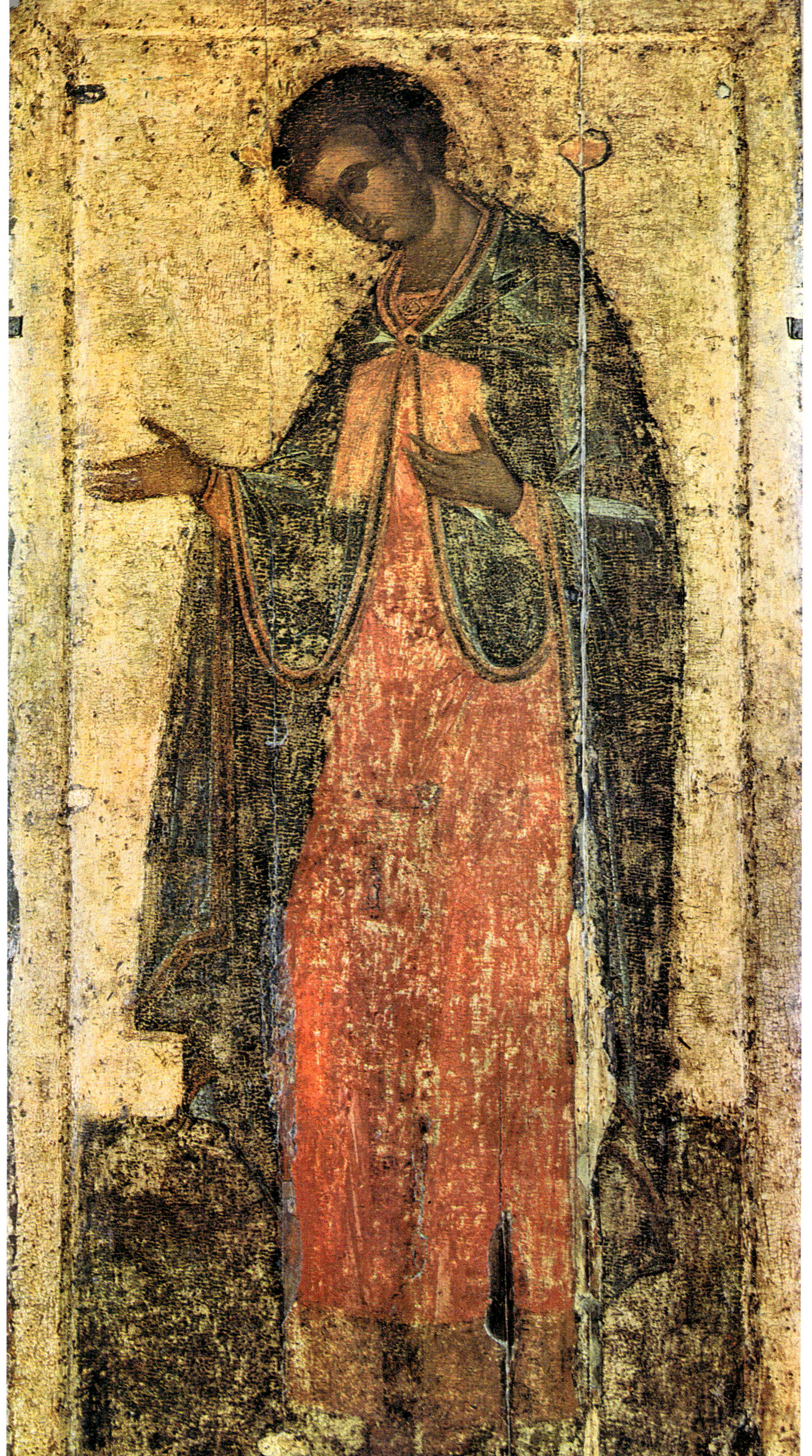

Heiliger Georg, um 1410, Mariä-Verkündigungs-Kathedrale im Moskauer Kreml, Prochor aus Gorodec. Die russische Forschung schreibt dieses Werk dem Maler Prochor aus Gorodec zu, mit dem Rubljew häufig zusammenarbeitete. Es zeigt in Ansätzen die Stilmerkmale, die Rubljew so vollendet verfeinerte: anmutige Haltung der langgestreckten Figur, eine starke Neigung des Kopfes und sublime Farbgebung.

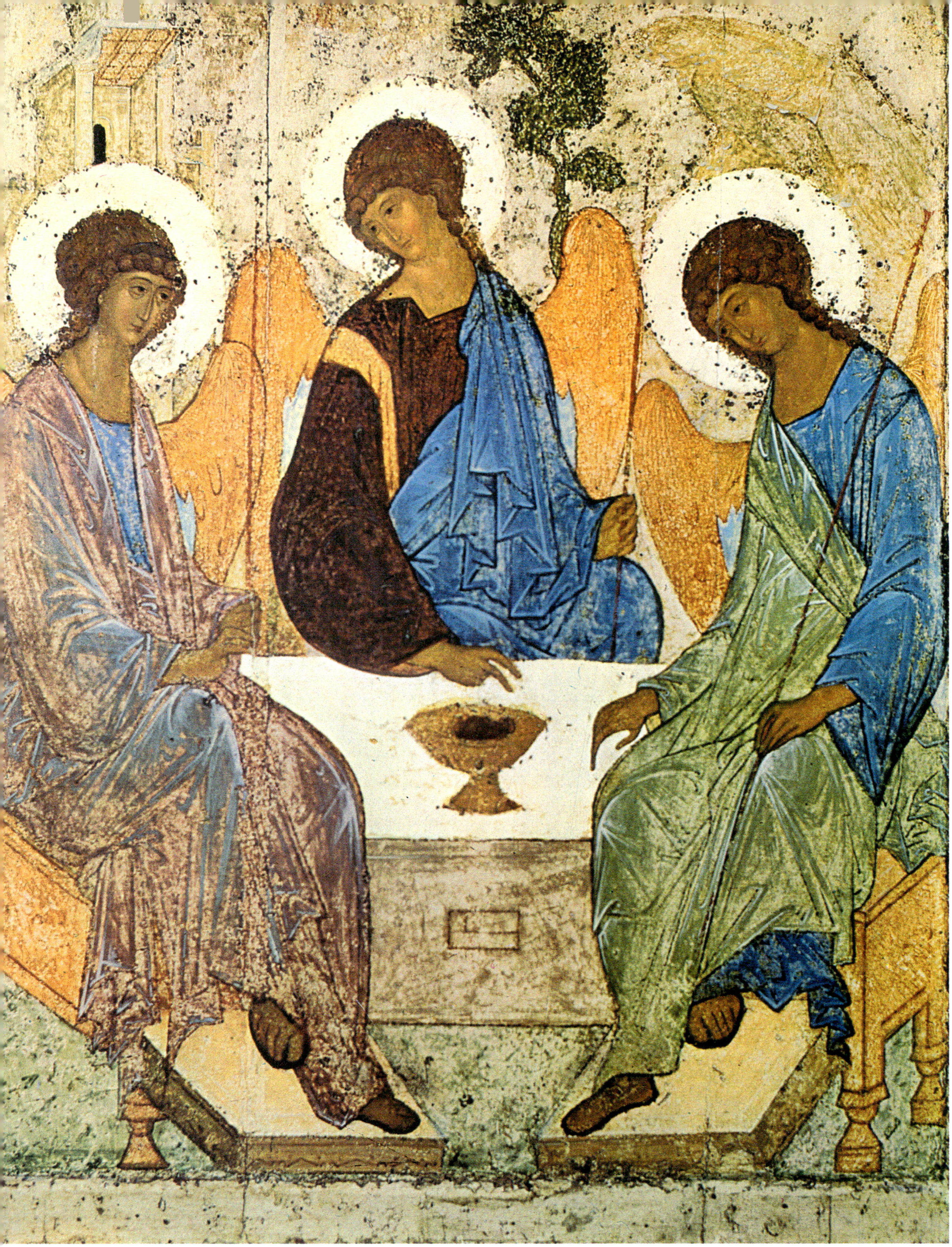

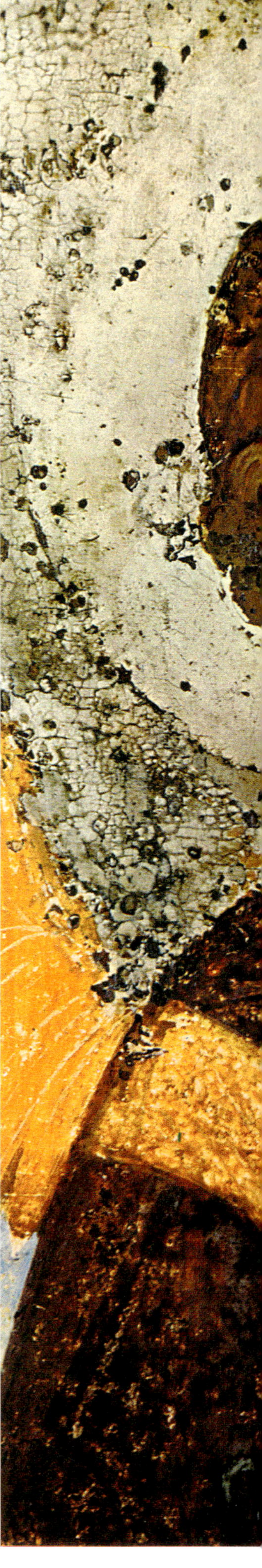

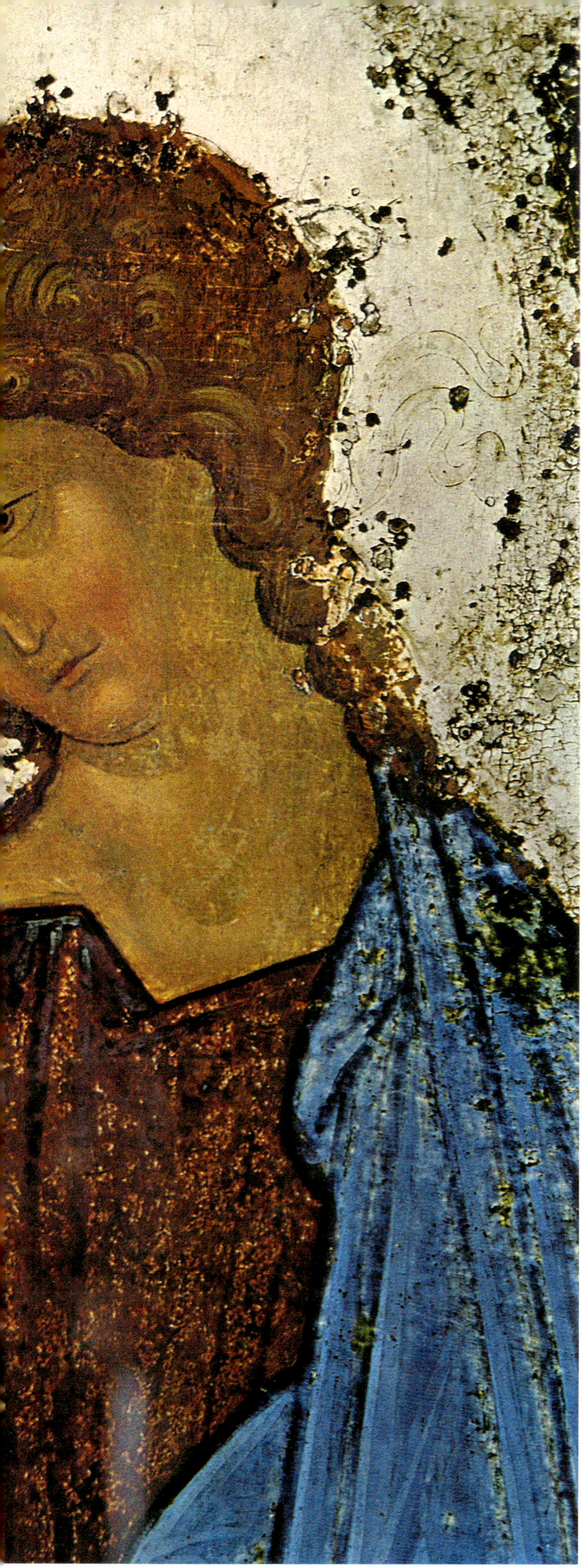

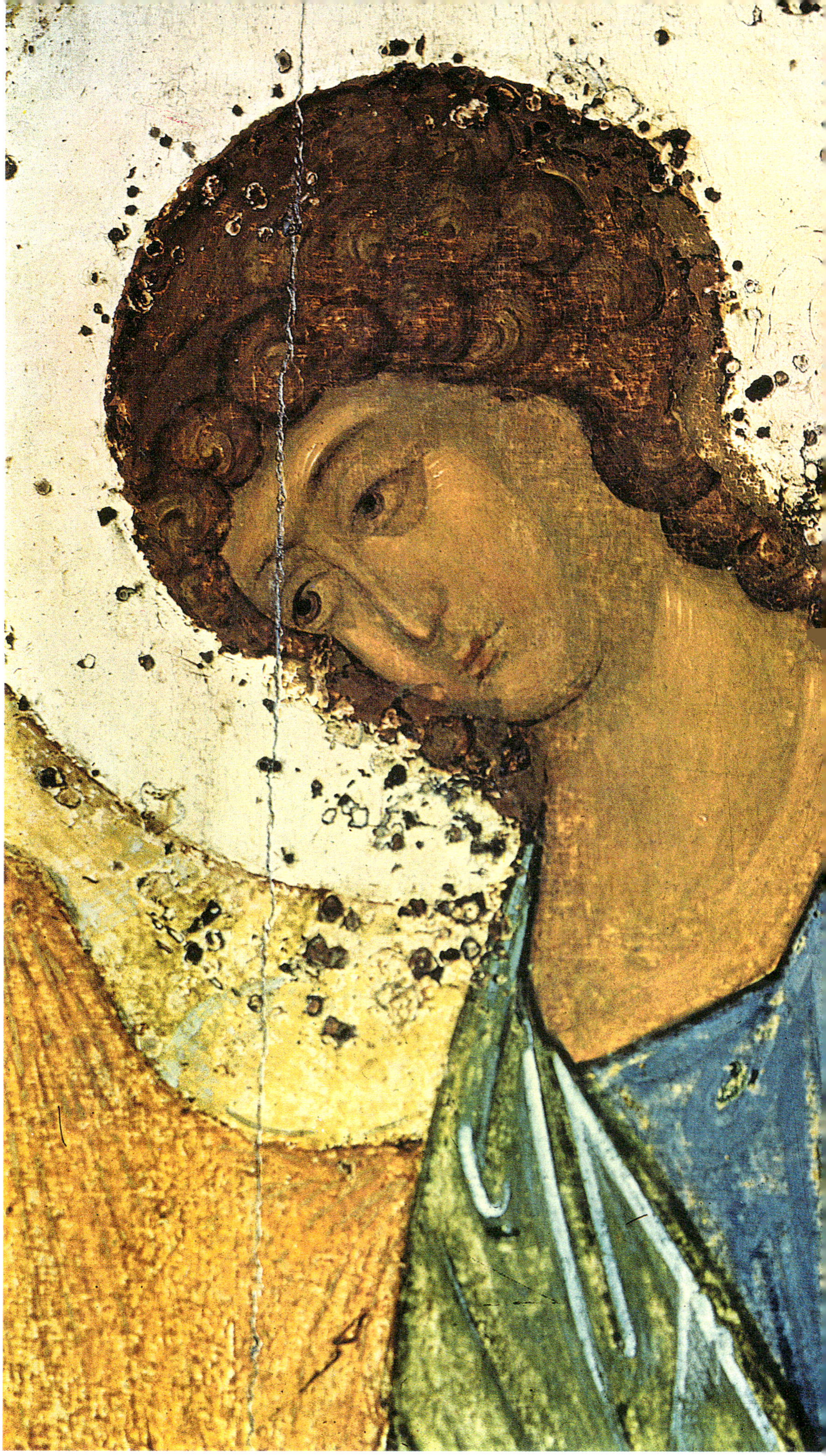

Seiten 32 und 33: *Dreifaltigkeit*, zwischen 1411 und 1423, Andrej Rubljew, Russland. Der russische Malermönch malte diese Ikone für das Dreifaltigkeitskloster in Sagorsk bei Moskau – sie ist das Hauptwerk Rubljews und eine der bedeutendsten Ikonenschöpfungen überhaupt. Heute befindet es sich in der Tretjakow-Galerie zu Moskau. Die Darstellung der Dreifaltigkeit im orthodoxen Bereich bezieht sich auf den Bericht im 1. Buch Mose, Kapitel 18, das mit den Worten beginnt: »und der Herr erschien (dem Abraham) im Hain Mamre, während er an der Tür seiner Hütte saß … Und als er seine Augen aufhob und sah, siehe, da standen drei Engel vor ihm …« Es war Gott in dreierlei Gestalt als Gottvater, Gottsohn und Heiliger Geist. Die drei Engel werden von Abraham und seiner Frau Sarah bewirtet. Das Gastmahl bei Abraham ist ein Vorgriff auf die Zukunft; es geht bei dem Gespräch der Engel um die Menschwerdung Christi und sein Opfer für die Menschheit.

(Fortsetzung von Seite 30) der optisch gesehenen Wirklichkeit wird der Betrachter zum Wesentlichen hingeführt. Auch bizarre Berge und Gebäude, Häuser und Natur werden häufig ohne Perspektive wiedergegeben. Der Betrachter wird in einen Raum hineingezogen, in dem alle Dinge beklemmend nahe beieinander stehen.

Wir dürfen annehmen, dass jede Farbe einen bestimmten Sinngehalt oder Symbolwert hatte und dass bestimmte Farbzusammenstellungen ein Gleichnis oder Symbol für innere, geistige oder andere Zusammenhänge waren.

Die Farbsymbolik hat ihren Ursprung in den Religionen der Ägypter und Perser. Die Bedeutung der Farben für die christliche Kunst ist noch viel zu wenig erforscht, als dass sich Endgültiges darüber sagen ließe. Mit Vorbehalt lässt sie sich vielleicht folgendermaßen umreißen:

Gold in Gelb- oder Rottönen ist das Symbol des Lichtes und des Glanzes und des Endgültigen. Der Goldgrund auf den Ikonen bezeichnet den Raum des Transzendenten.

Purpur vergegenwärtigt alles Göttliche. Häufig sind auch die Gewänder Mariä und Christi in purpurner Farbe wiedergegeben.

Rot ist die Farbe der Liebe, des Lebens und des Blutes, insbesondere des Blutes Christi und der Märtyrer.

Blau versinnbildlicht den Himmel und das Wasser des Meeres in seiner Reinheit und Unveränderlichkeit. Oft ist auch die Gewandung Christi, der Gottesmutter und vieler Heiliger in Blau gehalten als Zeichen dafür, dass die Personen dem Himmel angehören. Auf griechischen Ikonen bildet Blau häufig die Grundfarbe.

Braun gilt als Farbe der Erde. Auch die Gewänder der Mönche und Asketen sind häufig in braunen Farbtönen gemalt.

Grün ist ein Symbol für die Vegetation und den Kosmos.

Schwarz und Grau sind die Farben des Todes und der Unterwelt, des Hades. Bei der Höllenfahrt – in der Ostkirche feiert man die Auferstehung Christi nicht als das Emporschweben, sondern vor dem Bild der Höllenfahrt – ist der Raum unterhalb der beiden Tore zur Unterwelt, meist in Schwarz oder Grau gehalten, ebenso die mystische Gruft auf Golgatha, in der oft der Schädel Adams dargestellt wird. Auch die Höhle, in der die Krippe des Christuskindes steht, ist in schwarz-grauem Ton gehalten ebenso die Gruft, vor der sich der Sarg mit dem in weißes Linnen gewickelten Lazarus befindet.

Auffallend ist das grelle Weiß des Lendenschurzes Christi am Kreuz, weiß auch das Tuch, das den toten Lazarus im Sarg umhüllt. Eine Bibelstelle weist darauf hin, dass die Farbe Weiß den Charakter der Verklärung trägt: Weißer als Schnee …

So könnte es auch sein, dass das Purpur des Mantels neben dem Blau des Untergewandes die gottmenschliche Einheit versinnbildlichen sollte.

Rechts: *Johannes der Täufer* zwischen 1410 und 1420, Andrej Rubljew. Diese für ein Kloster bei Moskau gemalte Ikone wird dem großen russischen Maler Rubljew zugeschrieben. Sie zeigt viele seiner Stilmerkmale: feinsinnige Behandlung der Farbe, starke Neigung des Kopfes und den Ausdruck zarter Innigkeit. Charakteristisch ist auch die sich nach unten wie ein Dreieck erweiternde Körpersilhouette. Die Ikone befindet sich jetzt im Rubljew-Museum in Moskau.

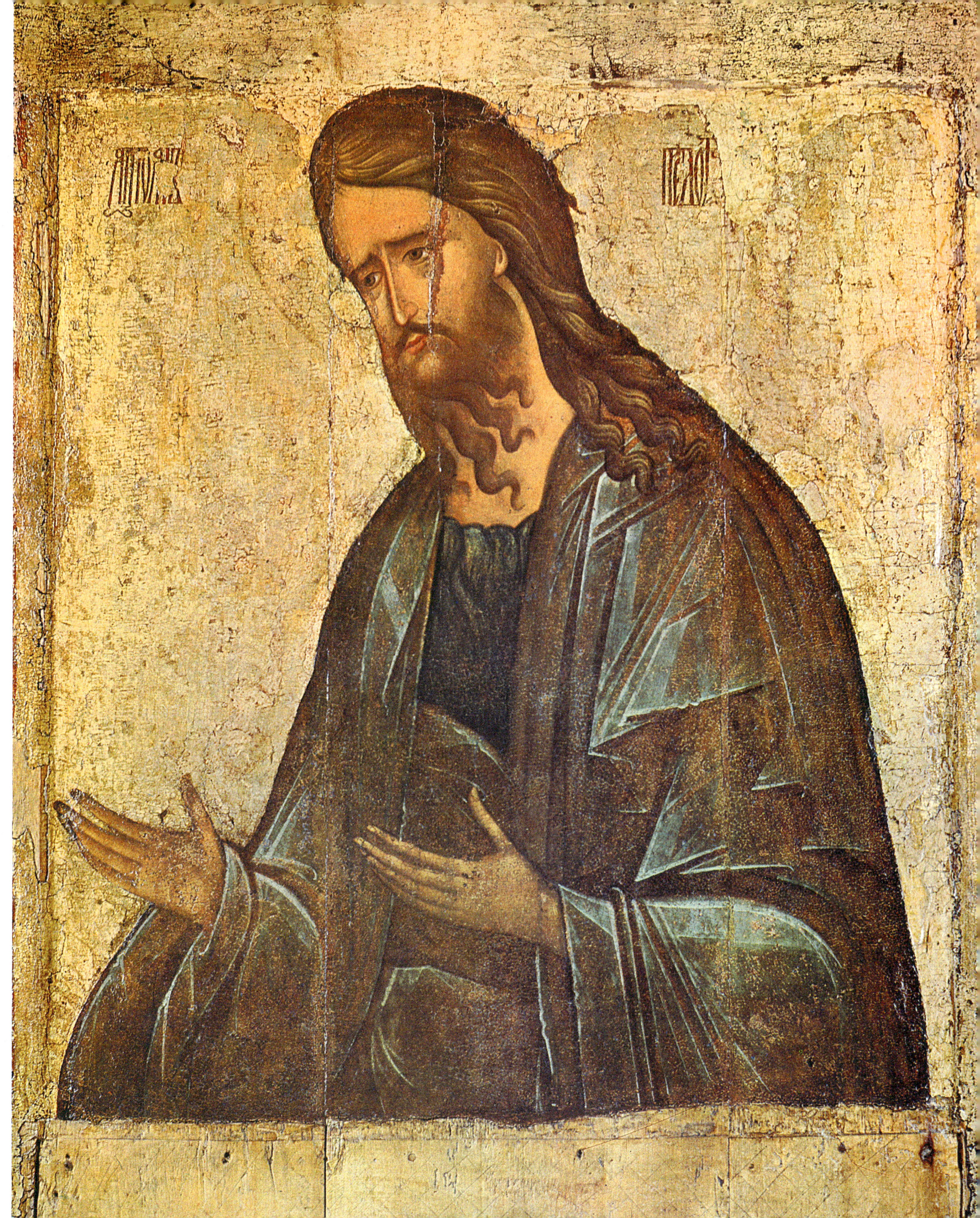

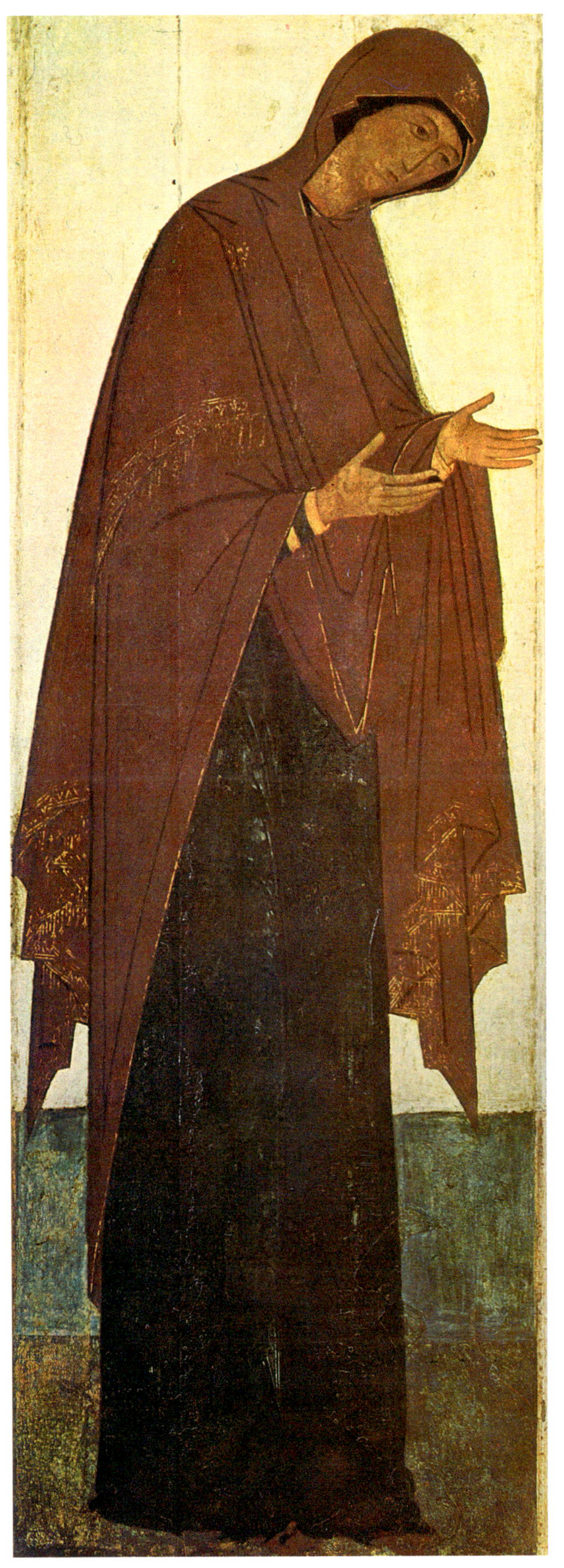

Gottesmutter, um 1408, vermutlich von Andrej Rubljew. Die Gestalt ist voll anmutiger Würde, langgestreckt und daher von besonderer Leichtigkeit. Die dunklen Farben der Gewänder sind sehr fein abschattiert, die Goldornamente nur ganz zart angedeutet.

In den Malerhandbüchern findet sich neben den Umrisszeichnungen oft ein Hinweis auf die Farbgebung, die dem Malermönch dieser Schule damit bindend vorgeschrieben war.

Es gilt als sicher, dass die einzelnen Schulen die ursprüngliche Bedeutung der Farben variierten und ihnen eine neue religiöse Note unterlegten. Auch zeitliche Entwicklungen werden bei diesen Abwandlungen eine Rolle gespielt haben. Lediglich Gold und Silber verweisen immer auf den Bereich des Transzendenten.

Mosaikikonen

Etwa gegen Ende des 11. Jahrhunderts entstand eine neue Kunstgattung, ein Zweig sowohl der Ikonenmalerei als auch der Mosaikkunst, die man als Mosaikmalerei bezeichnen könnte. Die Mosaikikone ist eigentlich nichts anderes als ein verkleinertes Mosaik, doch die Glas- und Metallstifte, die man in den Untergrund, eine Mischung von Wachs und Mastix, dem Harz der Pistazie, einsetzt, sind sehr viel kleiner als die üblichen Mosaiksteine, oft so winzig, dass man die Mosaikikone, schon aus geringer Entfernung betrachtet, leicht für eine gemalte Ikone hält.

Mit den kleinen Farbstiften lassen sich malerische Wirkungen erzielen, feine Farbschattierungen hervorholen, während die Würfel der größeren Mosaike zumeist kantig und schroff konturieren. Der emailartige Schmelz der Plättchen wirkt irisierend und gibt, in Verbindung mit dem vollen Farbton, der Mosaikikone eine einzigartige Leuchtkraft. *(Fortsetzung auf Seite 40)*

Rechts: *Apostel Paulus (Ausschnitt)* um 1410, Andrej Rubljew. Es ist eine der Ikonen, die Rubljew für die Mariä-Himmelfahrts-Kathedrale in Wladimir schuf. Man hat sie und 26 andere in Dörfern der Umgebung wiedergefunden, denn als die Kirche im 18. Jahrhundert eine neue Ikonostase bekam, waren die alten Ikonen verkauft worden.

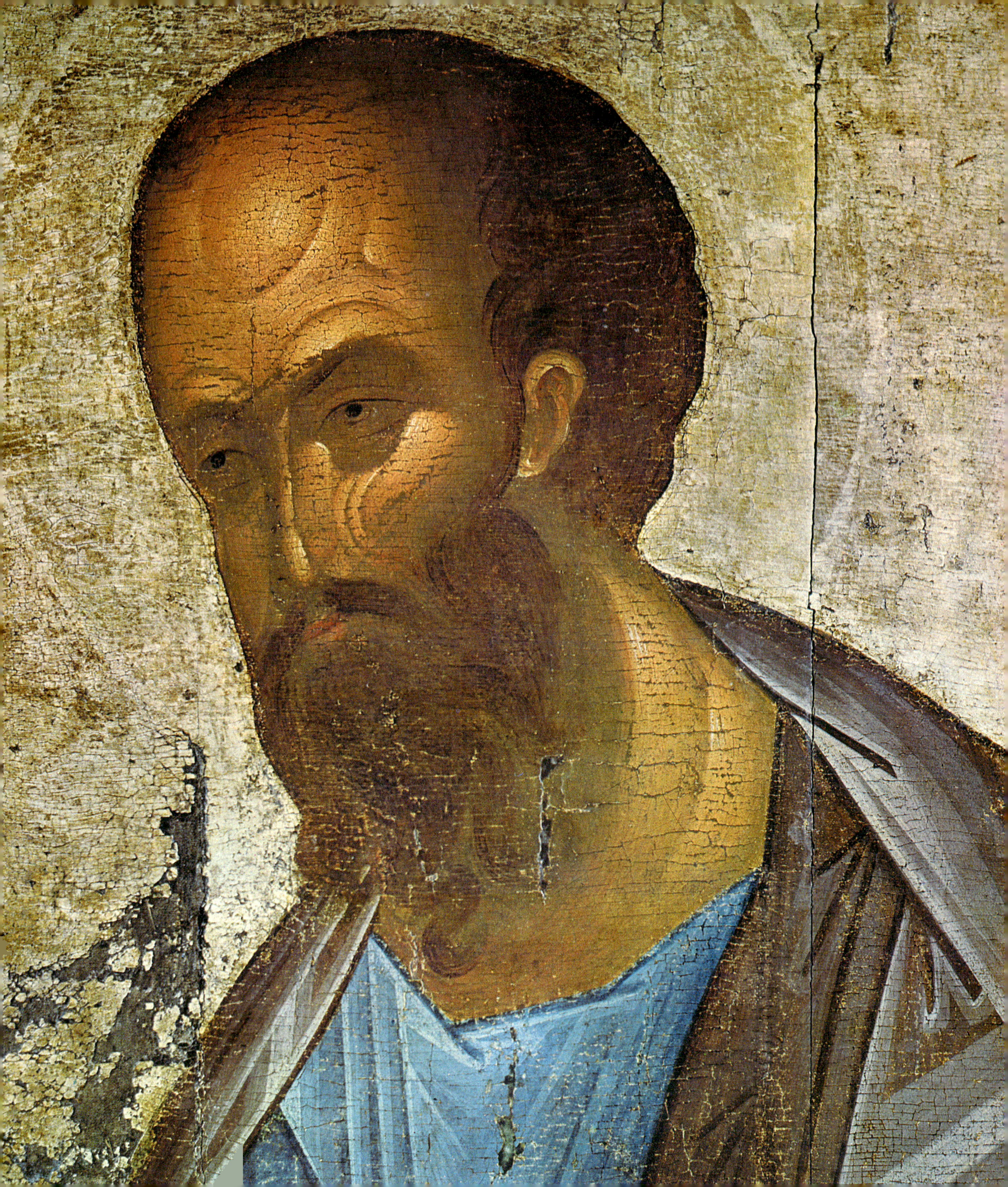

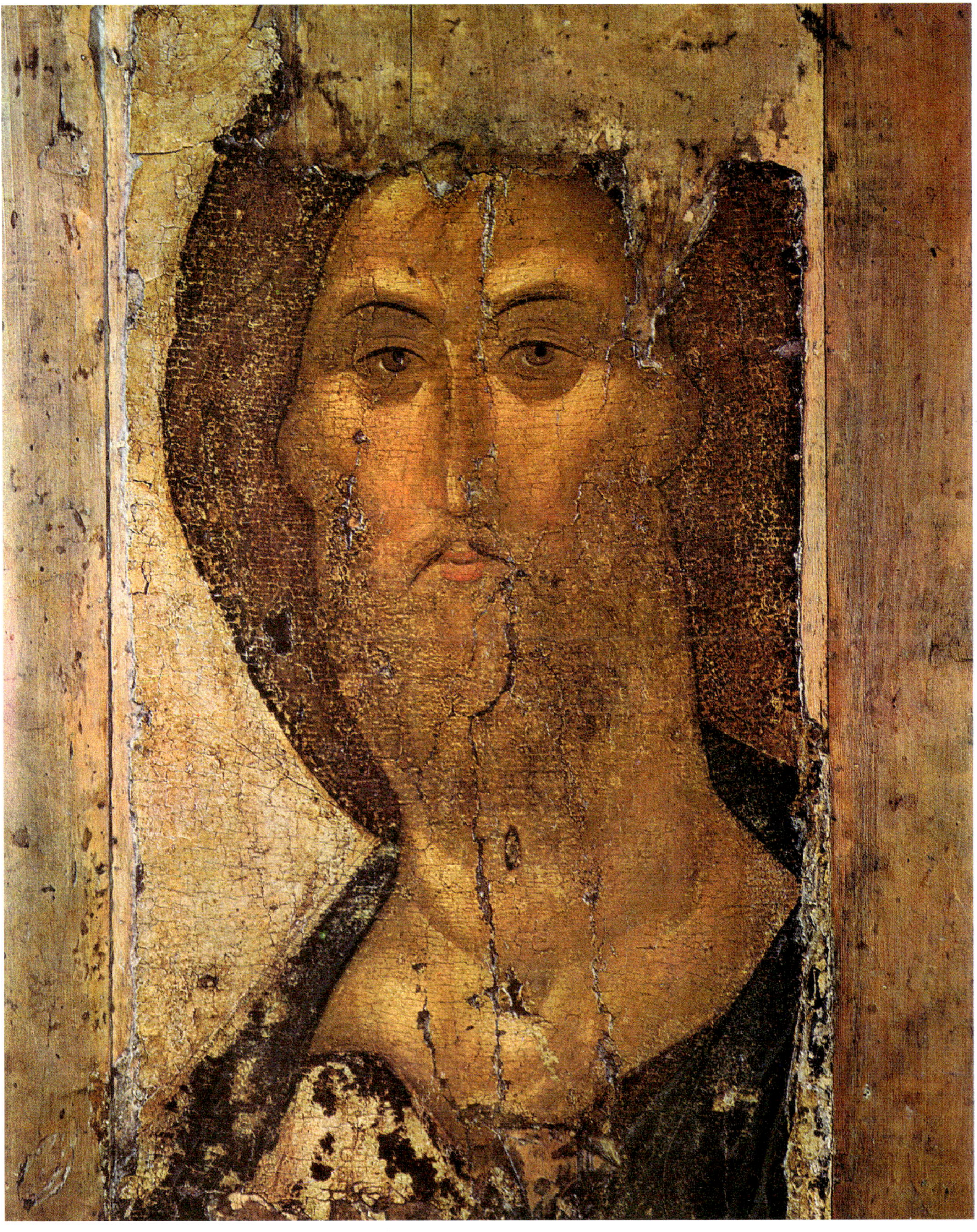

Der Erlöser, um 1400, Andrej Rubljew. Auch an dieser Ikone von der Ikonostase in Zwenigorod glaubt man Rubljews Stil zu erkennen: Die Farben sind gedämpft und überaus fein abschattiert. Sie modellieren das Gesicht und geben ihm eine Spur von Körperlichkeit.

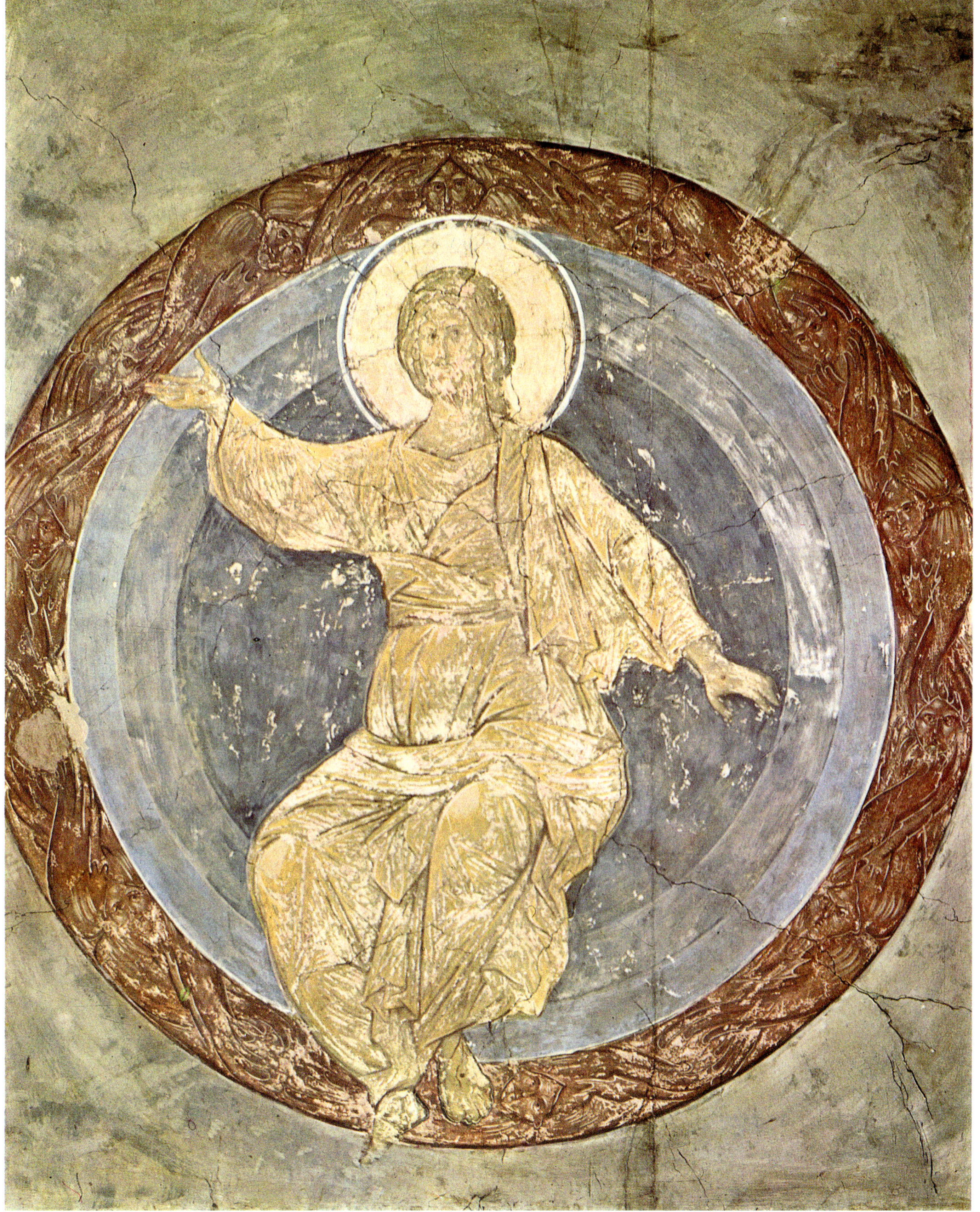

Christus in einer Aureole
um 1408, Mariä-Himmelfahrts-Kathedrale Wladimir, Andrej Rubljew.
Zusammen mit dem Maler Daniel malte Rubljew die Kathedrale in Wladimir aus. Die Fresken waren mehrfach übermalt und wurden erst um 1920 freigelegt, als man planmäßig nach Rubljews Werken zu forschen begann.

(Fortsetzung von Seite 36) Konstantinopel wird die meisten Werkstätten für die äußerst diffizile Herstellung der Mosaikikonen gehabt haben, und die meisten Stücke fanden sich sicherlich in den Schatzkammern des Kaiserhauses.

Sie sind uns nicht erhalten geblieben. Da Mosaikikonen aber vornehmlich als Geschenke für Klöster und bestimmte Persönlichkeiten gedacht waren und verteilt wurden, ist manches kostbare Stück im Westen aufgetaucht. Eine verhältnismäßig große Anzahl von Mosaikikonen besitzen die Athosklöster, einzelne Stücke sind im Louvre, in Palermo, im Nationalmuseum in Florenz und in den Staatlichen Museen zu Berlin zu sehen.

Im 12. und 13. Jahrhundert waren Mosaikikonen in der Größe von 70 x 50 Zentimetern, ja sogar lebensgroße nicht selten, im 14. Jahrhundert verringert sich ihre Größe und sie werden zu Miniaturen, die nur einige Zentimeter hoch sind.

Nach allem, was wir wissen, dürfen wir annehmen, dass sich die meisten ikonographischen Themen auch auf den Mosaikikonen wiedergefunden haben: Christus als Pantokrator (Allherrscher), Deësis (Fürbitte-Ikone mit Christus, Maria und Johannes dem Täufer, Muttergottes Hodigitria, Verklärung und Festtagsthemen.

Im 14. Jahrhundert, als die Mosaikikonenmalerei ihren Höhepunkt erreicht, verlieren die Darstellungen ihre byzantinische Starre und Strenge. Die Figuren erfahren eine stärkere psychologische Durchbildung; manchmal zeigen sie sogar etwas Expressives, ohne dass ihnen das Ferngerückte und Heilige verloren gegangen wäre. Expressives zeigt sich auch im plastisch gesehenen Wallen der Gewänder, die jetzt bauschig und verschlungen sind, nicht mehr schlaff und kantig konturiert. Weiche Schatten und warme Farbtöne geben ihnen Volumen.

Wahrscheinlich hat auch die Mosaikmalerei, die mit den ihr eigenen Mitteln besondere Wirkungen erzielte, wieder auf die Ikonenmalerei zurückgewirkt und ihr neue stilistische Impulse gegeben. Mosaikikonen nahmen im Schatz einer Kirche einen besonderen Platz ein. An bestimmten Tagen wurden sie auf Pulten im Kirchenraum als Kniefallikonen ausgelegt, und es galt ihnen die besondere Verehrung der Gläubigen.

Bronzeikonen

Ikonen ganz eigner Art sind die Bronzeikonen. Man kennt sie bereits in frühbyzantinischer Zeit.

Sie haben den großen Vorteil, dass sie gegen raue Behandlung und Witterungseinflüsse weitgehend unempfindlich sind, und so wurden sie regelrechte heilige Gebrauchsgegenstände.

Mosaikikonen sind wenig widerstandsfähig, Holzikonen haben nur eine begrenzte Lebensdauer, und es droht ihnen der Wurmfraß, also nahm man Metallikonen mit auf die Reise oder ins Sommerhaus. Die Bronzekreuze führte man vor allem bei Prozessionen und ähnlichen Gelegenheiten mit sich.

Alle diese Ikonen weisen je nach Alter Gebrauchsspuren und Kussstellen auf, und es ist oft bemerkenswert, welche der dargestellten Personen besonders abgeküsst worden ist.

Die Bronzekreuze wurden in frühbyzantinischer Zeit in den Kirchen aufbewahrt. Mit ihnen segnete der Priester die Gläubigen, die dann herantraten, um das Kreuz zu küssen. Nach dem Gottesdienst wurde es auf den Altar rechts von der Bibel zurückgelegt.

In späterer Zeit goss man die Kreuze nach einem neuen Verfahren, und da man nun viel mehr produzierte, wurden sie auch in den Wohnungen aufgehängt. Zu den Prozessionen nahm man sie von der Wand.

Die Vertiefungen im Metall wurden oftmals mit Email ausgegossen, so dass sie schöne Farbeffekte zeigen. Gewöhnlich stellen die Bronzekreuze den Gekreuzigten dar, darüber das Mandilion Christi, das »nicht von Menschenhand geschaffene Antlitz«. Darunter rechts und links sind oft zwei Engel mit verhüllten Händen abgebildet. Sie tragen die kirchenslawische Inschrift

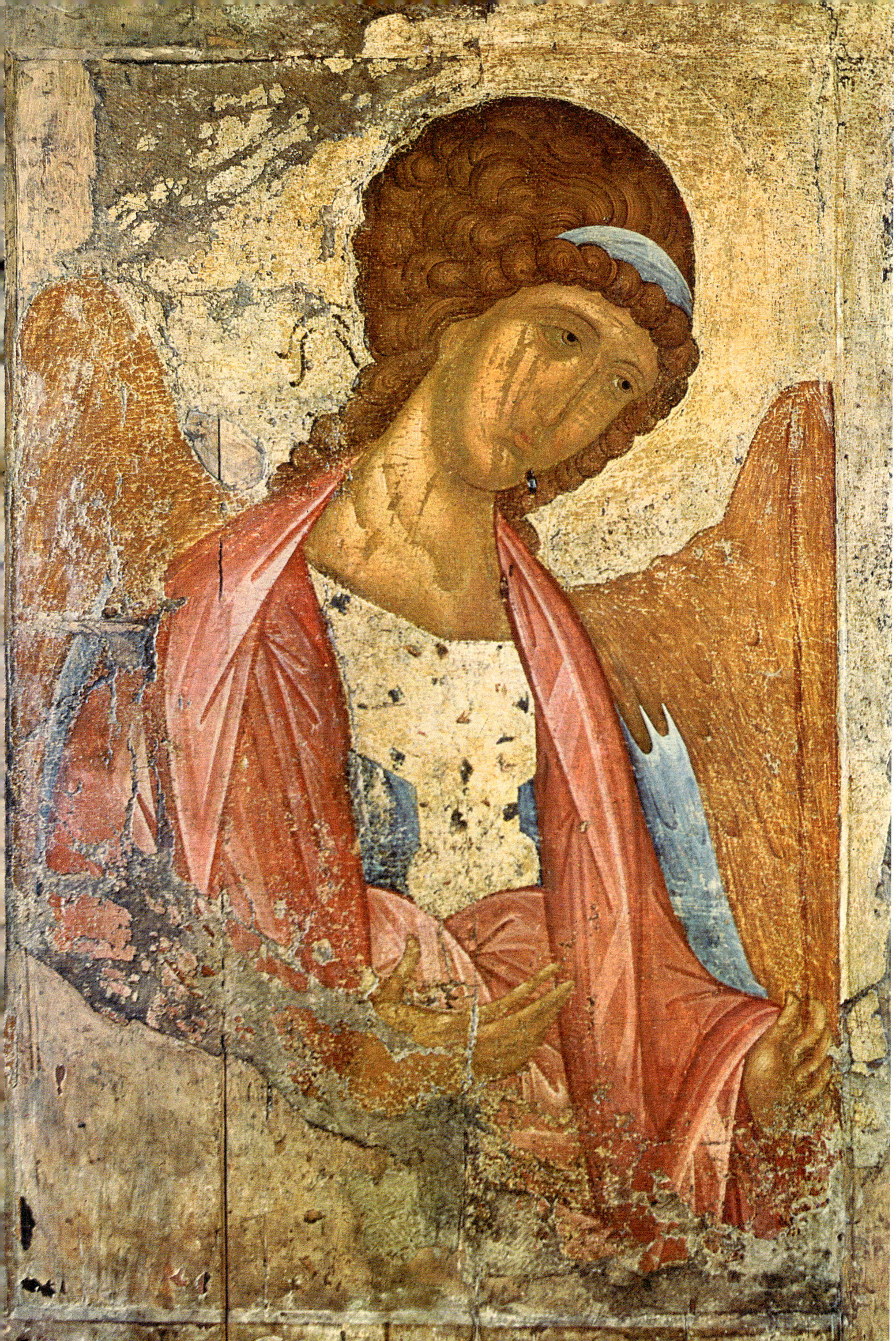

Erzengel Michael, um 1400, Andrej Rubljew.
Vielleicht ist diese Ikone, die Rubljew für die Ikonostase in Zwenigorod malte, eine seiner ersten selbstständigen Arbeiten, mit denen er sich von dem Einfluss seines Lehrers Feofan Grek löst. Klare Zeichnung und freudige Farbigkeit und ein gefühlsbetonter Gesichtsausdruck sind die wichtigsten Merkmale dieses Bildes, das sich jetzt in der Tretjakow-Galerie in Moskau befindet.

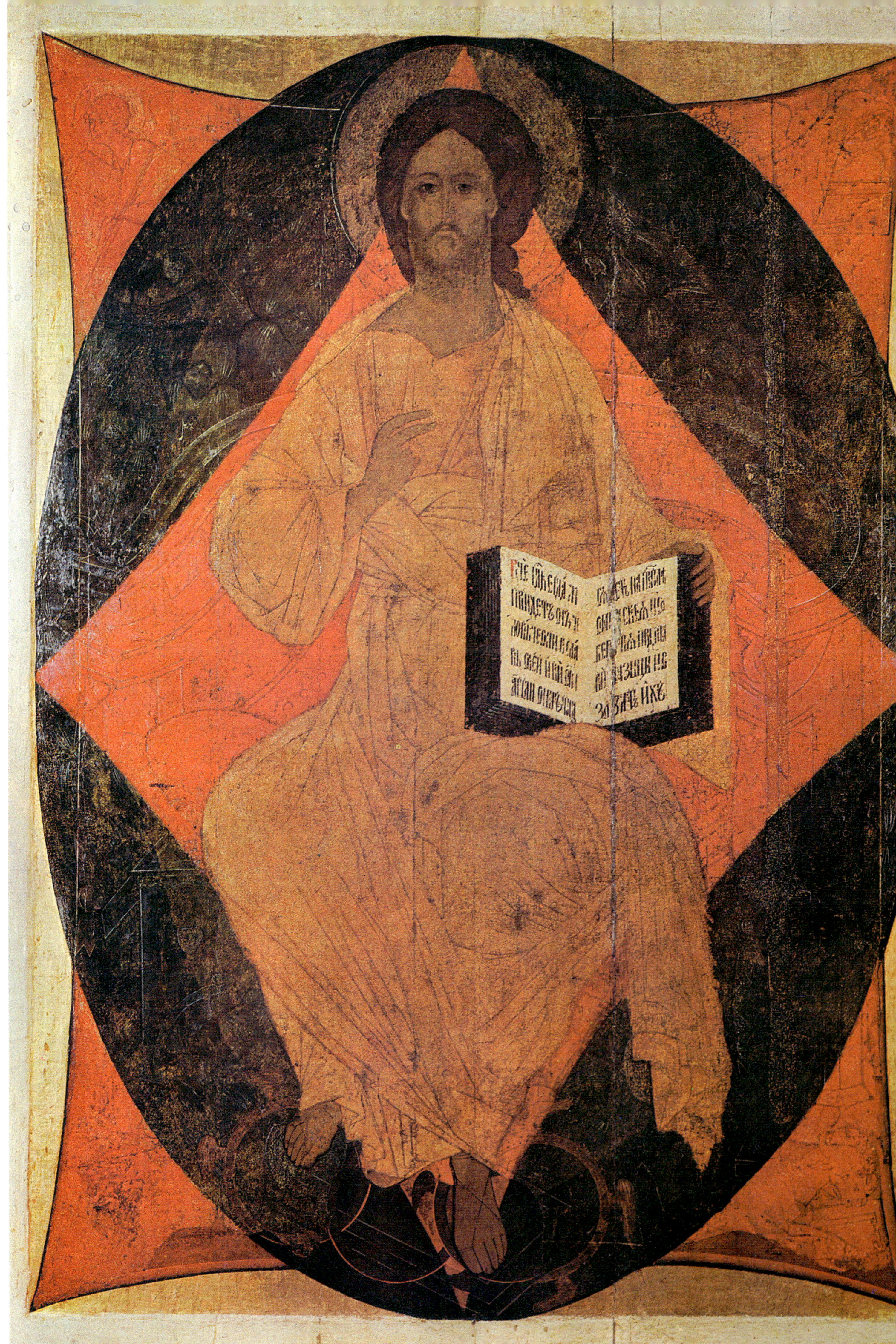

Christus Pantokrator, um 1408, Andrej Rubljew. Die drei Ringe zu Füßen des thronenden Christus verweisen auf die Dreifaltigkeit. Die roten Eckzwickel enthalten die Symbole der vier Evangelisten: Matthäus als Engel, Lukas als Stier, Markus als Löwe, Johannes als Adler. Die Abbildung zeigt den Mittelteil der Ikonostase in der Wladimirer Kathedrale. Die Gestalten Mariä und Johannes des Vorläufers – rechts und links von Christus Pantokrator – vervollständigen die Darstellung zu einer Deësis.

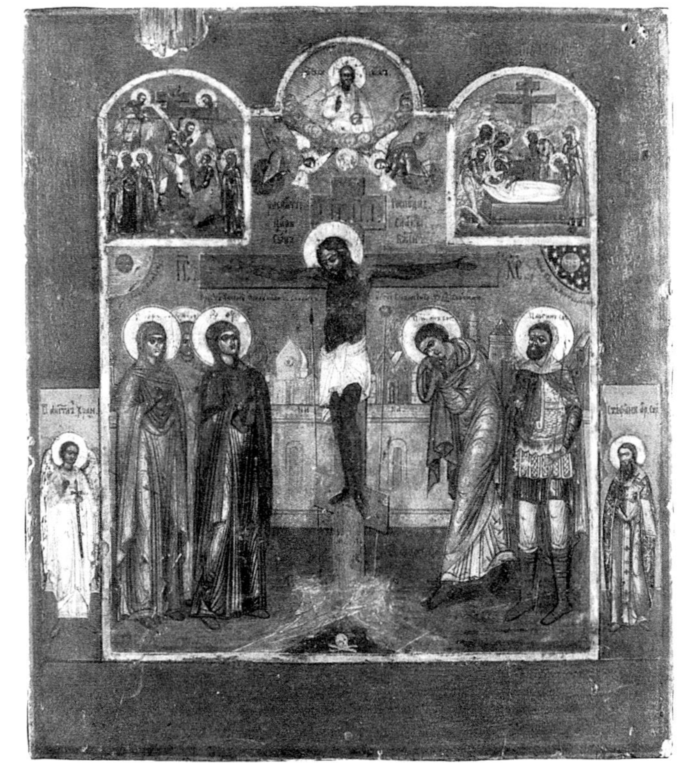

Kreuzigung Christi, um 1700, Russland. Der Kreuzigung im vertieften Mittelfeld mit Maria, Martha und Maria Magdalena zur Rechten und Johannes mit Longinus zur Linken des Gekreuzigten sind bereits die Folgeszenen beigegeben: In dem kleinen Bildfeld oben links die Kreuzabnahme, rechts die Grablegung. Auf dem Rand begleiten ein Schutzengel (links) und der Hl. Stefan (rechts) das Geschehen.
Privatsammlung Brenske, Hannover

»Engel des Herrn«, und unter den Engeln steht: »Zar der Ehre«.

Auf dem Kreuz sind gewöhnlich die Buchstaben IC XC zu lesen, die griechische Abkürzung für »Jesos Christos«, und im Haupt des Gekreuzigten in Kirchenslawisch: »Sohn Gottes«.

Sonne und Mond sind dem Geschehen beigegeben.

Rechts und links des Gekreuzigten finden sich häufig Lanze und Stab mit dem Essigschwamm entsprechend der in der Bibel beschriebenen Szene und die griechische Abkürzung für die Formel »das Kreuz siegt«. Der Schrägbalken zeigt meist die Stadtsilhouette von Jerusalem, der Kreuzfuß vier kirchenslawische Buchstaben für »die Schädelstätte wird zum Paradies« und die Abkürzung für Golgatha.

Der Totenkopf unter dem Kreuz, den man häufig bei Darstellungen der Kreuzigungsszenen findet, soll den Schädel Adams symbolisieren, der nach orthodoxer Auffassung an der Stelle des Kreuzes bestattet wurde. Damit ist gemeint, dass Christus als der neue Adam den ersten Adam erlöst hat.

Als man verstand, Bronze zu gießen, kamen zusammenklappbare dreitafelige Reiseikonen (Triptychon) auf, später gab es auch vierflügelige Reiseikonen (Tetraptychon) aus Bronze. Die linken drei Tafeln geben die zwölf Hauptfesttage der orthodoxen Kirche in Bildern wieder, zum Beispiel die Kreuzigung Christi, die Verkündigung, Geburt Christi, Höllenfahrt Christi, Entschlafen der Gottesmutter, der vierte, der rechte Flügel, zeigt einige Gottesmuttermotive mit verschiedenen Heiligen, Bischöfen, Metropoliten, Fürsten und Mönchen. Die Rückseiten der drei Flügel sind gewöhnlich glatt; die der vierten, die bei der zusammengeklappten Reiseikone die Frontseite bildet, zeigt das Kreuz mit Lanze und Essigschwamm sowie die Stadtmauer von Jerusalem. In barocker Zeit verziert man sie mit Ornamenten.

Frühe Ikonen

Die Frage, wie die Ikonen der Frühzeit, vom 4. bis 9. Jahrhundert, ausgesehen haben, welchen Themen sie sich widmeten und wie sie gestaltet wurden, lässt sich nur lückenhaft beantworten. Es sind nur einige Bilder erhalten, die meisten von ihnen überdauerten im Sinaikloster die Wirren der Zeit. Es sind zu wenige, um auch nur andeutungsweise die Ikonenmalerei von fünf Jahrhunderten umreißen zu können.

Um diese Leere in unserem Wissen wenigstens etwas aufzufüllen, müssen wir einen Blick auf die christliche Bildkunst insgesamt werfen, um daraus Folgerungen für die Ikonenthemen und ihre Gestaltung zu ziehen. Wir müssen den Weg verfolgen, den die Malerei nahm von der griechisch-hellenistischen Tradition bis zur christlich geprägten Bildkunst.

Wo ist die christliche Bildkunst entstanden? In Rom oder Alexandria? Die alte ägyptische Stadt war damals das geistige Zentrum des Ostens. Hier wurde die griechische Tradition bewahrt und fortgesetzt. Hier entwickelten sich aber auch neue Tendenzen. In Alexandria wirkten bedeutende Gelehrte des antiken Christentums. Die Vermutung ist nahe liegend, dass die dort lebenden Christen am Entstehen der christlichen Bildkunst beteiligt gewesen sein könnten, dass sie die aus der Antike stammende Kunsttradition mit dem neuen Gedankengut verbanden.

Wir sind auf neue Funde angewiesen, um sagen zu können, hier liegt die Heimat der christlichen Kunst.

In Rom hat sich zwar manches von der Malerei der verfolgten Christen an den Gewölben der Katakomben erhalten, aber gedanklich und gestalterisch Neues ist nicht zu entdecken. Sie malten biblische Gestalten, vor allem des Alten Testaments, so, wie die Griechen ihre Götter sahen. Es sind szenische Darstellungen aus dem Leben der Propheten zu

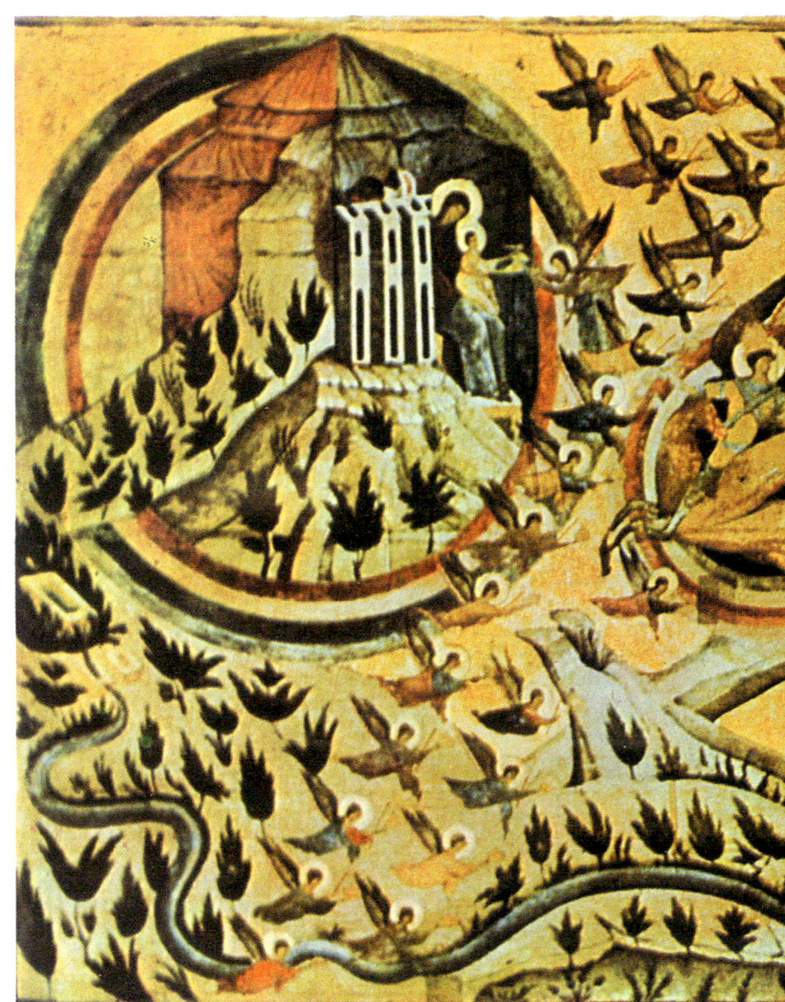

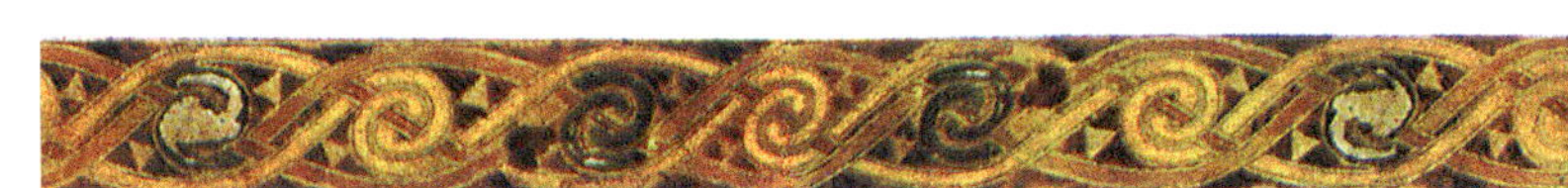

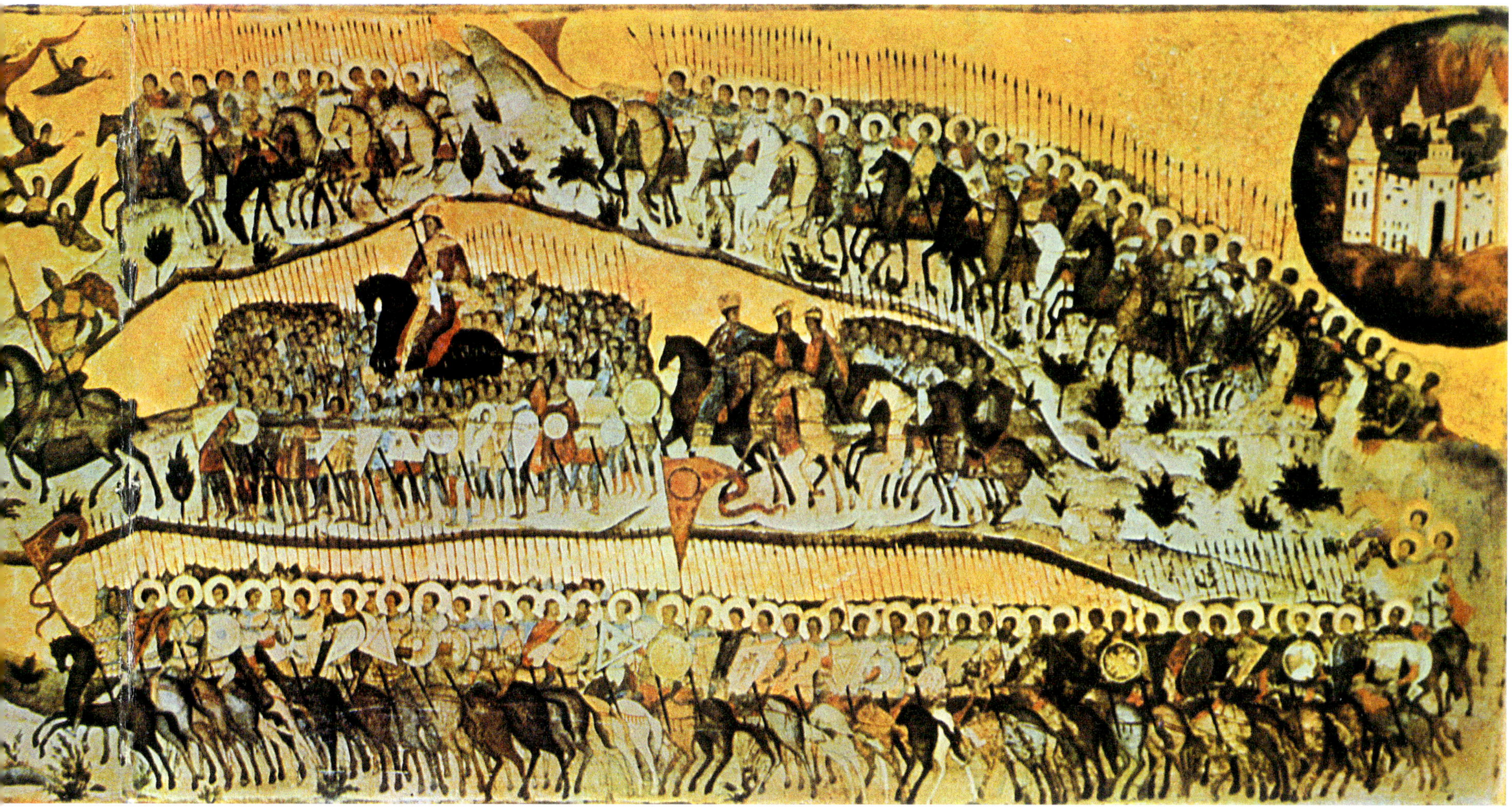

»Die streitbare Kirche«, um 1560, Schule des Makarius, Russland.
Auch wichtige Ereignisse aus der Geschichte des Landes gehören zum Themenkatalog der Ikonen. Auf dieser übergroßen Ikone (426 x 142 cm) werden mehrere historische Szenen zusammengefasst: im linken Kreis die Stadt Jerusalem, vor ihren Toren die Gottesmutter mit dem Kind auf dem Schoß, das einem Engel den Siegeskranz reicht.
In dem kleineren Kreis führt der Heilige Michael auf seinem geflügelten Pferd die drei Heere an. Hinter ihm reitet Iwan IV., der Schreckliche. Er erobert 1552 die Stadt Kasan an der Wolga, die Hauptstadt der Tataren; in der rechten oberen Ecke ist zu sehen, wie sie in Flammen aufgeht. Iwan IV. folgt Konstantin der Große, der im römischen Reich das Christentum einführte, und ihm Wladimir I., der Heilige, mit seinen Söhnen Boris und Gleb, die im Kampf gegen ihre feindlichen Brüder den Märtyrertod starben. In der oberen Kolonne reitet Alexander Newski mit seinen Kriegern, die zwischen 1240 und 1246 die Schweden, die Deutschordensritter und die Litauer besiegten. Die untere Heerschar führt Dimitri Donskoi an, der 1380 die Tataren auf dem Kulikower Feld schlug. Diese geschichtliche Apotheose symbolisiert das russische Reich als Verteidigerin des Glaubens.

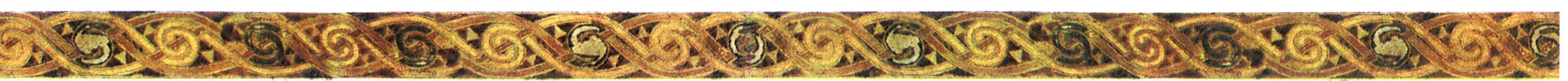

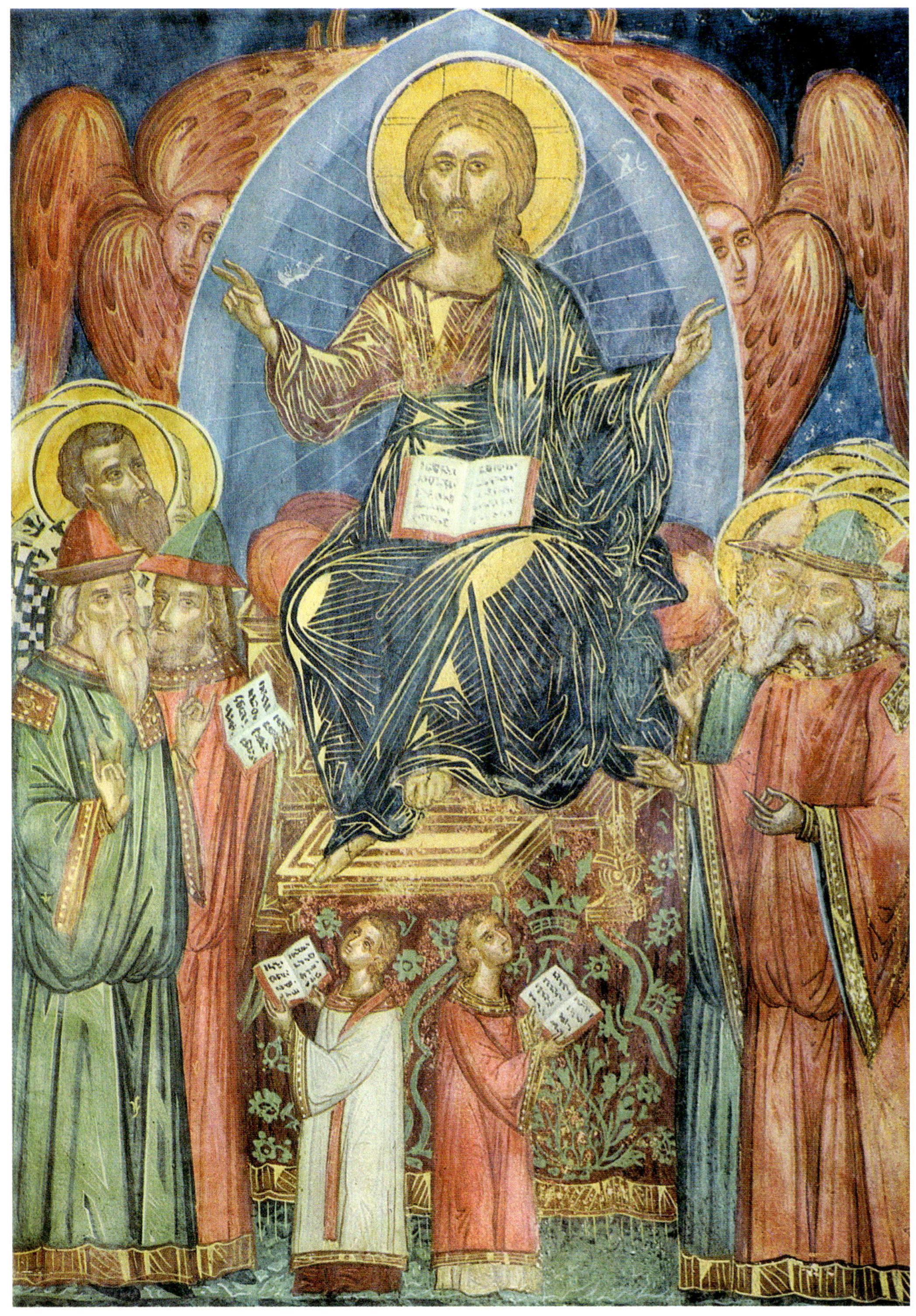

Christus Pantokrator, Fresko, Mitte 17. Jh.,
Kloster des Hl. Nicolaos Spanos, Ioannina (Griechenland).
Christus thront in einer Mandorla und spendet mit beiden Händen verschiedenen Heiligen und Patriarchen, die zu Füßen seines Thrones stehen, den Segen. Nur der Pantokrator ist ikonenhaft streng aufgefasst, die Darstellung der übrigen Figuren lässt deutlich die Einflüsse abendländischer Malerei erkennen.

finden, wie Gott ihnen durch Wundertaten hilft. Auch Christi Wundertaten werden im Bild gerühmt, die Auferweckung des Lazarus, Krankenheilungen und vieles andere. Christus ist mit geradezu impressionistischer Frische gezeichnet, und die Szenen haben eher einen idyllischen Charakter. Die Malweise ist meist sehr flüchtig und zeigt keinen Ansatz zu neuem künstlerischem Wollen.

Bildnisse von Maria und Christus sollen nicht porträtieren, nicht dem bestimmenden Zug ihres Wesens einen besonderen Akzent verleihen. Den Figuren ist nur sozusagen ein Zeichen angeheftet wie eine Anstecknadel, das sie als Symbolfiguren des Christentums kennzeichnet.

Die Symbolik wird häufig heidnischen Vorlagen entnommen und mit neuen, christlichen Inhalten gefüllt. Die Taube, die im Alten Testament als Symbol des Friedens gilt, wird zum Sinnbild des Heiligen Geistes und der erlösten Seele. Aus Orpheus, dem Musikanten der griechischen Mythologie, der durch die Macht der Töne wilde Tiere besänftigt, wird Christus der Hirte, umgeben von Schafen und Ziegen, schließlich der Gute Hirte, der ein Lamm auf der Schulter trägt.

Die Gesichter der Personen sind meist glatt, schematisch und trocken. Manche Bilder zeigen Christus als einen jungen, andere als einen weisen, bärtigen Mann. Klischeehafte Vorstellungen herrschen vor. Eine gedankliche Durchdringung des christlichen Stoffes und ein gestalterisches Neuerschaffen im Bild findet noch nicht statt. Es sind auch kaum Ansätze dazu spürbar.

Erst zwei Jahrhunderte später versucht man, bei der Darstellung von Personen seelische Momente herauszuarbeiten. Die uns erhaltenen Ikonen aus dem 6. Jahrhundert zeigen Gestalten – die Evangelisten, Johannes den Täufer, Christus, Heilige, Muttergottes – mit riesigen Köpfen und übergroßen seherischen Augen. Ihre Gesichter verraten Konzentration, geistige Sammlung. Die Gesten sind sparsam, aber signifikant mit leicht angedeuteter sprechender Gebärde.

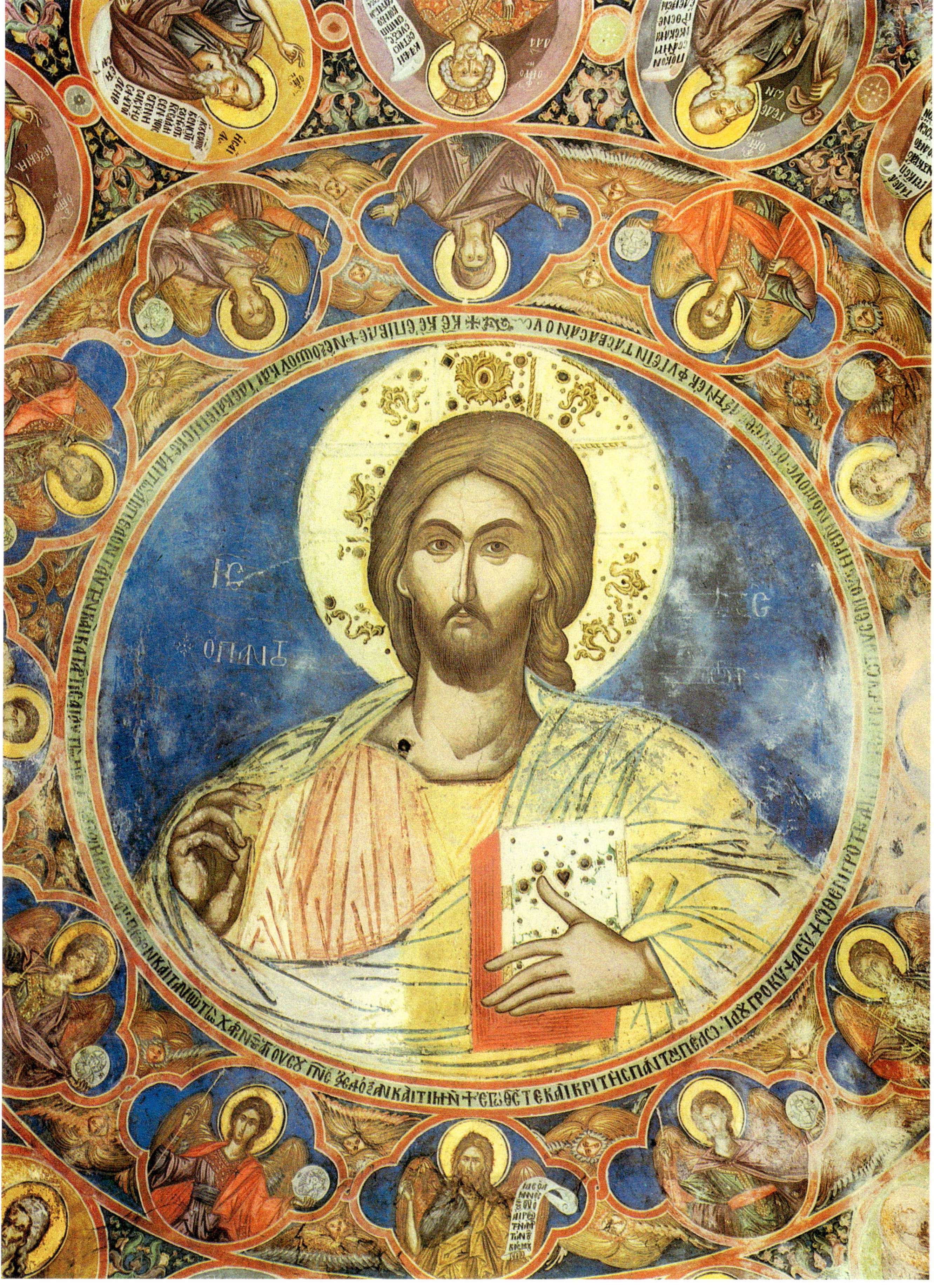

Christus Pantokrator
Fresko, Mitte 17. Jh.,
Kloster des Hl. Nicolaos Spanos, Ioannina (Griechenland).
Christus hält in der linken Hand das geschlossene Evangelienbuch, die rechte ist zum Segensgestus erhoben: Ringfinger und kleiner Finger berühren den Daumen. Die beiden übrigen Finger weisen auf das Buch. In einem Kranz umschweben ihn Erzengel, Engel, Maria und Johannes der Vorläufer. Die Medaillons rundherum zeigen die Propheten. Die Ikonenregeln sind bei dieser Darstellung zwar noch gewahrt, doch die Vorlage ist italienisch-malerisch bearbeitet.

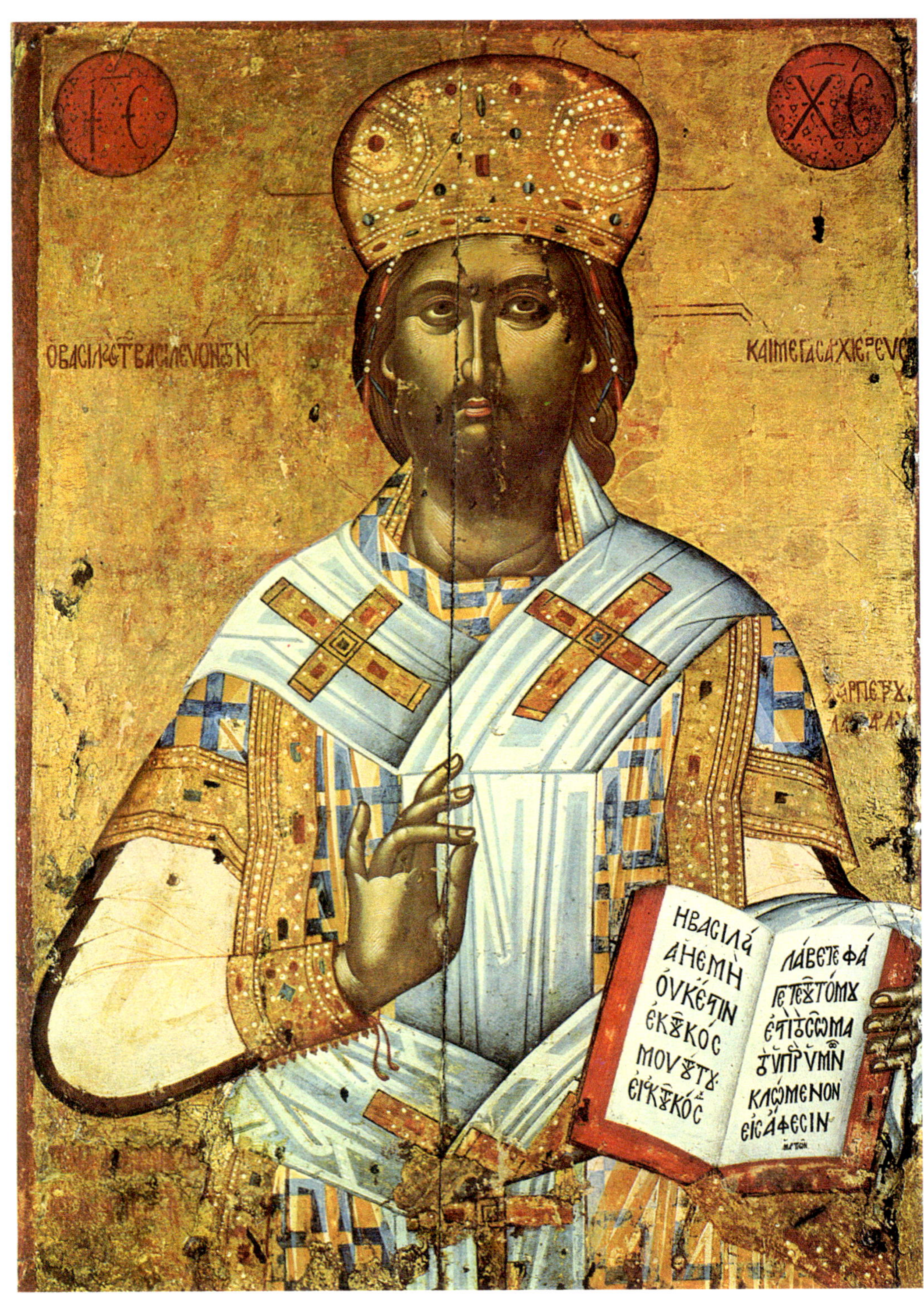

Christus als Hohepriester
Ende 17. Jh., Petros Lampardos, Griechenland. Das Ikonenmotiv Christus als Hohepriester kam im 15. Jahrhundert auf. Dargestellt wird der thronende Christus im vollen Ornat eines Hohepriesters. Die zwei zusammengelegten Finger als Segensgestus versinnbildlichen die Einheit von Gottvater und Gottessohn. In den roten Kreisflächen am oberen Bildrand das Monogramm Christi. – Petros Lampardos' Malweise ist stark von Venedig beeinflusst.

Noch bevor diese Ansätze zu einer neuen Auffassung der Themen und zu künstlerischer Formung und Durchgestaltung gelangen, wird von einem Zentrum aus die religiöse Kunst gesteuert. Kaiser Justinian greift dirigistisch in das Kunstschaffen ein und gibt ihm Richtung und Stil. Seine »Reichskunst« lässt nur sehr begrenzt künstlerische Freiheiten zu und fängt alle anderen Strömungen auf. Das schöpferische Fragen und Suchen nach neuen Inhalten und Ausdrucksmitteln geht nach und nach im Vorgegebenen unter. Das führt zu Nivellierung und Normierung.

Feierliche Starrheit und strenge Würde kennzeichnen den Stil dieser Zeit, dessen Prägekraft

Christus und die Apostel (Ausschnitt)
2. Hälfte 17. Jh., Griechenland.
Der hier im Ausschnitt gezeigte Bildtypus ist außerordentlich selten: Christus thront als Pantokrator in einem Baum, in dessen seitlichen Verzweigungen die zwölf Apostel sitzen. Diese Ikone ist in einer Zeit entstanden, da man dem Hintergrund dekorativen Wert verleiht – hier trägt er noch dazu einen starken Symbolgehalt als Baum des Lebens – und ihn vordergründig macht.

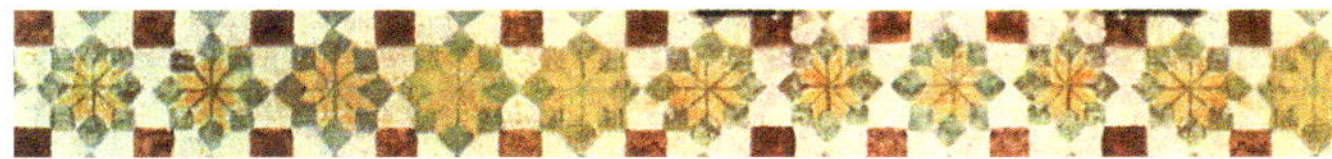

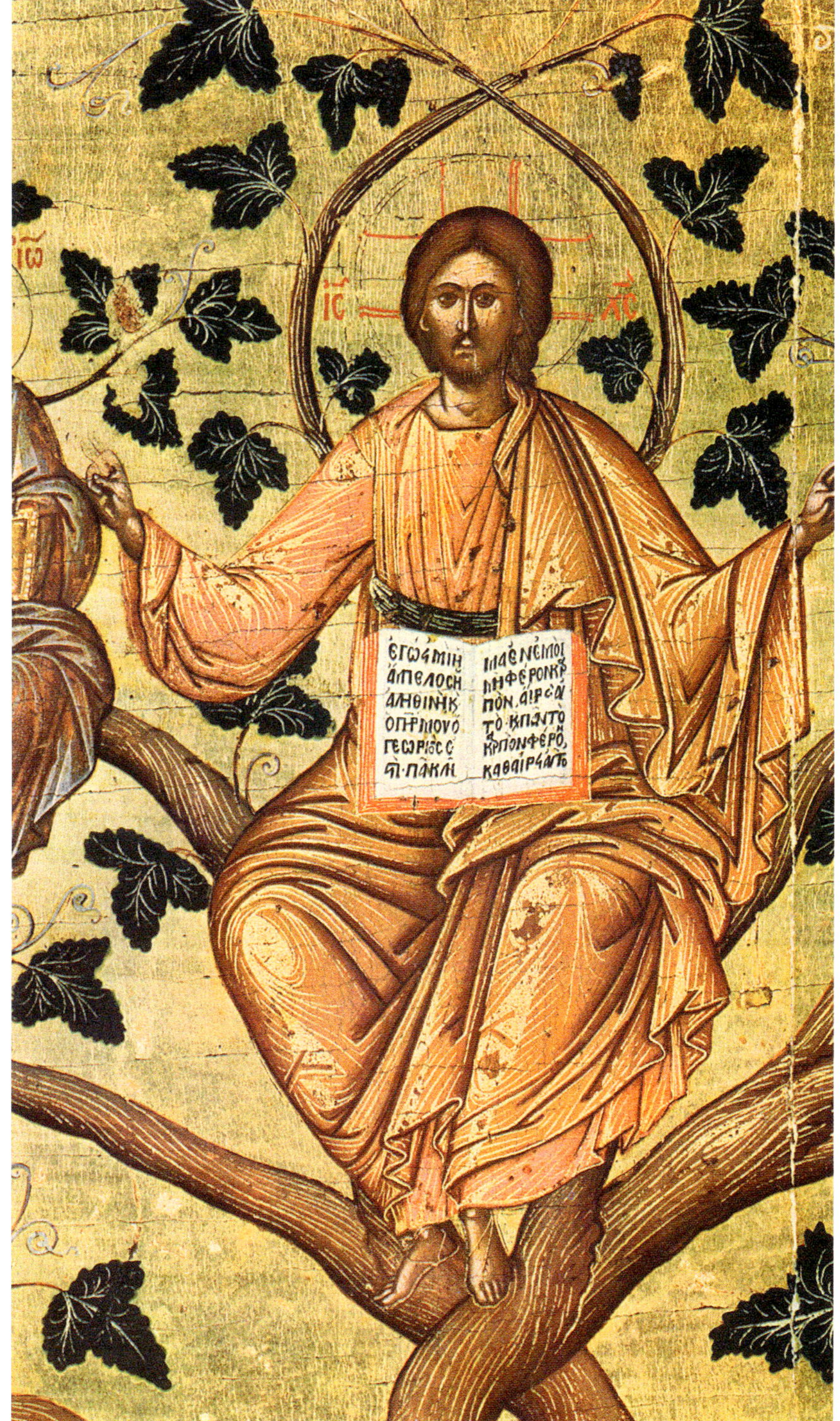

noch Jahrhunderte lang nachwirkt, sich eigentlich erst später voll entwickelt. Man bezeichnet ihn als byzantinischen Stil.

Die Mosaiken in der Kirche San Vitale zu Ravenna machen uns deutlich, was gemeint war. Das steife Zeremoniell des Hofes, das Streben nach Repräsentation, die Vorliebe für Prachtentfaltung kehren auf den Bildern wieder.

Für die Ausstattung der Kirchen gilt das Gleiche wie für die Paläste. Die prachtvollen Bilder an Mauern und Pfeilern sollen den Gläubigen zur Freude und Belehrung dienen. Der Schmuck in der Hagia Sophia muss überwältigend gewesen sein, wie wir aus Quellen wissen.

Die Produktion an Kunstwerken nimmt ungeheuerliche Ausmaße an. Konstantinopel, zu jener Zeit eine Stadt mit einer halben Million Einwohnern, zieht Künstler aus dem gesamten Mittelmeergebiet an, und dem Kaiser sind sie willkommen.

Kirchliche Kreise versuchen dem Prunk in den Kirchen Einhalt zu gebieten, wenn die Schmuckfreude überhand zu nehmen droht. Sie denken nach über eine Auswahl an Bildern, erwägen ein Bildprogramm. Im Heiligen Land war bereits eine Bildauswahl für die Kirchen getroffen worden. Es gehören jene Bilder zum Programm, die die heiligen Geschehnisse um Christus darstellen: Geburt, Kreuzigung, Taufe und andere mehr. Später zählen diese Bilder zu dem Festtagszyklus der orthodoxen Kirche.

Dem Geist der justinianischen Zeit entstammt der römische Ikonentyp »Maria Regina«, die Himmelskönigin. Maria trägt das Prachtgewand der Kaiserin von Byzanz mit einem perlen- und edelsteinbesetztem Schulterkragen und einer ebenso reich verzierten Krone. Sie thront, flankiert von zwei Engeln, in herrschaftlicher Haltung und fasst das Kind auf ihrem Schoß mit beiden Händen.

Während der Zeit des Bilderstreits reißt die junge Tradition der Ikonenmalerei, die bis dahin noch keine einheitliche Linie gefunden hat, vorübergehend ab. In den Kirchen verschwinden die heiligen Bilder, an ihre Stelle treten Blumen- und Tierbilder, Jagdszenen und Gartenstücke in hellenistischer Manier.

Die Auseinandersetzung der Ikonoklasten und Ikonodulen hatte zu grundsätzlichen Überlegungen über den Stellenwert heiliger Bilder im Leben der Ostkirche geführt. Auf dem 7. ökumenischen Konzil von Nikäa 787 erfahren die Bilder eine theologische und metaphysische Begründung. Nun sind sie ein fester Bestandteil sowohl der Liturgie als auch des Alltagslebens.

Man nimmt an, dass im 10. Jahrhundert von der Kirche eine Ikonographie und ein Bildprogramm geschaffen wurden.

Ikonographie, eigentlich Bildbeschreibung, meint in der Ikonenkunst sowohl die Beschreibung der Bildinhalte als auch die wissenschaftliche Erforschung der Komposition sowie bestimmter Einzelheiten nach ihrer Geschichte und Entwicklung.

Vermutlich entstanden im 10. Jahrhundert auch die ersten Malhandbücher. Die Heiligenlegenden wurden geordnet und neu geschrieben. Auch für die Ausgestaltung der Kirchenräume gab es jetzt bestimmte Programme.

Byzanz erlebte nach dem Bilderstreit, dessen Ausgang auch die politische Machtstellung des Reiches gefestigt hatte, eine neue Blütezeit, ein »zweites goldenes Zeitalter«. Ein bisher nicht gekannter Aufschwung kulturellen Schaffens setzte ein unter Herrschern der mazedonischen Dynastie (867–1056), der sich unter den Komnenen (1081–1204) weiterentwickelte.

Die ein Jahrhundert lang zurückgedrängten schöpferischen Kräfte machten sich frei mit ungeheurer Kraft.

Die Strömungen in der Kunst kamen aus zwei verschiedenen Richtungen. Die Kunstauffassungen des kaiserlichen Hofes orientierten sich eher an der Welt und der Wirklichkeit, während die Mönche mit ihren strengen Regeln auf die Wahrung der Tradition bedacht waren.

Auf den Ikonen dieser Zeit sind bisweilen Elemente beider Strömungen zu finden. Auf der Suche nach einem neuen Schönheitsideal griff man wieder auf die griechische Klassik zurück.

Klassische traditionsgebundene Strenge der Bildkomposition und der Schönheitssinn der Griechen verbinden sich mit neuen Formen der Wirklichkeit zu einem klassischen Idealstil. Harmonie und Ausgewogenheit der Komposition und der Ausdruckswerte sind das Ziel. Schwellende Linien modellieren die Gesichter, eigenwillig stark gekurvte Linien geben ihnen etwas Intimes. Große mandelförmige Augen fangen Welt und Jenseits zugleich ein. Sanfte Melancholie liegt über den Engel- und Marienbildnissen dieser Zeit. Man hat sie oft mit Raffael'schen Madonnen verglichen.

Rechts: *Gottesmutter Hodigitria*, 17. Jh., Russland, mit perlenbesticktem Stoffoklad, darüber vergoldetes Silberoklad, guillochiert und graviert, mit Edelsteinen besetzt. Moskauer Punziermarken 1803.
Die Hodigitria, die Wegführerin, ist der älteste Muttergottestyp – die Urikone soll der Evangelist Lukas gemalt haben. Angeblich erwarb Kaiserin Eudokia 438 die Lukas-Ikone in Jerusalem und brachte sie mit nach Konstantinopel. Dort genoss sie ein Jahrtausend lang höchste Verehrung. Bis in jüngste Zeit wurde das Thema der Gottesmutter in herrschaftlicher Haltung, die vor dem Volk auf ihren Sohn weist, unverändert übernommen. Ihren Namen erhielt sie erst in Konstantinopel, wahrscheinlich, weil sie einige Blinde sehend machte. In Russland kamen, seit dem 15. Jahrhundert in verstärktem Maße, verschiedene Verkleidungen für Ikonen heraus. Basma nennt man die Verkleidung nur des Bildrandes. Wächst sie darüber hinaus bis an die Konturen der Gestalten, nennt man sie Riza. Bleiben nur Gesicht, Hände und Füße von der Metallverkleidung frei, spricht man von einem Oklad. Es wurde gewöhnlich von einem Gläubigen gestiftet, dem diese Ikone in einem besonderen Anliegen geholfen hatte.
Privatsammlung Brenske, Hannover

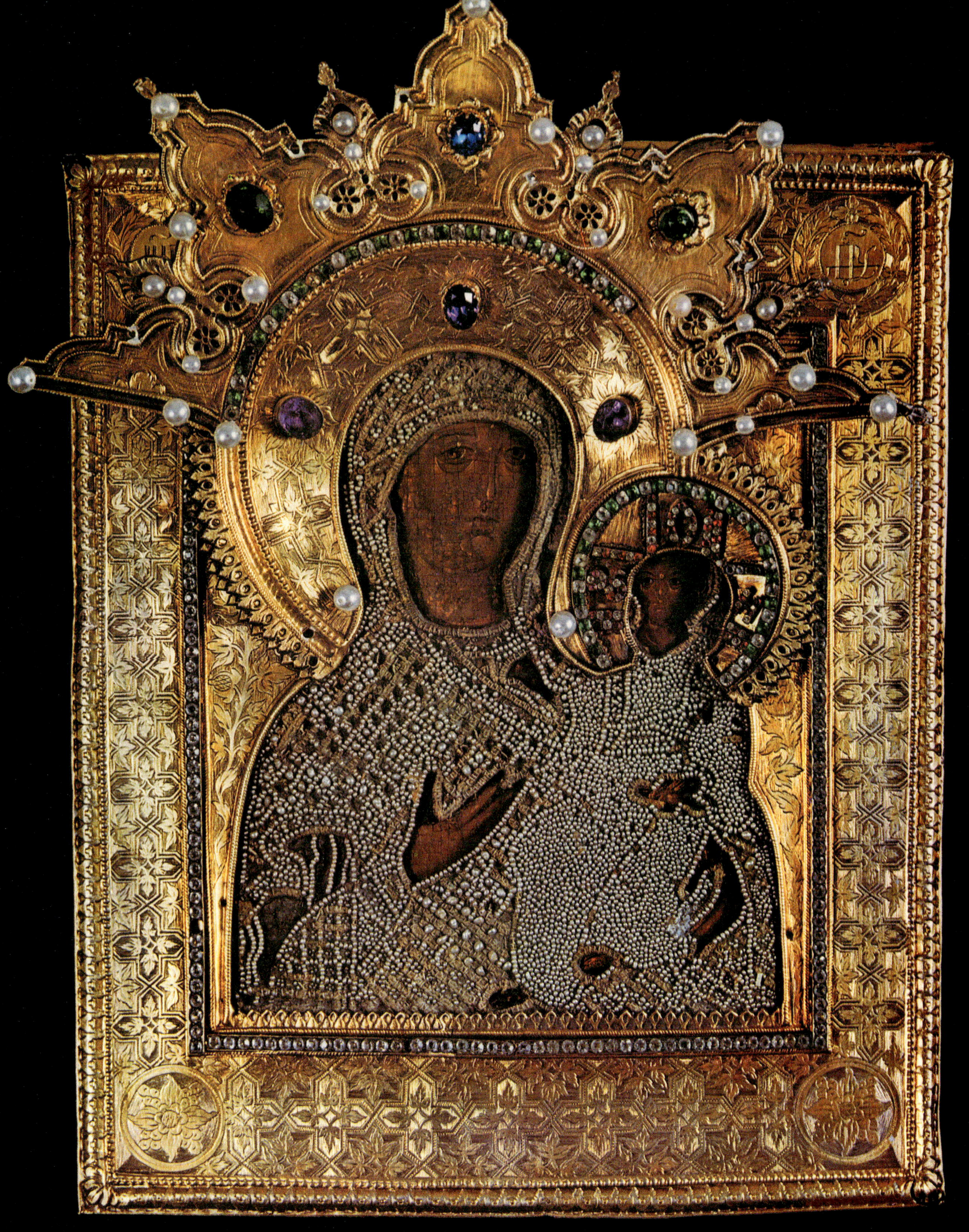

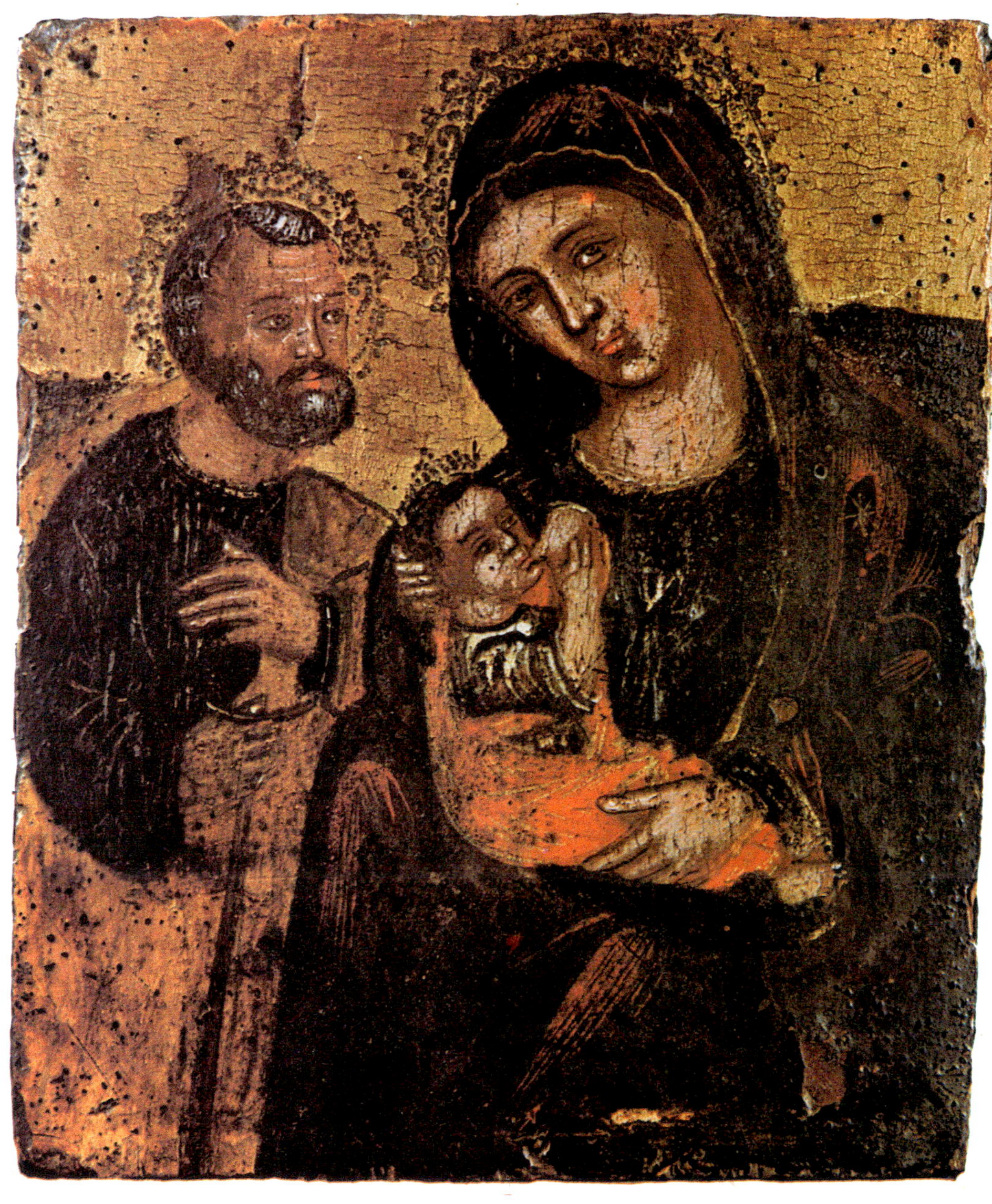

Gottesmutter Galaktrophousa
16. Jh., adriatische Küste.
Das Thema der stillenden Gottesmutter, der Galaktrophousa, ist bereits vor dem Bilderstreit bekannt, wird aber in mittelbyzantinischer Zeit kaum noch behandelt. Erst die italo-byzantinische Kunst nimmt es wieder auf. Wahrscheinlich trug die Gotik dazu bei. Besonders beliebt war das Thema in Venetien, aus diesem Kreis stammt auch die abgebildete Ikone.
Privatsammlung Brenske, Hannover

Schon früh werden nur noch Eitemperafarben verwandt. Sie ermöglichen eine feinere Behandlung malerischer Details. Lebhafte, fein abgestufte Färbungen und sanfte Übergänge zur nächsten Farbe können das Bild ebenso beherrschen wie scharfe Abgrenzungen zweier kontrastierender Farben. Farbschattierung wendet man an zur plastischen Gestaltung.

Aber nicht nur Schönheit ist das Ideal der Zeit, sondern auch Würde. Sie kann unaufdringlich sein wie bei Gregorius, dem Wundertäter, auf einer berühmten, im 12. Jahrhundert geschaffenen Ikone, oder kraftvoll und furchterregend wie bei dem Pantokrator-Mosaik in der Kirche zu Daphni.

Der Mensch wird vielschichtiger gesehen. Es scheint, als habe man neue psychologische Erkenntnisse über ihn gewonnen und künstlerisch verarbeitet. Die Züge des Gregorius verraten tiefe weltumfassende Gedanklichkeit.

Kunstdenkmäler aus dieser Blütezeit byzantinischer Kunst gibt es nur wenige. Man muss auf die großartigen Mosaike in der Klosterkirche zu Daphni bei Athen und Hosias Lukas bei Delphi zurückgreifen, um sein Bild von der Ikonenmalerei dieser Zeit zu vervollständigen.

Außer der Gregoriusikone ist uns noch eine weitere berühmte Ikone geblieben: die Gottesmutter von Wladimir. Sie zählt zu den bedeutendsten Kunstwerken der Welt.

Die »Wladimirskaja« hatte wie viele Ikonen ein wechselvolles Schicksal. Russische Chroniken berichten, dass der Großfürst Andrej Bogoljubskij die Ikone von Wladimir mitnahm, als er seine Residenz von Kiew nach Susdal verlegte. Sie wurde dort in der Mariä-Himmelfahrts-Kathedrale aufgestellt. Es wird berichtet, dass sie reich mit Perlen und Edelsteinen geschmückt war. In Wladimir soll die Ikone viele Wunder vollbracht haben. Bei einer Feuersbrunst, die ganz Wladimir zerstörte, wurde sie wahrscheinlich gerettet, denn in einer anderen Chronik heißt es, dass später die Tataren eine kostbare Muttergottes all ihres Schmuckes beraubt hätten.

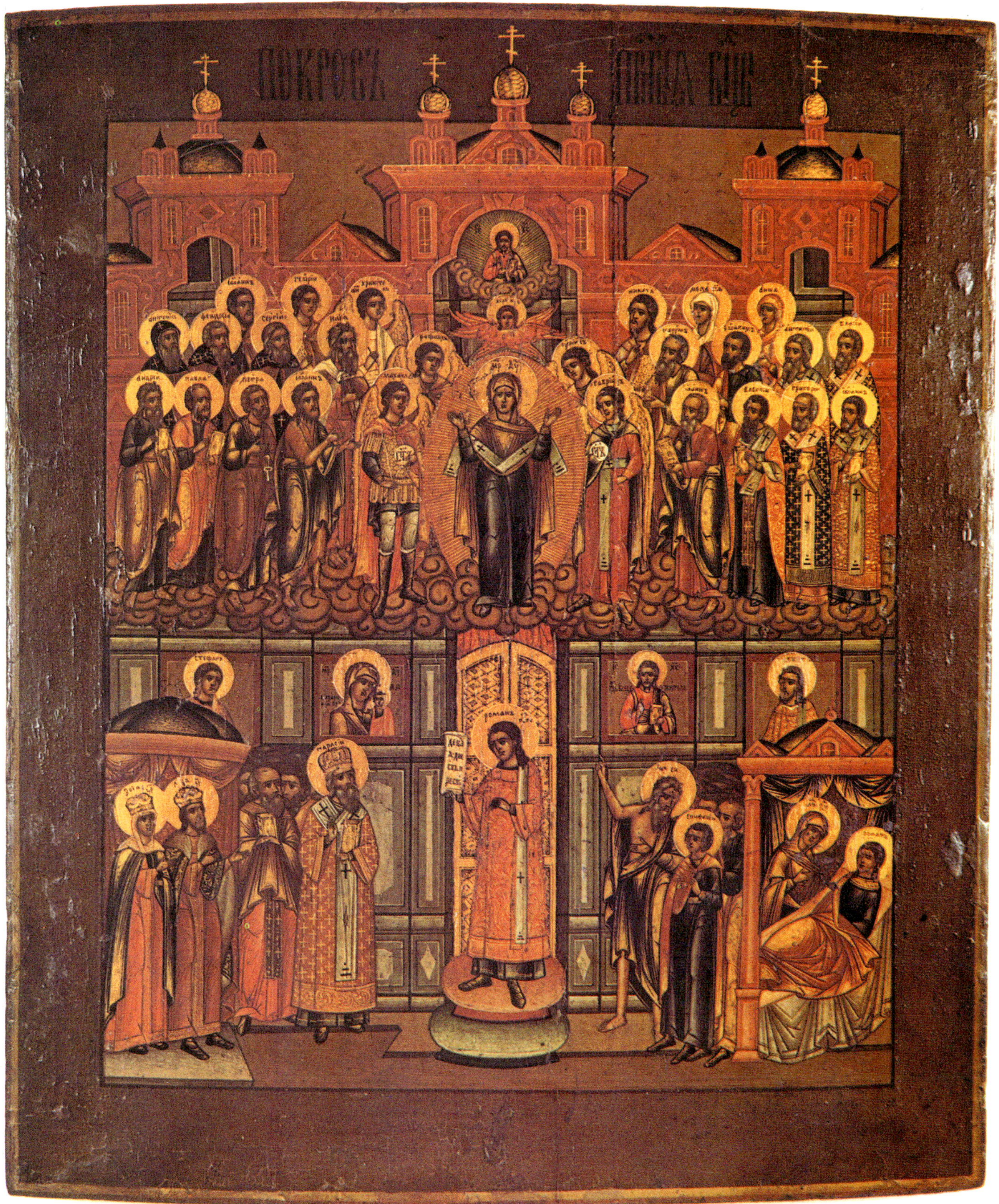

Gottesmutter Pokrow (Schleierwunder)
18. Jh., Russland.
Dieses Gottesmutterthema kam im mittelalterlichen Russland auf, hat aber seinen Ursprung in Konstantinopel. Dort feierte man am 1. Oktober das Schleierfest: Im 10. Jahrhundert hatte sich in der Blachernenkirche die Gottesmutter dem Heiligen Andreas und seinem Schüler gezeigt und ihr Maphorion (Schleiertuch) über dem Volk ausgebreitet. Das Wunder wiederholte sich jeden Freitagabend. Die russische Ikone der Gottesmutter Pokrow ist zumeist deutlich in zwei Hälften geteilt. Die obere zeigt sie umringt von Erzengeln, Engeln, Aposteln, Heiligen und Patriarchen. In der unteren Bildhälfte wird die Legende des Sängers Romanos erzählt, der am kaiserlichen Hof singen musste, aber gar nicht singen konnte. Auf der abgebildeten Ikone, die besonders sorgfältig durchgezeichnet ist, steht er vor der Königstür einer Ikonostase. Rechts außen erscheint die Gottesmutter dem Romanos in der Nacht vor seinem Auftritt im Traum und lässt ihn eine Schriftrolle verzehren. So soll er die Fähigkeit zu singen erlangt haben. Romanos Melodos lebte im 6. Jahrhundert und war der bedeutendste Hymnendichter der Ostkirche.
Privatsammlung Brenske, Hannover

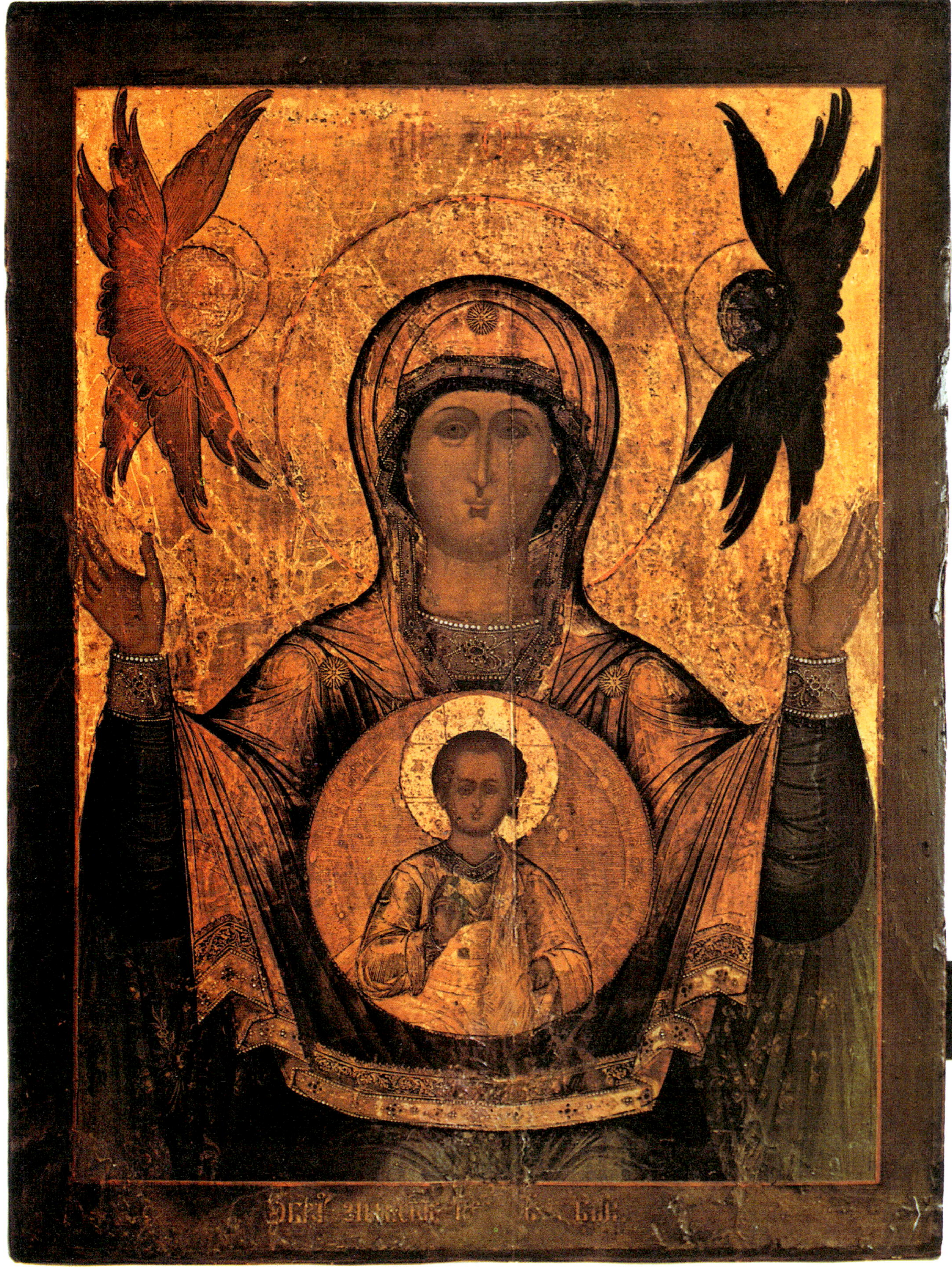

Gottesmutter des Zeichens (Znamenie), 17. Jh., Russland. Der Titel dieses Ikonentyps bezieht sich auf die Verheißung bei Jesaja 7, 14: »Darum wird euch der Herr selbst ein Zeichen geben: Siehe, eine Jungfrau ist schwanger und wird einen Sohn gebären, den wird sie nennen Immanuel.« Die Znamenie ist eines der wenigen Themen, bei denen die Gottesmutter frontal dargestellt ist. Sie wird in anbetender (oranter) Haltung gezeigt, auf ihrer Brust ein Medaillon mit dem Bild des Christus Immanuel oder Emanuel, des jugendlichen Christus. Auf der hier abgebildeten Ikone kommen noch zwei Cherubim dazu. Der Grundtyp der Znamenie wie auch der Gottesmutter Pokrow ist die Blachernitissa.

Privatsammlung Brenske, Hannover

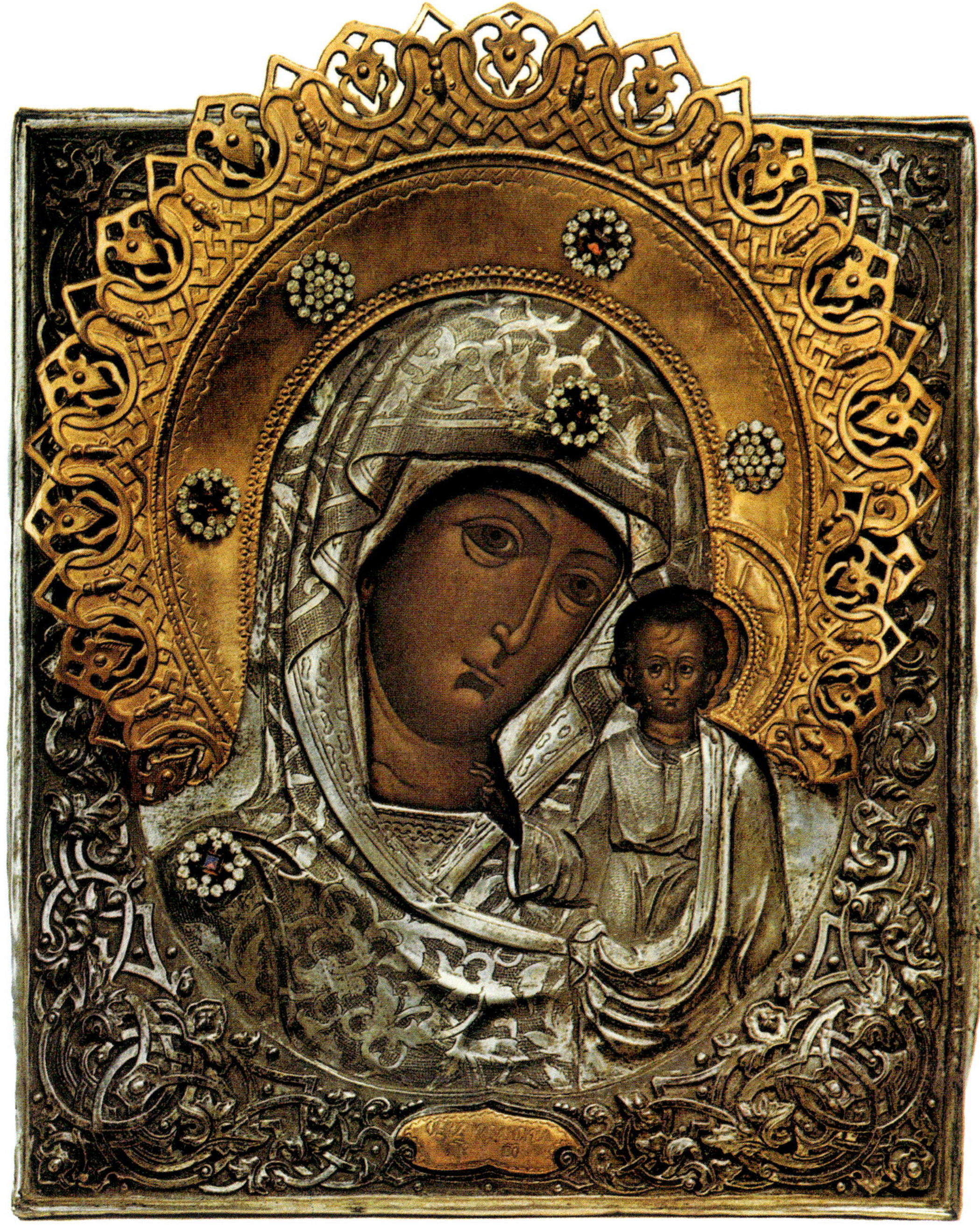

Gottesmutter von Kasan (Kasanskaja) im Oklad aus Silber, teilvergoldet, mit Edelsteinen besetzt, 18. Jh., Russland. Von allen Gottesmuttertypen ist die Kasanskaja in Russland wohl am meisten verbreitet. Ikonen dieses Typs zeigen die Gottesmutter mit leicht nach links geneigtem Haupt. Das Kind blickt frontal aus dem Bild; seine linke Hand ist nicht sichtbar. Die Urikone fand einst ein Mädchen in Kasan. Die Gottesmutter hatte ihr im Traum die Stelle gezeigt, an der sie graben sollte. Die Ikone begleitete das russische Heer auf manchem Feldzug. 1774 wurde sie vor einem Angriff der Kosaken gerettet: Pilger schmuggelten sie unter ihren weiten Kutten aus der Stadt. Seit Peter dem Großen ist ihr ständiger Platz die Kathedrale der Kasan'schen Muttergottes in Petersburg.

Privatsammlung Brenske, Hannover

1395 holte man die Muttergottes von Wladimir nach Moskau, damit sie die ständig bedrohte Stadt vor den Tataren schütze. 1480 gelangte sie zurück nach Wladimir und blieb dort, bis man sie 1918 in die Moskauer Restaurierungs-Werkstätten brachte. Dort stellte man fest, dass sie mehrmals übermalt war.

Man legte die älteste Malschicht frei, und nachdem man die Daten in den Chroniken verglichen hatte, kam man zu dem Schluss, dass sie aus Byzanz stammt und auf dem Schiffsweg zusammen mit anderen Marienbildnissen nach Kiew gekommen war.

Nicht alle Zweifel sind beseitigt, doch die meisten Kunstexperten stimmen darin überein, dass sie Anfang des 12. Jahrhunderts in Byzanz gemalt worden ist.

Die Originalmalerei ist nur noch bei den beiden Gesichtern vollständig erhalten, weil sie mit Leinwand unterlegt waren.

Die »Wladimirskaja« gehört zu dem Eleusatyp der Gottesmutterdarstellungen, auch »Gottesmutter der Rührung« oder »des Erbarmens« genannt.

Tiefer Ernst umfängt die feingezeichneten Züge der Gottesmutter, ihr trauriger Blick geht am Betrachter vorbei. Das Kind schmiegt zärtlich seine Wange an die ihre und hat den Arm um ihren Hals gelegt. Seine Hand wird rechts am Hals der Mutter sichtbar.

Vor goldenem Hintergrund heben sich grüne, blaue, kirschrote und ockergelbe Farben in feinsten Schattierungen ab. »Ein warmer olivfarbener Ton, der unmerkbar in Rosa und Rot übergeht«, modelliert sanft das Gesicht der Mutter mit der überlangen, überschlanken Nase und den umschatteten Augen, in denen das Wissen um das Schicksal ihres Kindes zu lesen ist. Das lebhafte Gesicht des Kindes ist in helleren Tönen gehalten.

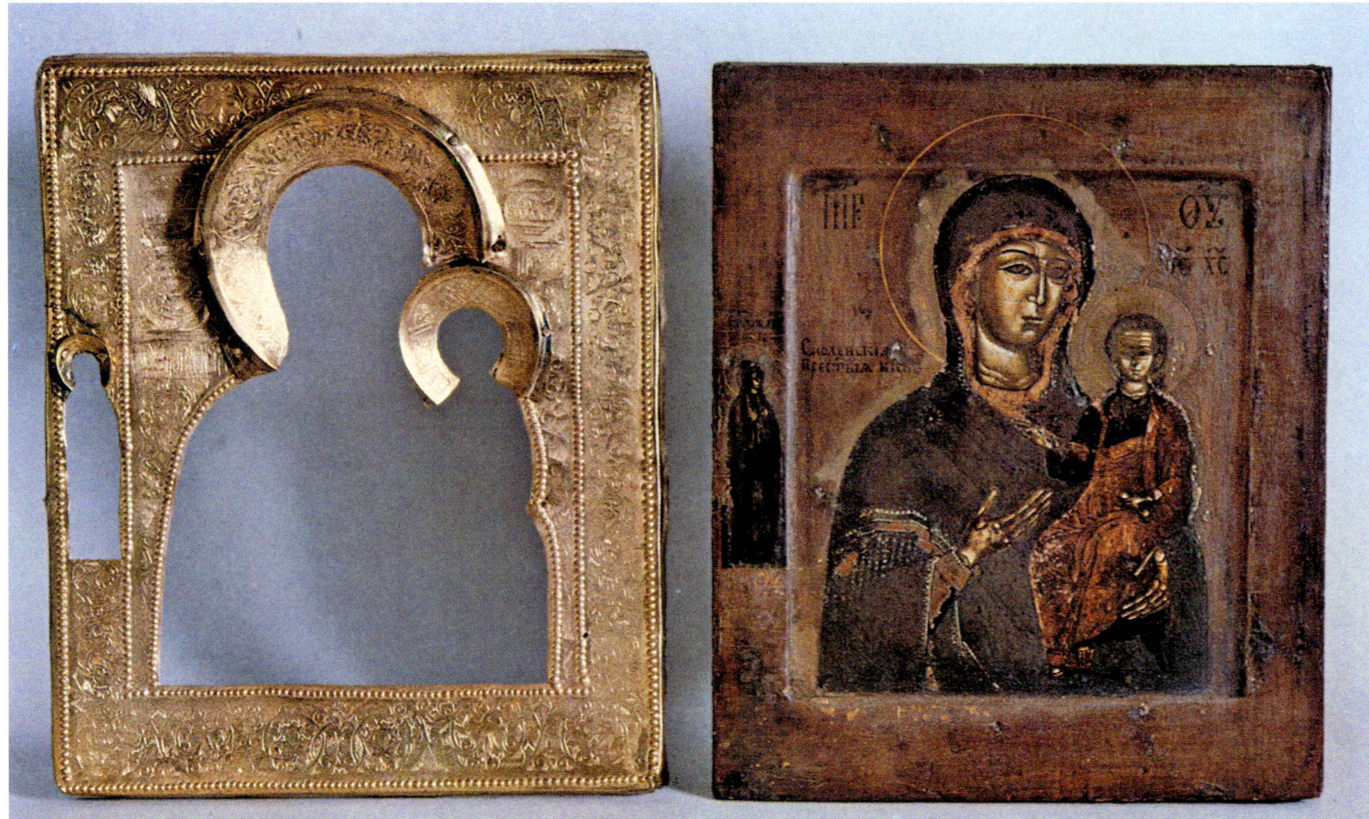

Gottesmutter von Smolensk (Smolenskaja), 17. Jh., das vergoldete Silberoklad wahrscheinlich 18. Jh., Moskauer Schule, Russland. Die Darstellung entspricht byzantinischer Tradition und gehört zu der Gruppe der Gottesmütter in Hodigitrienhaltung. Die Mutter umfasst das Kind mit der linken Hand, ihre rechte ist im so genannten Hodigitriengestus erhoben. Das Kind führt mit einer Hand den Segensgestus aus, in der anderen hält es eine Schriftrolle. Etwa ein halbes Jahrhundert später wird die Moskauer Schule, die bedeutendste Malschule Russlands, von Peter dem Großen geschlossen. Die Künstler werden in den Westen geschickt. Dort sollen sie Malen lernen.
Privatsammlung Brenske, Hannover.

Heute befindet sich die berühmte Ikone in der Mariä-Himmelfahrts-Kathedrale im Moskauer Kreml.

Eine berühmte Mosaikikone aus etwas späterer Zeit sei noch erwähnt, die Johannes Chrysostomos, den Kirchenlehrer und brillanten Redner des 4. Jahrhunderts, darstellt. Sie hat viel Ähnlichkeit mit dem Gregorius: ein durchgeformtes, vergeistigtes Antlitz wird durch eine hochgewölbte Stirn noch stärker betont. Trotz aller Stilisierung ist nichts überzeichnet, jedes Zuviel ist vermieden.

Nur kümmerliche Reste an Ikonen sind uns geblieben von einer Produktion, die schier unerschöpflich gewesen sein muss. 1204 wurde Konstantinopel von den Heeren des Vierten Kreuzzugs erobert und geplündert, und vorübergehend bestand hier ein lateinisches Kaisertum.

1453 erstürmten die Türken die Stadt und vernichteten die heiligen Bilder. Die Ikonenmalerei in Konstantinopel erlischt. Doch zu dieser Zeit gab es längst andere Zentren dieser religiösen Kunst, die wichtigsten in Russland.

Die russischen Schulen hatten an die byzantinische Tradition angeknüpft und sich in steter Verbindung mit dem Kunstschaffen in der Hauptstadt des oströmischen Reiches fortentwickelt. Als dieses Reich aufhörte zu bestehen, übernahmen sie das byzantinische Erbe.

Von der russischen Ikonenmalerei her lassen sich Rückschlüsse ziehen auf die zerstörten Originale in Byzanz, auf die Weiterentwicklung der Themen und Aspekte, der Kompositionen und Formen während des 10. bis 15. Jahrhunderts.

Russische Ikonen

In Russland war unter Wladimir I., dem Heiligen (985–1015) offiziell das Christentum eingeführt worden, und zwar das Christentum byzantinischer Prägung. Einige Jahrzehnte lang hatte man zwischen West- und Ostrom geschwankt.

Gottesmutter Besednaja, um 1700, Russland. Unter den etwa 300 verschiedenen Gottesmutterthemen ist dieses Motiv nur selten zu finden. Im Jahre 1383 erschien die Gottesmutter zusammen mit dem Wundertäter Nikolaus dem Küster Juris in der Nähe von Tichwin und befahl ihm, in ihrer Kirche in Tichwin ein hölzernes Kreuz zur Erinnerung an den Tod Christi aufzurichten. Dieser Tag wird am 14. August begangen. Die im 17./18. Jahrhundert gemalte Ikone ist voller Bewegung. Der Hintergrund ist aufgelöst in flatternde Blütendolden, die ins Bildgeschehen hineinschwingen. Licht und Schatten modellieren die Körper, und auf den Blüten zucken Lichtreflexe.
Privatsammlung Brenske, Hannover

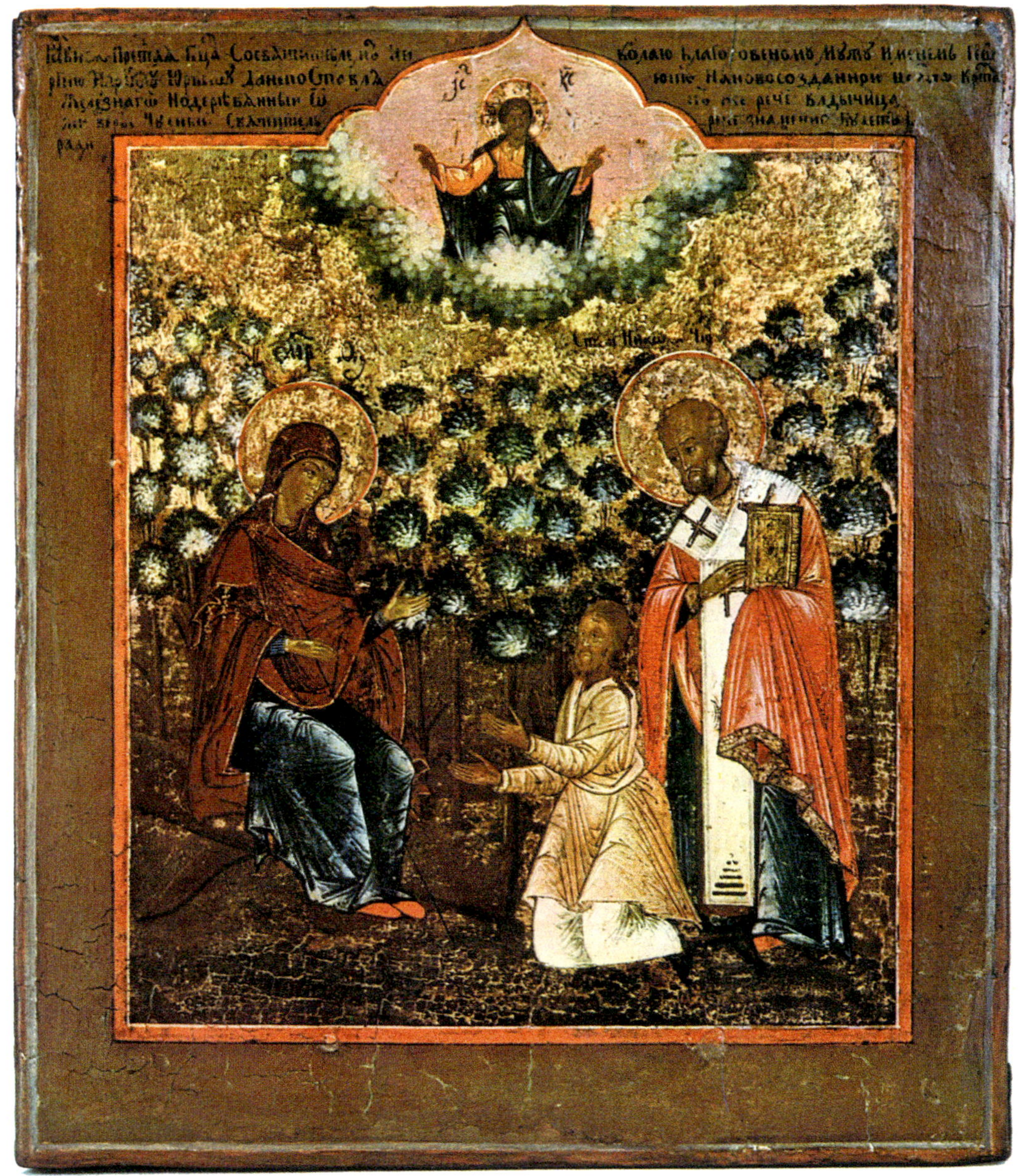

960 hatte die Großfürstin an Kaiser Otto I. die Bitte gerichtet, er möge Missionare schicken. Sie blieben nicht lange. Da sie zu herrschsüchtig waren, wie es in einer Quelle heißt, wurden sie vertrieben.

Die räumliche Nähe zu Konstantinopel, die politischen Verflechtungen mit dem mächtigen Nachbarn und die Rivalität zu ihm, andererseits die Bewunderung für den »Weltkaiser« im derzeit blühenden Byzanz mögen für Wladimirs Entscheidung ausschlaggebend gewesen sein. Eine nicht unerhebliche Rolle hat sicherlich auch die Schönheit der östlichen Liturgie gespielt.

Das damalige russische Reich, das später das »heilige« genannt wurde, bestand aus dem Großfürstentum Kiew. Es reichte vom Oberlauf des Dnjestr und Bug bis zur Mündung von Düna und Memel und im Osten entlang der Linie Ladogasee über Onegasee und Nowgorod herüber zum Unterlauf des Dnjepr – der Ausdehnung nach ein großes Reich. Kiew, die »Mutter der russischen Städte«, war die Hauptstadt, politisches und kulturelles Zentrum.

Bis zur Mitte des 15. Jahrhunderts waren fast alle russischen Metropoliten Griechen. Sie unterstanden dem Patriarchat von Konstantinopel.

Wladimir hatte die Übernahme des oströmischen Christentums von einer Bedingung abhängig gemacht: Er wünschte Anna, die Schwester des byzantinischen Kaisers Basileios II., zur Frau und erzwang die Heirat schließlich, indem er 989 mit seinen Truppen vor der byzantinischen Handelsstadt Chersones auf der Halbinsel Krim erschien.

Wladimir hatte nun eine »purpurgeborene« Gemahlin, dem deutschen Kaiser Otto I. war es nicht gelungen, für seinen Sohn eine Kaisertochter zu erhalten. Er musste sich mit der Nichte des oströmischen Kaisers begnügen.

Jetzt wurde der Großfürst von Kiew aus dem Geschlecht der Rjurikiden von den Dynastien West- und Osteuropas als ebenbürtig anerkannt.

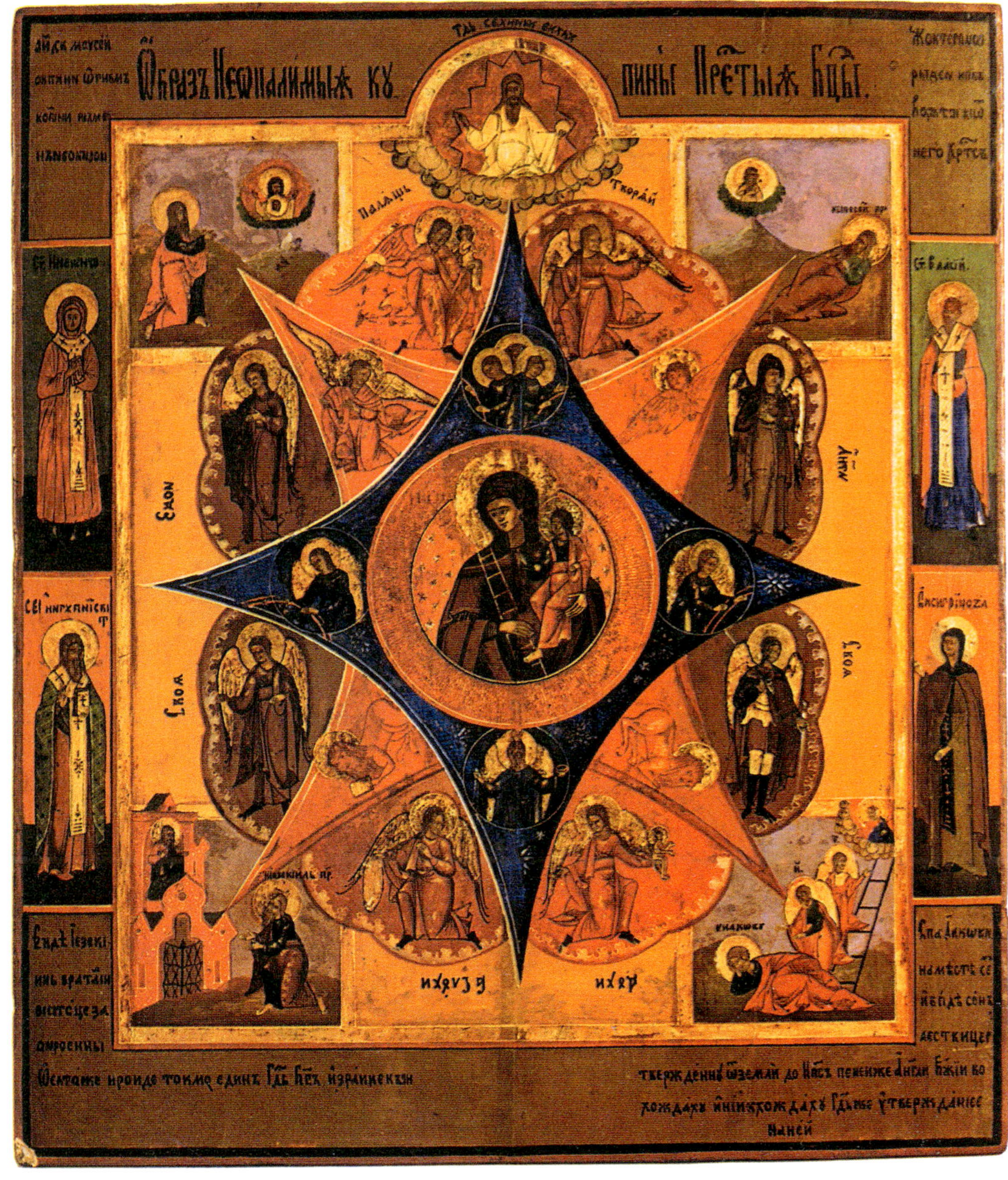

Gottesmutter »Der brennende Dornbusch«
18. Jh., Russland.
Das Thema ist byzantinischen Ursprungs. Es tritt erstmalig um 1100 auf und symbolisiert die Jungfräulichkeit Mariä, die durch die Empfängnis des göttlichen Kindes ebenso unversehrt blieb wie der Dornbusch im göttlichen Feuer. Die älteste uns erhaltene Ikone mit diesem Motiv stammt aus dem 14. Jahrhundert und ist im Sinaikloster zu sehen. Im 16. Jahrhundert wurde das Thema in Russland in Sternform gestaltet und mit Nebenszenen und Figuren bereichert (eine ausführliche Beschreibung dieses Typs findet sich auf Seite 102 bis 106).
Privatsammlung Brenske, Hannover

Kiew wetteiferte mit Byzanz, ohne jedoch zunächst über das Kopieren hinauszukommen, denn eine eigenständige kulturelle Tradition, die durch die Berührung mit Neuem hätte bereichert werden können, gab es im alten Russland nicht.

Bis heute weiß man nicht, ob es im heidnischen Russland eine Malerei gegeben hat. Es sind nur gewisse Ornamentformen überliefert. In Byzanz dagegen war immer noch der Geist der Antike und des Hellenismus lebendig und formte sich ständig neu.

Diese Gedankenwelt war den Russen unbekannt geblieben, sie lebten zu weit entfernt. Nur im religiösen und kultischen Bereich fanden sie nach Einführung des Christentums vollen Zugang. Die Frage nach dem Verhältnis von Urbild und Abbild bewegte auch sie, und sie gestalteten Ikonen voller Überzeugungskraft. Nicht das optisch Wahrnehmbare war ihnen wichtig, auch sie wollten das Heilige, das überzeitlich Gültige auf die Bildfläche bannen. Die Eitelkeit und Originalität des Künstlers sowie alles Moderne mussten zurücktreten hinter die Reinheit der Lehre. Auch ihre Ikonen sollten getreue Abbilder der Urbilder sein, unantastbar wie die Worte der Heiligen Schrift.

Anna hatte mit ihrem Gefolge auch Priester und Ikonenmaler aus Byzanz, Chersones und Makedonien, dem Heimatland ihrer Ahnen, nach Kiew mitgenommen. Hier entstand das erste große Zentrum der russischen Ikonenmalerei, die Kiewer Schule.

Bis etwa 1070 ist die Ikonenmalerei von den Griechen bestimmt, dann prägen sich eigene, typisch russische Elemente aus.

Besondere Kennzeichen der Kiewer Schule sind die runden Gesichter mit niedriger Stirn, die kurzen Arme und die kleinen Hände mit dünnen Fingern. Die Gestalten sind frontal dem Betrachter zugewandt, und ihre großen, durch kräftige Linien betonten Augen starren ihn meist durchdringend

Gottesmutter »Lebenspendender Brunnen«
18. Jh., Russland.
Die Heilung der Kranken ist das Thema dieser Ikone. Es kam in spätbyzantinischer Zeit auf. Im Malerhandbuch vom Berg Athos wird es folgendermaßen beschrieben: »Ein Brunnen (Kelch), die Gottesgebärerin in der Mitte, vor ihr Christus, nach beiden Seiten Segen spendend, zwei Engel (zur Rechten und zur Linken). Unter dem Brunnen steht ein Behälter mit Wasser und Fischen. An seinen beiden Seiten sind Patriarchen, Könige und Königinnen, Fürsten und Fürstinnen; sie waschen sich und trinken Wasser aus Gefäßen und Bechern. Andere, welche krank und an Händen und Füßen gelähmt sind, machen es ebenso. Ein Priester segnet sie mit dem Kreuz, und vor ihnen wird ein Besessener gebunden. Ein Schiffshauptmann gießt Wasser über den von den Toten erweckten Thessalonier.«
Privatsammlung Brenske, Hannover

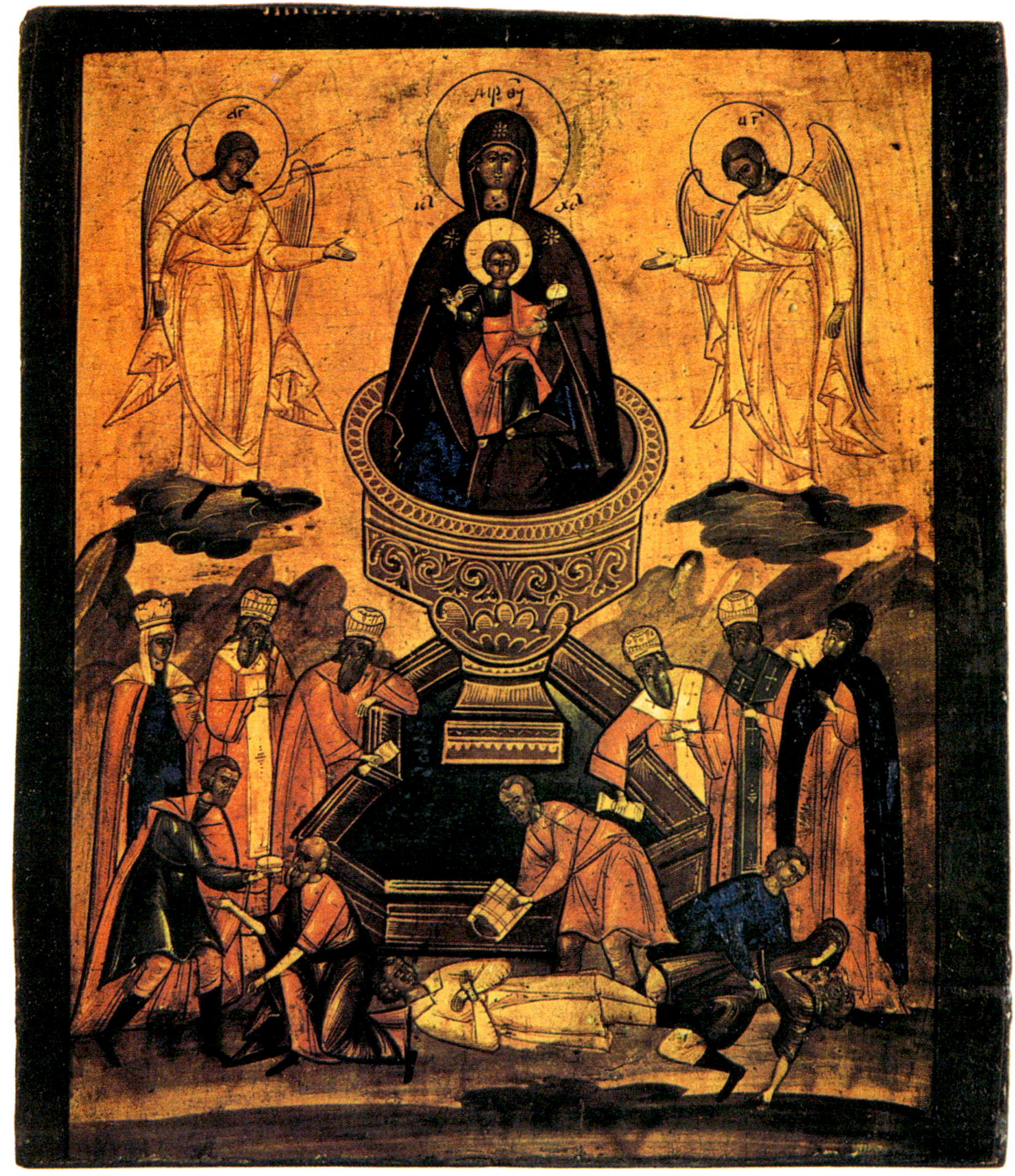

an. Oft sind die Figuren holzschnittartig schwer gezeichnet, wirken bäuerlich und unbeholfen, sind aber von starker Ausdruckskraft. Das Überwirkliche ist dadurch gezeigt, dass sie nicht fest auf dem Erdboden stehen – in späterer Zeit sind Zweige auf den Boden gestreut –, sondern zu schweben scheinen. Die Farben sind leuchtend und hell.

Der bedeutendste Ikonenmaler dieser Schule und zugleich der erste, den wir mit Namen kennen, ist der Mönch Alimpij. Wir wissen von ihm, dass er unter einem Muttergottesbild ein Wunder erlebte und daraufhin beschloss, Mönch zu werden. Zusammen mit den Meistern, die man aus Konstantinopel hatte kommen lassen, malte Alimpij die Mariä-Himmelfahrts-Kathedrale in Kiew aus und wird viel von seinen erfahrenen Kollegen gelernt haben. Bis zu seinem Lebensende malte er Ikonen, erhalten ist uns keine, nur vielleicht die Kopie eines seiner Werke, das Bild einer thronenden Muttergottes mit den Gründern des Kiewer Höhlenklosters zu beiden Seiten.

Alimpij lebte im 11. Jahrhundert. Er wurde heilig gesprochen und wird noch heute als Malermönch sehr verehrt.

Als die Tataren 1240 in Kiew einfielen, gab es die Malschule schon nicht mehr. Durch die Kämpfe, die die russischen Teilfürsten jahrzehntelang miteinander führten, hatte Kiew stark gelitten. Die Tataren nahmen die Ikonen auf ihren Zügen mit und verstreuten sie über ganz Russland. Viele gingen natürlich verloren oder wurden zerstört. Heute sind nur noch wenige vorhanden.

Inzwischen waren aber an vielen Orten Russlands neue Ikonenschulen entstanden: in Nowgorod im 11. Jahrhundert, in Wladimir und Susdal an der oberen Wolga, Mitte bis Ende des 12. Jahrhunderts und in Smolensk zu Beginn des 12. Jahrhunderts.

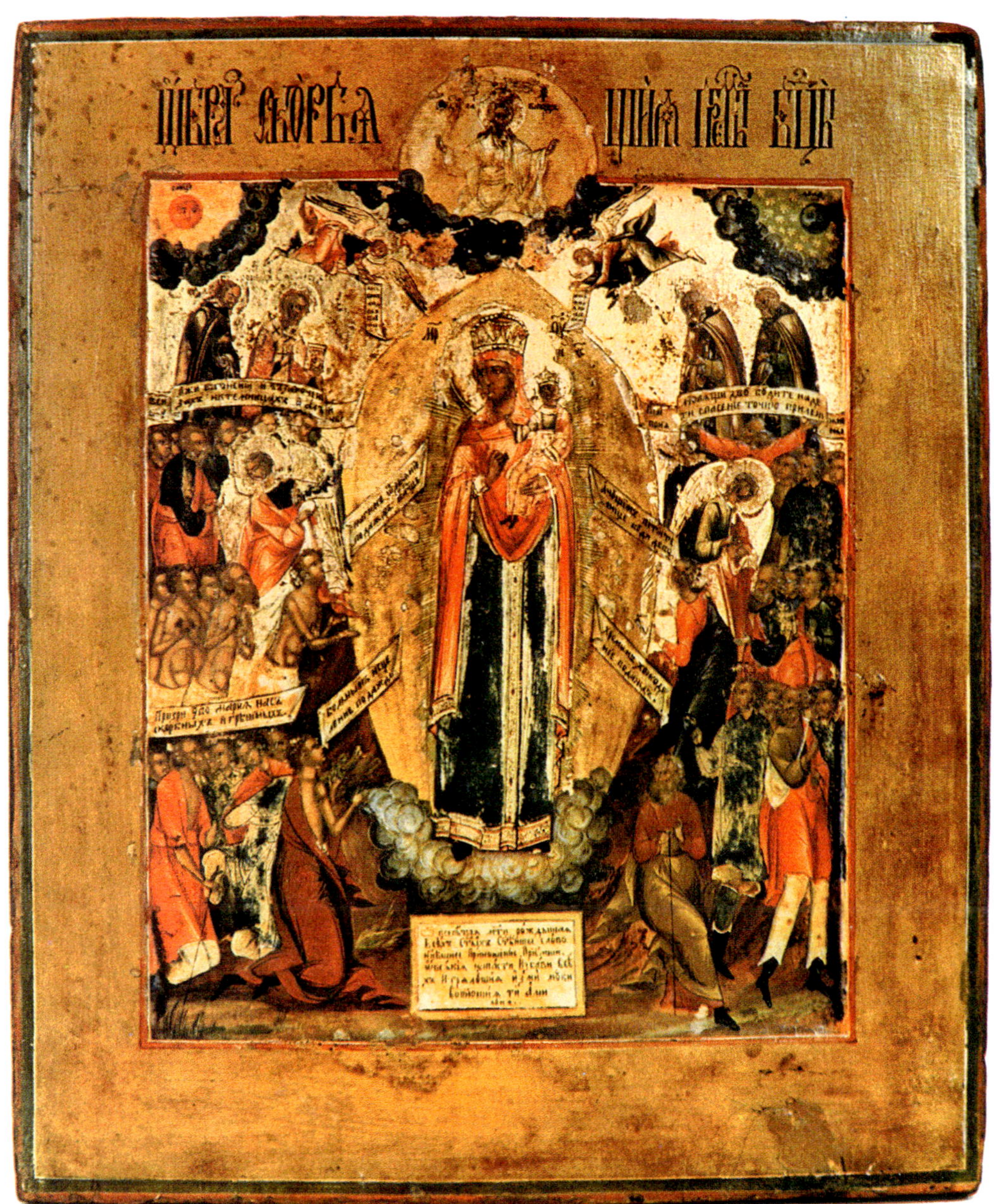

Gottesmutter »Helferin der Leidenden«, um 1700, Russland. Dieses Thema wird auch »Aller Bedrängten Freude« genannt. Es ist wahrscheinlich erst spät durch den Einfluss abendländischer »Mariä-Schutz«-Bilder entstanden. Ikonen mit diesem Motiv verehrt man, um sich besonders vor Krankheit und Gebrechen zu schützen. Die Gottesmutter steht in einer Mandorla auf einer Wolkenbank, das Kind auf dem Arm. Die Szenen rechts und links von ihr verdeutlichen das Bibelzitat: »Die Nackten werden gekleidet, die Kranken und Schwerkranken werden geheilt, die Lahmen werden gehen, die Blinden werden sehen, die ans Bett Gefesselten werden aufstehen.« Auf den Spruchbändern steht in russischer Sprache die Bitte: »Mach die Lahmen gehend, mach die Blinden sehend, mach die Armen wieder reich … «

Privatsammlung Brenske, Hannover

Nowgorod war neben Kiew der zweite und ältere Mittelpunkt des altrussischen Reiches, im 13. und 14. Jahrhundert eine blühende Handelsstadt, die über die Hanse mit ganz Westeuropa in Verbindung stand. Im 12. Jahrhundert hatte die Stadt sich bereits zu einem kulturellen Zentrum entwickelt. Nowgorod blieb von den Tatareneinfällen verschont, so dass hier die Ikonenmalerei ungestört blieb. Dennoch sind uns aus der reichen Produktion nur wenige Ikonen erhalten geblieben, einige hundert vielleicht, von denen man hin und wieder eine in westlichen Sammlungen antrifft.

Die Nowgoroder Schule zeichnet sich besonders durch ihre Sicherheit im Umgang mit Farben aus. Warme, reine Farbtöne werden bevorzugt. Rotbraun und Ocker sind häufig die Grundfarben, aus denen leuchtendes Zinnober, Grün, Blau, Gelb, Rosa und Kirschrot in den vielfältigsten Schattierungen hervorstechen. Häufig bildet auch blasses Gold den Hintergrund, in späterer Zeit leuchtendes Rot.

»Lindere, Mutter, meinen Kummer«
18. Jh., Russland.
Die Gottesmutter neigt ihr Haupt leicht nach rechts und stützt es mit der Hand. Man sagt auch, sie wische sich eine Träne aus dem Auge. Das Kind schwebt vor ihrer Brust. Mit beiden Händen hält es eine Schriftrolle; der Text lautet »Urteilt ein gerechtes Gericht, wirkt Gnade und Erbarmen.« Das Thema ist seit dem 17. Jahrhundert nachweisbar.
Privatsammlung Brenske, Hannover

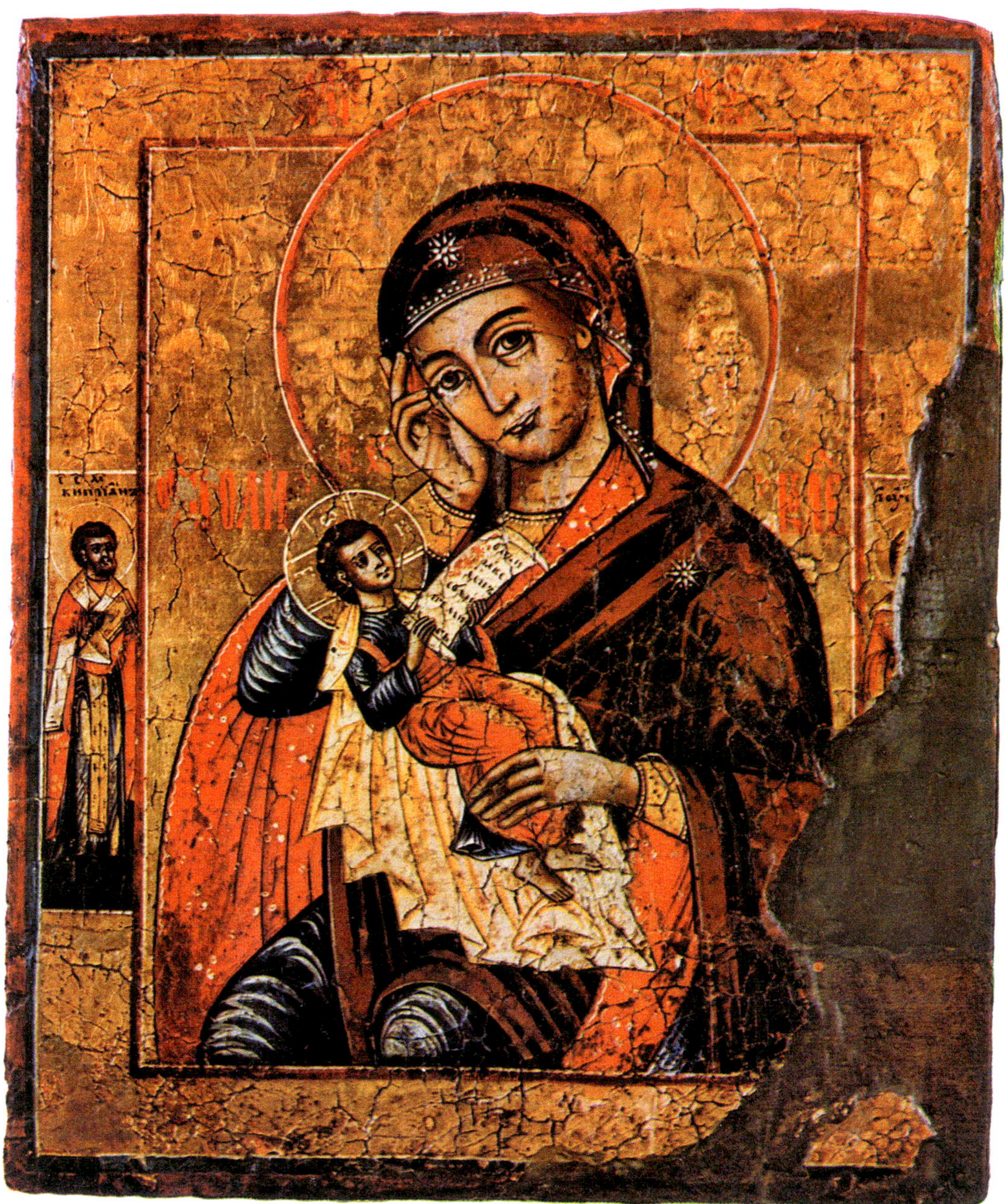

Die Farben sind nicht nur dekorativ gemeint, sie tragen Ausdruckswerte.

Auf Gesichtern und Gewändern spielen Lichtreflexe, und die bauschig fallenden Stoffe geben den Körpern Volumen.

Die Komposition des Bildes ist geschlossen, die Figurengruppen sind symmetrisch, aber keineswegs schematisch angeordnet. Denn stärker als vielfältige Farbigkeit, Lichtreflexe und elastische Linienführung bringen die Figuren Bewegtheit in das Bild. Sie neigen sich einander zu, sind durch Haltung und Gebärden aufeinander bezogen. Aus dem statischen Abbild der früheren Zeit ist lebendiges Bildgeschehen geworden.

Die meist ovalen Gesichter haben eine niedrige Stirn und ein kleines Kinn. Die hintere Gesichtshälfte ist meist verkürzt, offenbar eine Andeutung perspektivischen Sehens.

Immerhin ist es die einzige der früh gegründeten russischen Schulen, deren Entwicklung wir lückenlos verfolgen können.

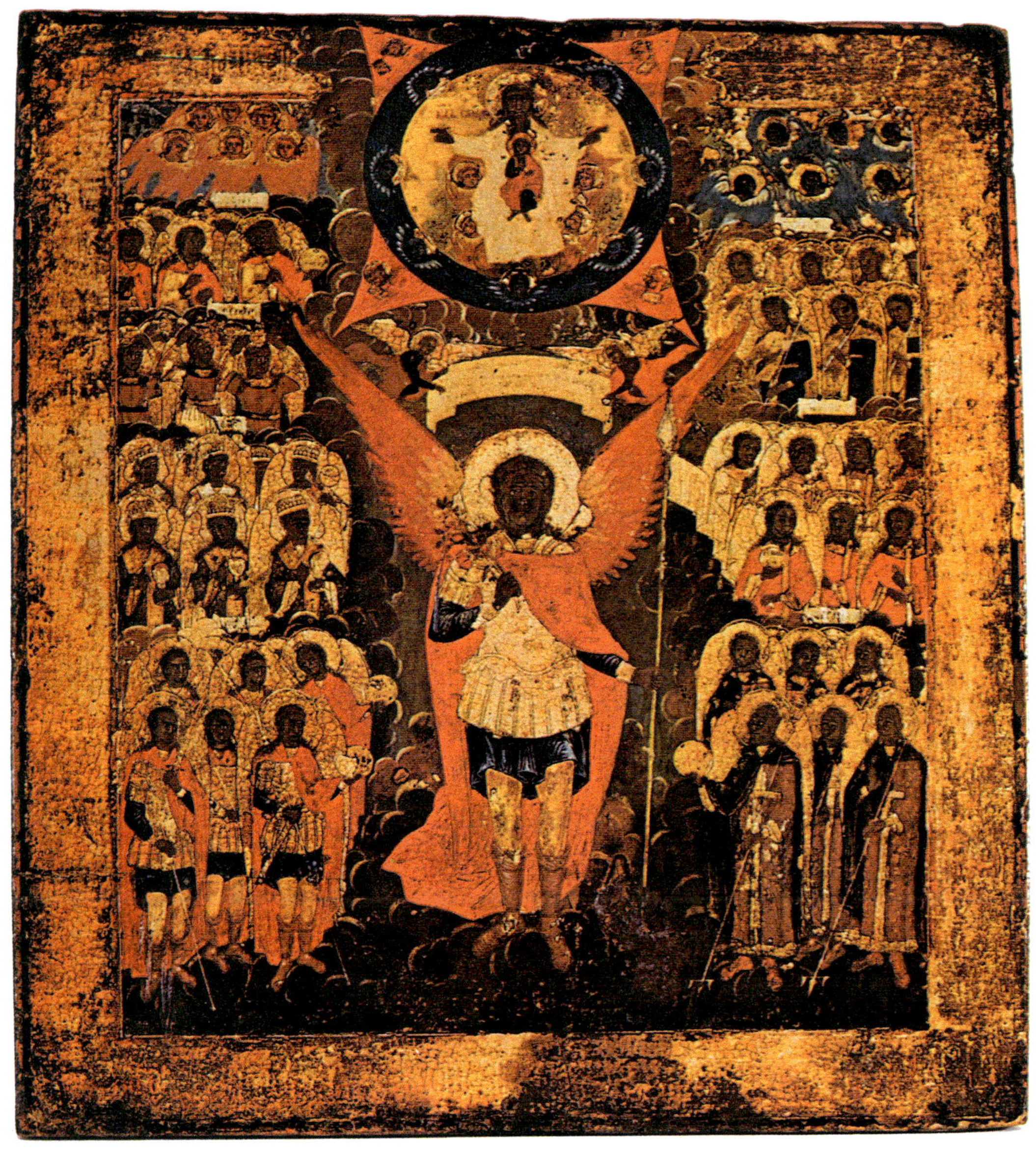

Erzengel Michael, 16. Jh., Nowgoroder Schule, Russland. Der Erzengel Michael, wie fast immer kraftvoll und überlang, ist hier als Führer der himmlischen Heerscharen mit den neun Engelchören dargestellt, geflügelt und mit einer Lanze in seiner Linken. Über den Chören findet sich jeweils eine Beschriftung und über dem Erzengel ein Spruchband, das zwei Engel halten. Oben schwebt Gottvater mit dem Sohn in einer Aureole; in den roten Spitzen des Vierecks die Symbole der vier Evangelisten. An der feinen zeichnerischen Durcharbeitung der Details lässt sich der Einfluss der Moskauer Schule ablesen. Für die Nowgoroder Schule beginnt zu dieser Zeit bereits das Verlöschen.
Privatsammlung Brenske, Hannover

Bereits kurz nach ihrer Gründung erlebt die Nowgoroder Schule ihre erste Blütezeit. Sie dauert bis etwa 1300. Viele byzantinischen Meister arbeiten hier und prägen maßgeblich den Stil in dem griechische und russische Elemente miteinander verschmolzen sind.

Im 12. Jahrhundert ist die Ikonenmalerei in Nowgorod ganz von Byzanz bestimmt. Die Figuren sind statisch gesehen. Kräftige Linien geben ihnen holzschnittartige Konturen, vermutlich sollen die dargestellten Heiligen dem Betrachter leichter fassbar sein. Die Schatten um die Augen und am Kinn sind meist dunkel und flächig, manchmal zeigen sie sich aber auch in zarten Übergängen. Den scharfen Konturen entspricht die Vorliebe für starke Farbkontraste: Flächen in kräftigem Rot stehen neben solchen in sattem Grün.

Alles Zeichnerische wird unauffälliger, tritt zurück gegenüber dem Malerischen.

Im 14. Jahrhundert folgt die Nowgoroder Ikonenmalerei dem byzantinischen Ideal- und Monumentalstil. Ein großer Meister dieser Zeit ist Feofan Grek (Theophanes der Grieche). Er kam gegen 1370 nach Russland und war in Nowgorod und Moskau tätig. Es wird berichtet, dass er insgesamt etwa 40 Kirchen in Griechenland, Byzanz und Russland ausgemalt hat. Er ist ein Zeitgenosse des großen russischen Ikonenmalers Andrej Rubljew, mit dem er in der Moskauer Verkündigungskathedrale malte.

Feofan Greks Meisterschaft wird in den russischen Chroniken sehr gerühmt. Man habe nie gesehen, so heißt es, dass er beim Zeichnen eine Vorlage benutzte.

Viele der uns heute noch erhaltenen Ikonen von Feofan Grek stammen aus seiner Moskauer Zeit. Es sind die wichtigsten Ikonen der Hauptbildreihe an der Ikonostase in der Verkündigungskathedrale: Maria, Erzengel, Gabriel, Apostel Paulus, Basilios der Große und Johannes Chrysostomos. Feofan wählte für die Tafeln ein ungewöhnliches Maß: Sie sind zwei Meter hoch und einen Meter breit.

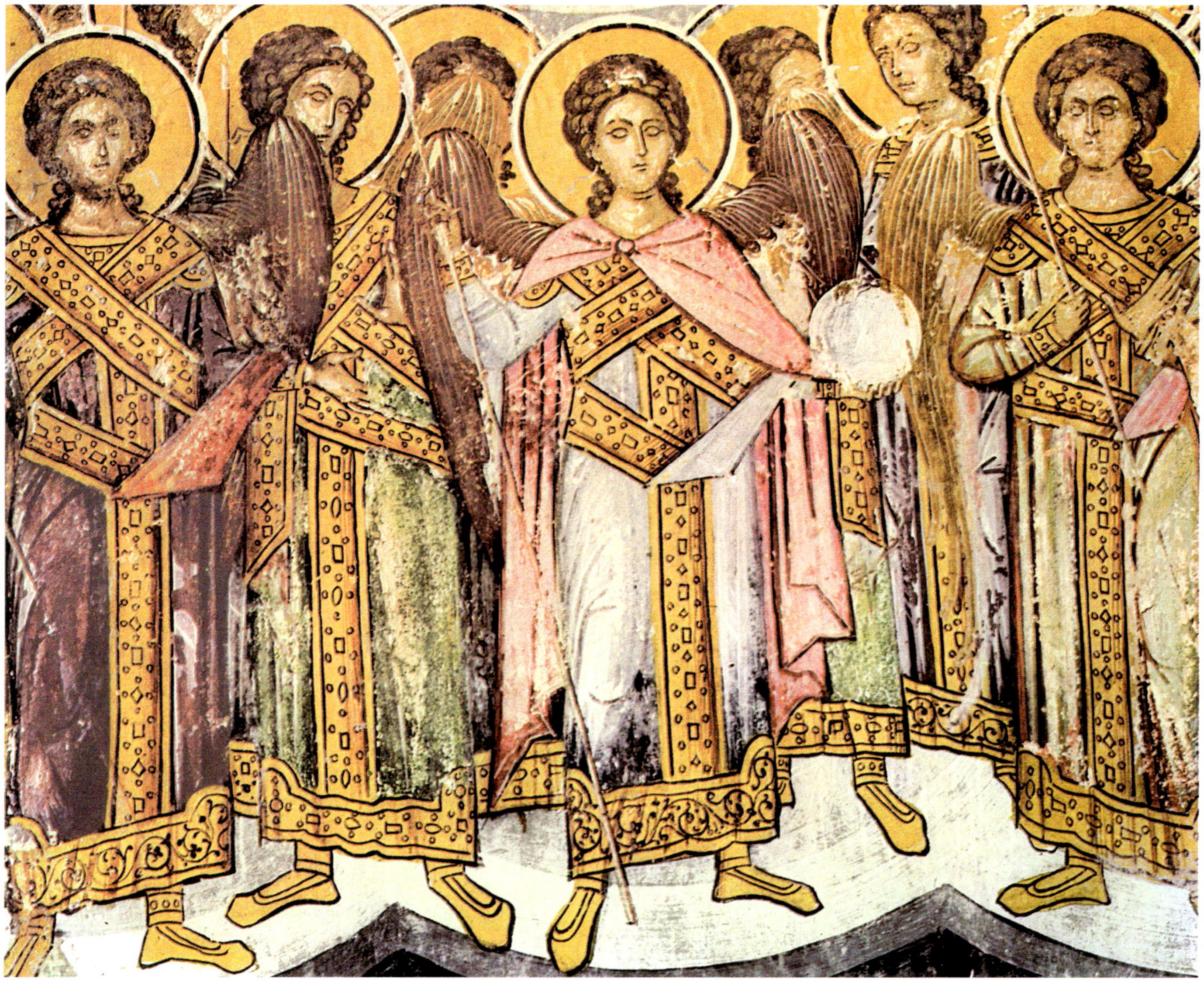

Engelchor, Fresko, Mitte 17. Jh., Kloster des Hl. Nicolaos Spanos, Ioannina (Griechenland).

Feofans Ikonen wirken dynamisch. Das mag daher rühren, dass er Stilmittel der Freskenmalerei auf die Ikonen übertrug. Er setzte zum Beispiel die Farben in kräftigen Pinselstrichen auf und verteilte die Reflexe auf Gesichtern und Gewändern abweichend vom natürlichen Spiel des Lichts.

Außerdem sind für ihn die behutsame Modellierung, die Klarheit der feinen Zeichnungen und die Vorliebe für gedämpfte Farben in jeweils mannigfacher Schattierung charakteristisch, aus denen kleine kräftige Farbflecke hervorleuchten.

Andere Ikonen von Feofan Grek sind vermutlich »Das Entschlafen der Gottesmutter« und »Muttergottes vom Don«, ein in Russland sehr beliebter Typ der Muttergottesikonen. Die Mutter hält das Kind, das eine Schriftrolle trägt, auf beiden Händen. Beider Wangen berühren sich.

Im 15. Jahrhundert ließen sich mehr und mehr Privatleute Ikonen malen, um sie in ihrer Wohnung aufzustellen. Die Produktion wurde umfangreicher. Vielleicht ist das der Grund dafür, dass die Komposition vereinfacht wird und bei der Darstellung Stilisierungen und Schematisierungen spürbar werden.

Die Ikonen der Nowgoroder Schule tragen nun volksnahe, zuweilen sogar archaische Züge. Die Linien sind kantig und umreißen grobe Flächen. Die Figuren sind häufig gedrungen und haben die charakteristischen stark abfallenden Schultern, die schon früher bisweilen aufgetaucht waren.

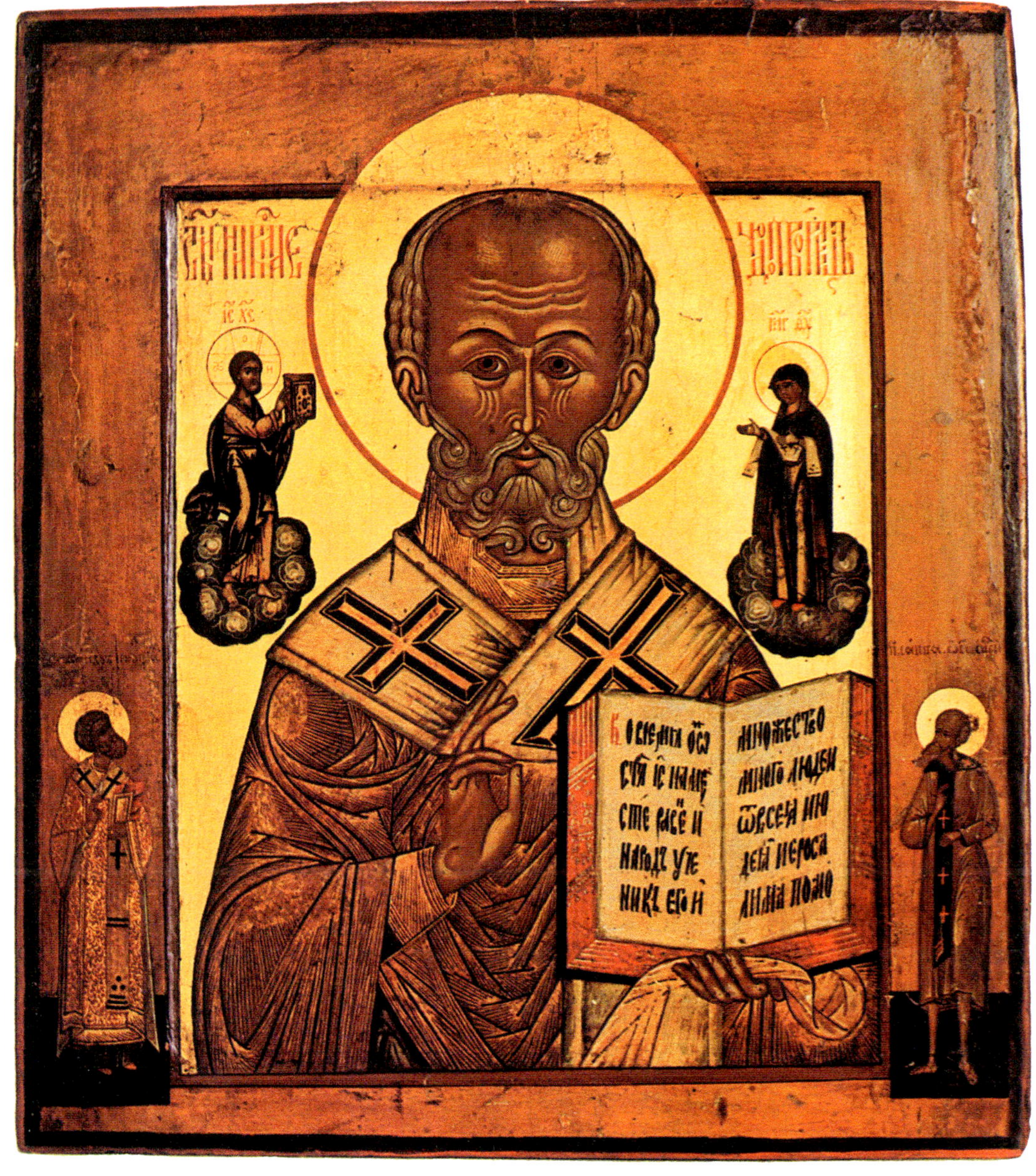

Heiliger Nikolaus, 17./18. Jh., Russland.
Von den mehreren tausend Heiligen der orthodoxen Kirche wird in Russland keiner mehr verehrt als der Heilige Nikolaus. Er ist der Schutzheilige der Kinder, der Armen und aller Reisenden, schließlich des gesamten russischen Landes. Es heißt, er habe Kranke geheilt, Schiffbrüchige gerettet und Kriegern das Schwert entrissen, mit dem sie zum Tode Verurteilte enthaupten wollten. Die Kirche schätzt Nikolaus als einen Mann christlicher Nächstenliebe und reiht ihn ein in die Gruppe der Hierarchen. So ist er auch auf dieser Ikone dargestellt: bekleidet mit dem Bischofsmantel und in der gleichen Haltung wie der Pantokrator. Maria reicht ihm das Omophorion, die Stola, das Zeichen des Priesters, und Christus das Evangelienbuch.
Privatsammlung Brenske, Hannover

Auch in dieser Zeit entstehen, vielleicht gerade wegen ihrer Schlichtheit, eindrucksvolle Ikonen.

Gegen Ende des Jahrhunderts sind die Gestalten sehr lang und schlank, bewegen sich graziös und tragen schwingende Gewänder.

Im 16. Jahrhundert nehmen sie höfische Züge an, und die Maler entdecken ihre Freude am Ornament. Zunächst verwenden sie es noch recht sparsam, etwa auf der Kleidung, später überwuchert es die Bildfläche.

1570 und 1571 wüten die Soldaten Iwan IV., des Schrecklichen, in Nowgorod, brandschatzen, rotten ganze Familien aus oder führen sie weg. Die blühende, von selbstständigen Teilfürsten regierte Stadt sinkt zur Bedeutungslosigkeit herab. Der Stil der Nowgoroder Ikonenmalerei wird von der Moskauer Schule weiter gepflegt und entwickelt, die schon früher von Nowgorod Einflüsse empfangen und verarbeitet hatte.

Auf den Ikonen der Schule in Pskow, einer Handelsstadt südwestlich von Nowgorod, herrscht dunkles Grün vor, besonders an den Gewändern. Da man das von keiner anderen russischen Schule kennt, kann man darin ein Merkmal der Pskower Ikonen sehen. Die Gesichter der Figuren sind meist dunkel gemalt und wirken erstarrt. Düsternis liegt über dem gesamten Bild, zu der weiße Lichter in Form von weißen Punkten an Gewändern und Bergkulissen einen grellen Kontrast bilden. Obwohl manche Figuren mit kühn geschwungenen Linien gezeichnet sind, wirkt die Szene statisch.

1510 wurde Pskow von Moskau annektiert, und das blühende künstlerische Leben dieser Stadt erlischt.

In vielen großen und mittelgroßen Städten Russlands gab es Malschulen – man schätzt ihre Zahl auf etwa 27 –, doch nur wenige sind bedeutend und haben einen eigenen Stil entwickelt. Von manchen wissen wir auch zu wenig, um sie charakterisieren zu können.

Prophet Elias, um 1700, Russland. ▷
Besonders bei den russischen Bauern genoss der Prophet Elias große Verehrung. Er soll die Naturkräfte beherrscht haben, den Regen, der die Früchte auf den Feldern wachsen ließ, und das Feuer, das ihre Holzhäuser zerstörte. Beliebter noch als diese Ikone, die von einer Ikonostase stammt und den Heiligen Elias in oranter Haltung zeigt, waren die Vitaikonen, die in Einzeldarstellungen Szenen aus seinem Leben von der Geburt bis zum Lebensende erzählen.

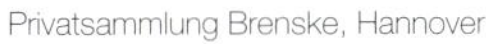
Privatsammlung Brenske, Hannover

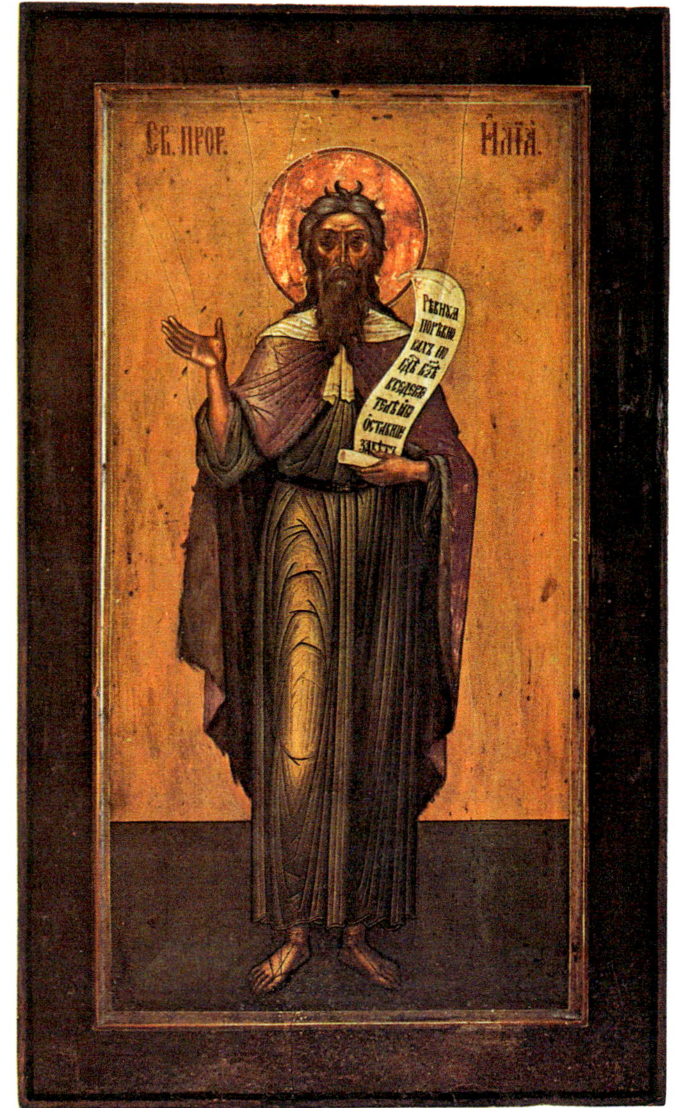

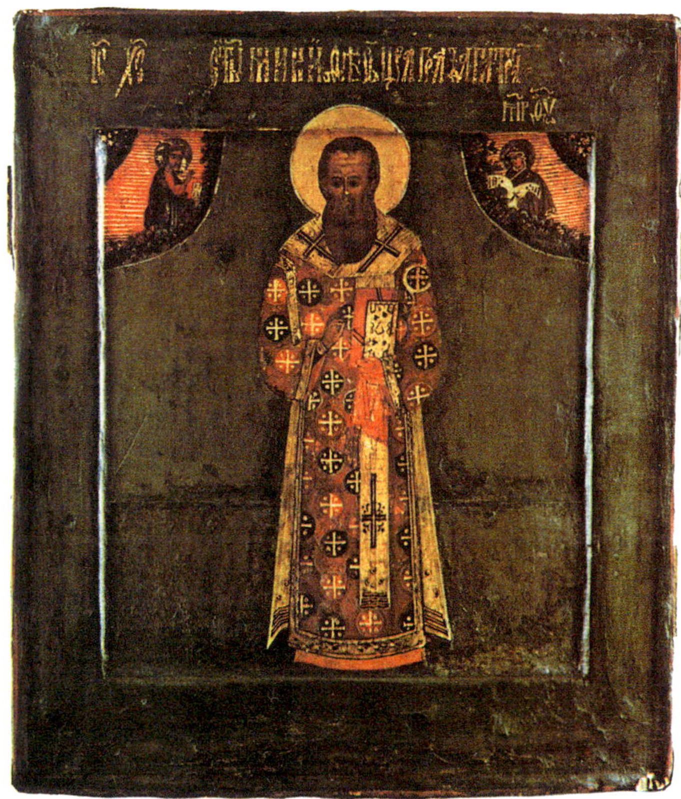

◁ *Heiliger Nikephoros*, 16. Jh., Russland.
Nikephoros lebte im 9. Jahrhundert und war Patriarch von Konstantinopel. Zusammen mit dem Abt des Klosters Studion in der oströmischen Hauptstadt kämpfte er während des Bilderstreits gegen Kaiser Leo V., einen Gegner der Bilderverehrung; beide wurden in die Verbannung geschickt. Auch Nikephoros wird von Christus die Bibel, und von Maria das Omaphorion überreicht.
Privatsammlung Brenske, Hannover

Die Schule von Smolensk blühte bereits im 12. Jahrhundert. Sie ist stark von Nowgorod beeinflusst, zeigt aber eine gewisse Starrheit und Unbeholfenheit bei der Darstellung der Figuren. Nur ihre Köpfe sind gut durchgeformt. Aus Smolensk stammt der Muttergottestyp »Smolenskaja«, eine Variation der Hodigitria, der Wegführerin.

Ikonen der Smolensker Schule waren vor allem im Westen Russlands verbreitet.

Im Osten des Reiches, zwischen Wolga und Oka, waren zu Beginn des 12. Jahrhunderts zahlreiche neue Fürstentümer mit blühenden Städten entstanden, ehemalige Kolonien der Kiewer Großfürsten, darunter die von Wladimir und

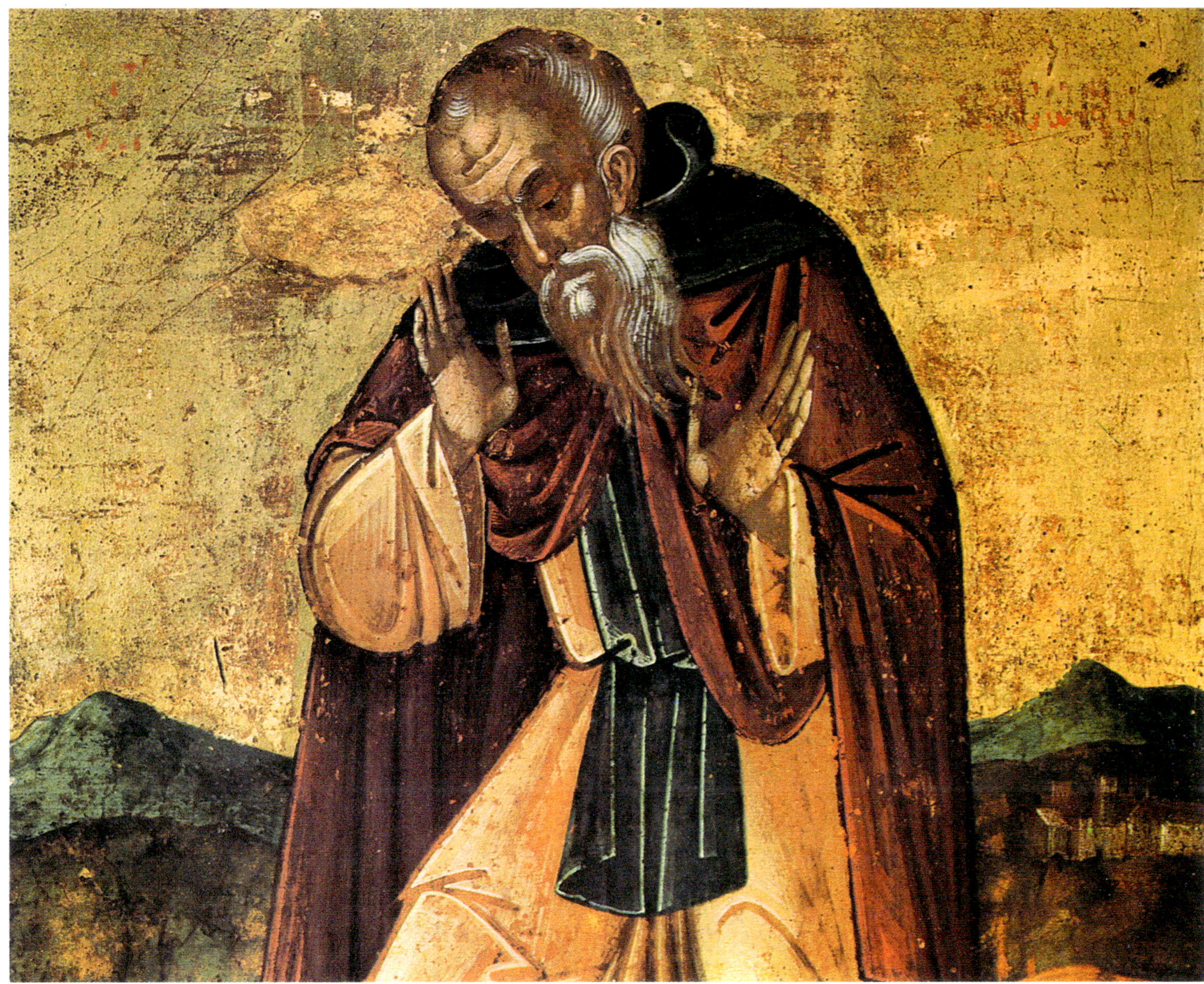

Griechischer Heiliger, Ikone, 18. Jh., griechische Schule. Für die griechischen Schulen ist auch kennzeichnend, dass die Zahl ihrer Heiligenikonen die der Christus- und Gottesmutterikonen bei weitem übertrifft. Je später die Zeit, um so deutlicher wird im Allgemeinen der abendländische Einfluss auf die griechischen Ikonen spürbar. Die hier abgebildete unterscheidet sich kaum noch von einem italienischen Gemälde.

Susdal, östlich von Moskau. Nach 1150 verließ der Großfürst Andrej Bogoljubskij Kiew, machte Wladimir zu seiner Residenz und stattete sie nach dem Vorbild der alten Hauptstadt aus, 1161 ließ er in Wladimir die Himmelfahrtskathedrale erbauen, in der die Wladimirskaja, einst der Schutz Kiews, eine neue Heimat fand.

Unzählige Male ist dieses berühmteste russische Marienbild, das fast den Rang eines Nationalheiligtums hat, nachgebildet worden. Wie sich später herausstellte, war es in Byzanz, nicht in Kiew, gemalt worden.

In diesem neuen Zentrum der Macht entwickelte sich ein reiches kulturelles Leben. Um die Mitte des 12. Jahrhunderts entstand in Wladimir eine Malschule, die mit der ein wenig später gegründeten von Susdal, etwas weiter nördlich von Wladimir, eng verbunden war. Allerdings war die Schule von Wladimir stark von Nowgorod beeinflusst, die Susdaler dagegen bezog ihre Anregungen von den Kiewer Ikonen und aus Konstantinopel. Zwischen den beiden verschieden geprägten Schulen fand ein überaus reger und fruchtbarer Austausch statt.

Das Drachenwunder des Hlg. Georg

S. Georg, ein Märtyrer, welcher unter dem Kayser Diocletiano nach schwerer Gefängniß soll seyn hingerichtet worden. Selbiger wird alle Zeit abgemahlet geharnischt zu Pferde sitzend, und daß er einen Drachen, den er unter sich hat, mit einem Speer umbringet, weil von ihm gesaget wird, daß er auf diese Weise eine Jungfrau von einem Drachen befreyet habe. Es scheinet aber, als wenn unter diesem Gemählde etwas anders stecke. Denn Baronius will unter dem Drachen eine Stadt oder Provintz abgebildet wissen, welche dieses Märtyrers Hülffe wieder den Teufel ausbittet. Andere aber führen es von denen Arianern her, als selbige an. 356. Athanasium von seinem Bisthum Alexandrien gebracht, und einen andern, Namens Georgium, mit Gewalt eingesetzt. Es soll also der geharnischte Ritter Georgium bedeuten, welcher mit bewehrter Hand Bischoff worden; die Jungfrau, darum er gekämpffet, die Kirche zu Alexandrien; der Drache, den er erstochen, Athanasium, welchen die Arianer den Drachen nenneten. Henschenius, welcher die Acta S. Georgii zusammen getragen, will es darauf zühen, daß zu des Kaysers Diocletiani Zeiten einer das sehr hefftige Edict wieder die Christen zerrissen, wovon auch Lactantius saget. Baluzius aber in seinen Anmerckungen wiederleget Henschenium, und zeiget, daß dieses auf den Ritter S. Georgen nicht könne gezogen werden. Dieses ist gewiß, daß er von denen alten Zeiten her verehret, und sein Gedächtniß auf den 23. April verleget worden. Absonderlich ist er bey denen Angel-Sachsen in sehr grosser veneration gewesen, dahero ihn die Engländer zum Patron ihrer gantzen Nation angenommen. *Lactantius* de mort. persec. 13. *Nicephorus* hist. eccl. VIII. 15. *de Voragine* de sanctis. *Hospinianus* de festis. *Baronius* martyr. ad 23. April. *Molynaeus* in clypeo fidei. *Sandius* hist. eccles. *Seldenus* tit. hon. 5. *Henschenius* act. sanct. *Hornii* hist. eccles. Datt de Pace publ. Imper. II, 3. n. 65.

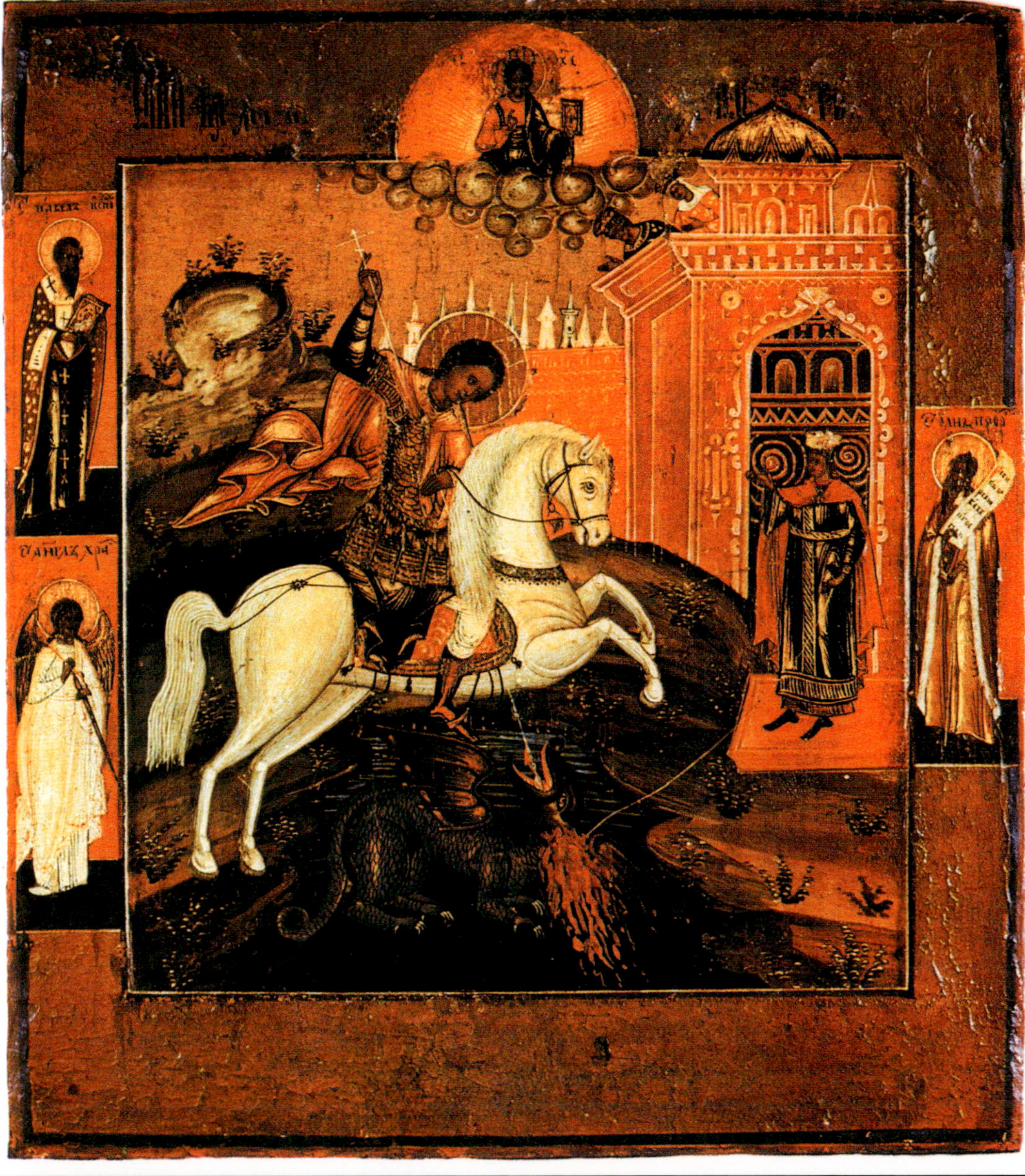

Das Drachenwunder des Heiligen Georg
18. Jh., Russland.
Georg, der Drachentöter, gehört ebenfalls zu den volkstümlichen Heiligen im orthodoxen Bereich. Die Legende symbolisiert den Kampf des Guten gegen das Böse. Er tötet den Drachen, der eine kleinasiatische Stadt tyrannisiert und die Prinzessin als Opfer fordert. Sie steht im Torbogen und hält den Drachen an einer Schnur. Damit wird symbolisiert, dass jeder Mensch mit dem Bösen verbunden ist.

Vier orthodoxe Heilige
griechische Ikone, 18. Jh.
Der heilige Andreas (links), ein Bruder des Petrus, wirkte als Apostel in Kleinasien, Konstantinopel und Russland. Er starb in Patras den Kreuzestod. – Die Zwillingsbrüder Cosmas und Damian (Mitte) waren Ärzte in Agea und heilten Kranke ohne Entgelt. Sie wurden 303 während der Christenverfolgung des römischen Kaisers Diokletian enthauptet. – Stephanus war einer der sieben Diakone in der ersten christlichen Gemeinde. Er wurde gesteinigt und war der erste Märtyrer.

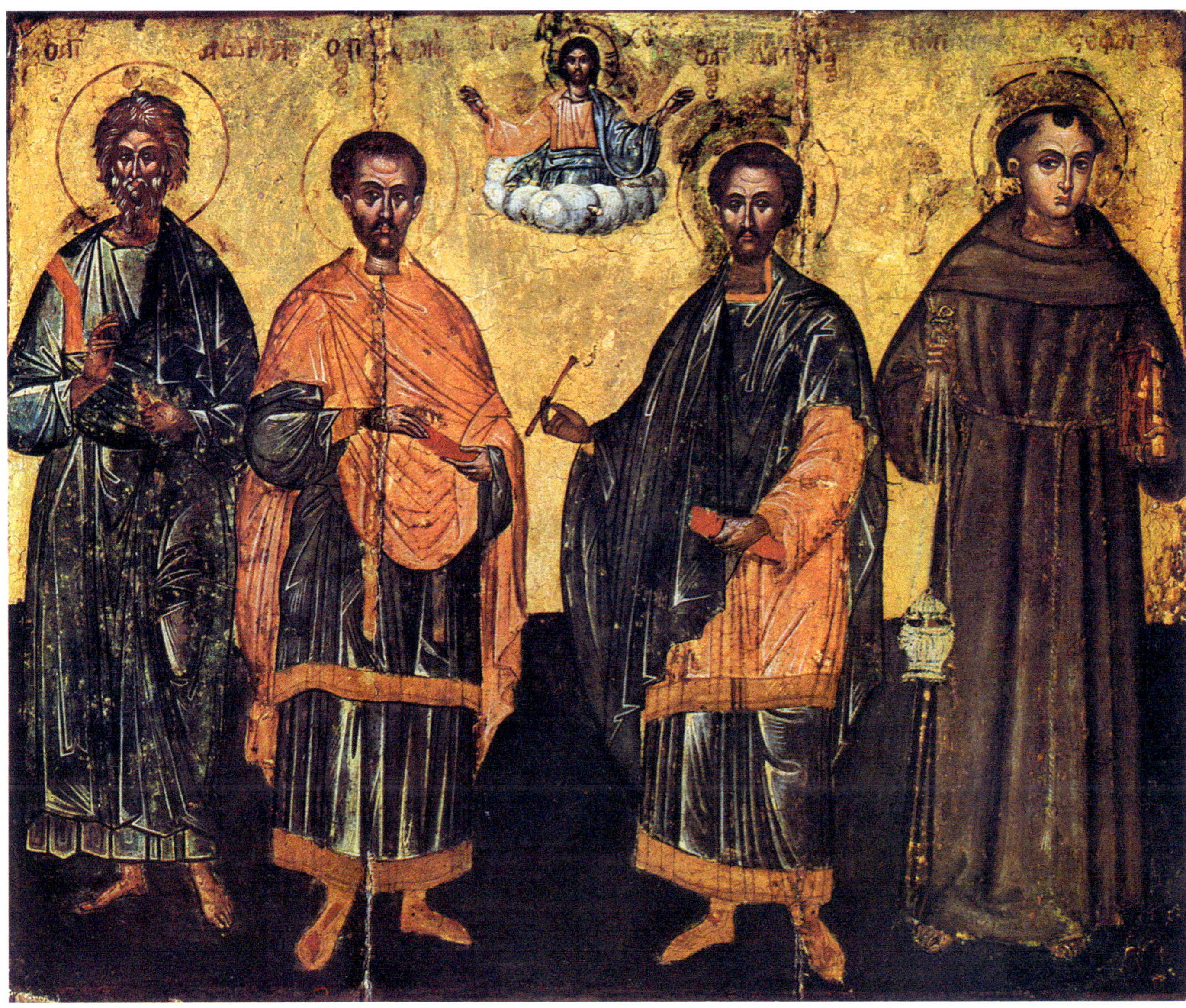

Nur wenige Stücke – sie befinden sich alle in russischen Museen – können uns über die Wladimir-Susdal-Schule Auskunft geben. Vorherrschende Farben der Susdaler Ikonen sind Blau und Silber. Sie geben dem Bild etwas Kaltes, Unnahbares. Dieser Eindruck wird noch verstärkt durch die glatten, flächenhaften, oval geschnittenen Gesichter. Auch der Blick ist kühl.

Die Wladimirer Ikonen sind die Vornehmsten aller russischen Ikonen, die Figuren haben ausgesprochen höfischen Charakter.

Rechts: *Russische Heilige*, 18. Jh., Russland. Vollkommen symmetrisch ist diese Ikone aufgebaut, doch es entsteht nicht der Eindruck schematischer Strenge. Die Gestalten, die sich um den Schutzengel gruppieren, die Lanzen tragenden Kriegerheiligen Nikita und Theodor, auf halber Höhe der Hl. Johannes (links) und der Hl. Stefan (rechts), wirken ungezwungen und gelöst, der Faltenwurf ihrer Gewänder ist locker. Die Glut, die aus dem Bild leuchtet, gibt ihnen Leben. In den beiden oberen Einzelszenen – links der Drachenkampf des Heiligen Georg, rechts der Erzengel Michael im Kampf mit dem Antichrist – gerät die ganze Erde in Bewegung.
Privatsammlung Brenske, Hannover

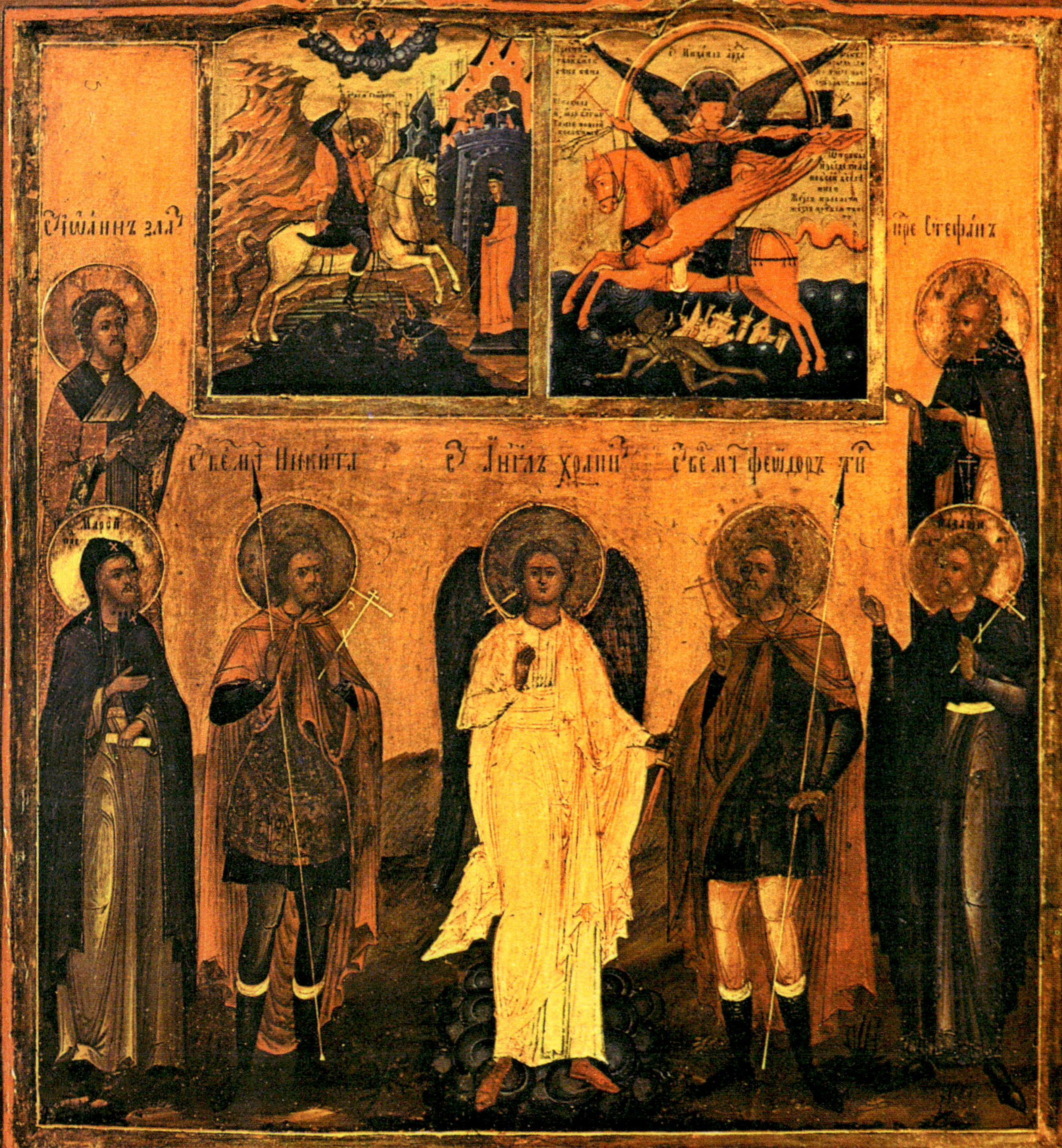

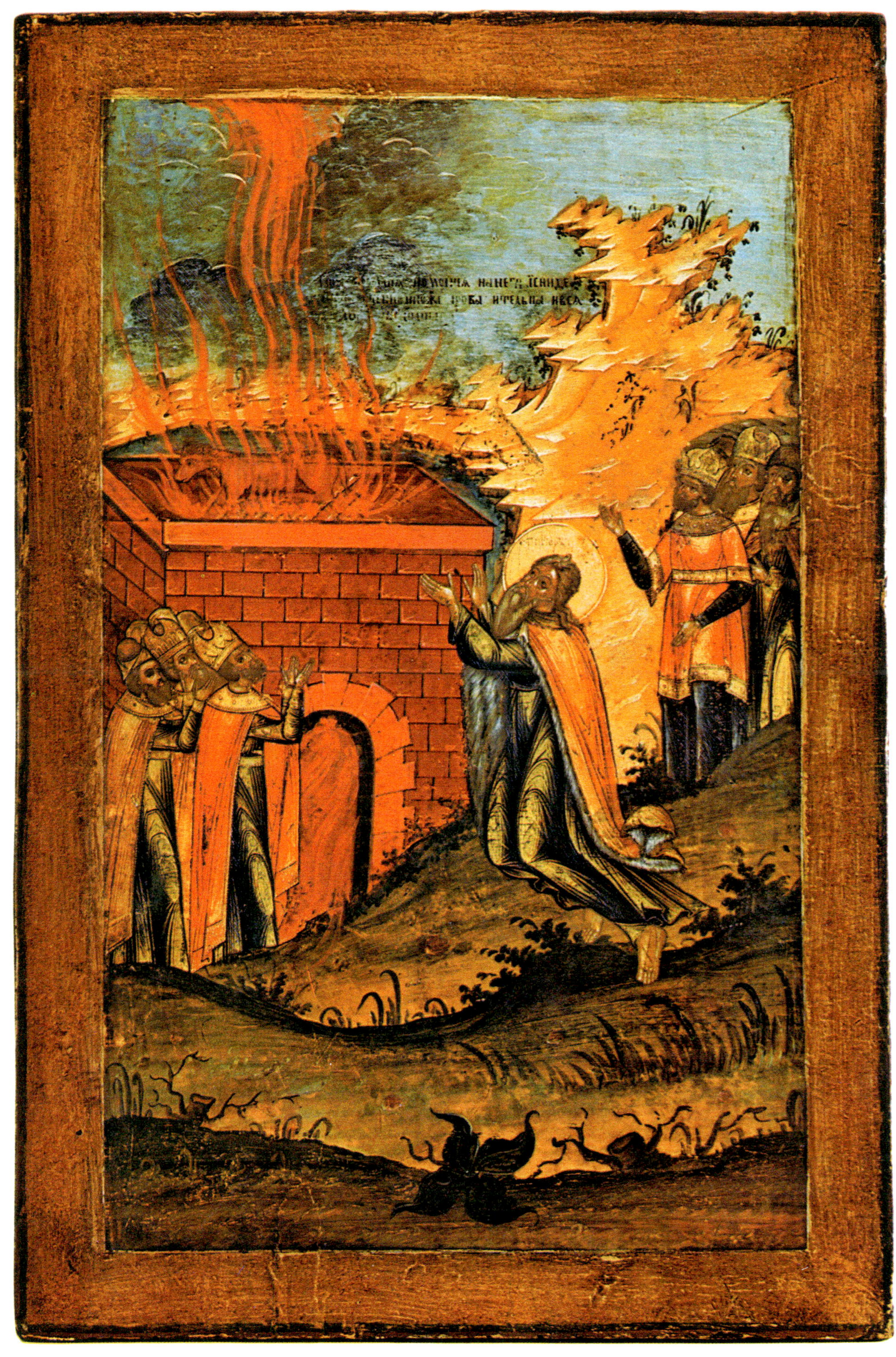

Brandopfer des Elias
18. Jh., Russland. Dieses Thema findet sich auch auf der Vitaikone der folgenden Seite.
Privatsammlung Brenske, Hannover

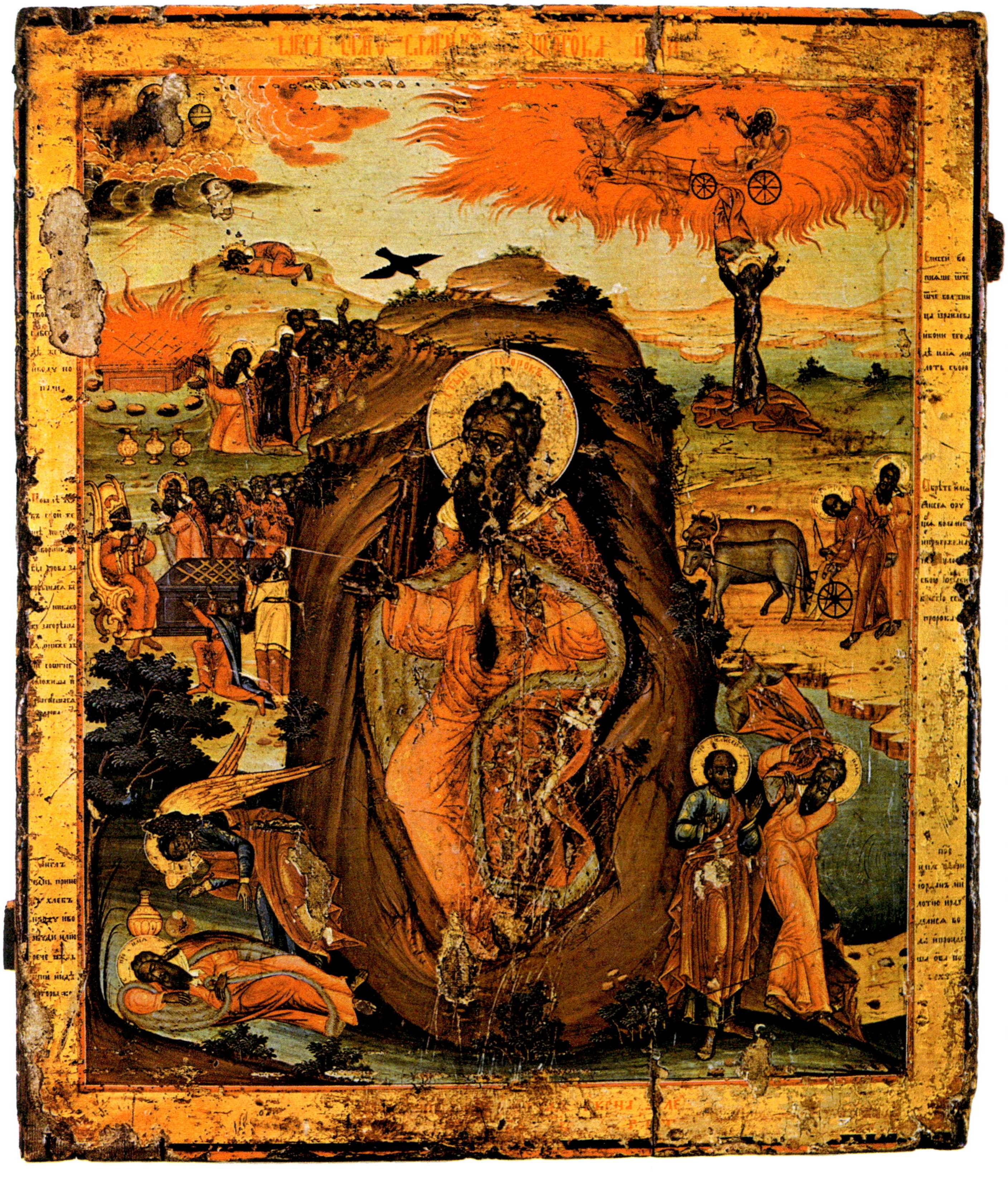

Prophet Elias, Vitaikone, um 1700, Russland.
Die Ikone zeigt die wichtigsten Ereignisse aus dem Leben des Propheten Elias: In der Mitte sitzt Elias in seiner Höhle am Jordan, ein Rabe verpflegt ihn – das ist auch das Thema der meisten Einzelikonen des Elias. Meistens hat er stark abfallende Schultern, die besonders für die Gestalten auf den Nowgoroder Ikonen typisch sind.
Unten links: Ein Engel erweckt ihn aus dem Todesschlaf und bringt ihm Speise und Trank. Die Nahrung ist geistiger Art, sie gibt ihm die Kraft, 40 Tage zu fasten, wie Moses auf Sinai und Jesus nach der Taufe.
Oben rechts: In einem feurigen Gefährt, das von vier geflügelten Rossen gezogen und von einem Engel geleitet wird, tritt Elias seine Himmelfahrt an. Er reicht seinem Jünger Elisa den Mantel herab und macht ihn so zu seinem Nachfolger.
Mitte und unten rechts: Gott hatte Elias geheißen, Elisa aufzusuchen, den er beim Pflügen trifft. Elias wirft seinen Mantel über ihn, und Elisa folgt ihm nach. Als sie den Jordan erreichen, schlägt Elias mit dem Mantel auf das Wasser, und beide gelangen trockenen Fußes ans andere Ufer.
Links oben: Durch die Entzündung des Altarfeuers ruft Elias das himmlische Feuer herbei, das sich in die Seelen der Menschen senkt. Der Prophet Elias gilt in Russland als Schutz vor Feuer und Spender des Regens, und wer eine Ikone mit der Speisung des Elias besitzt, hat immer Brot im Hause.
Privatsammlung Brenske, Hannover

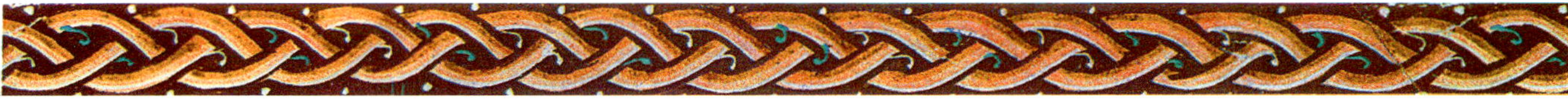

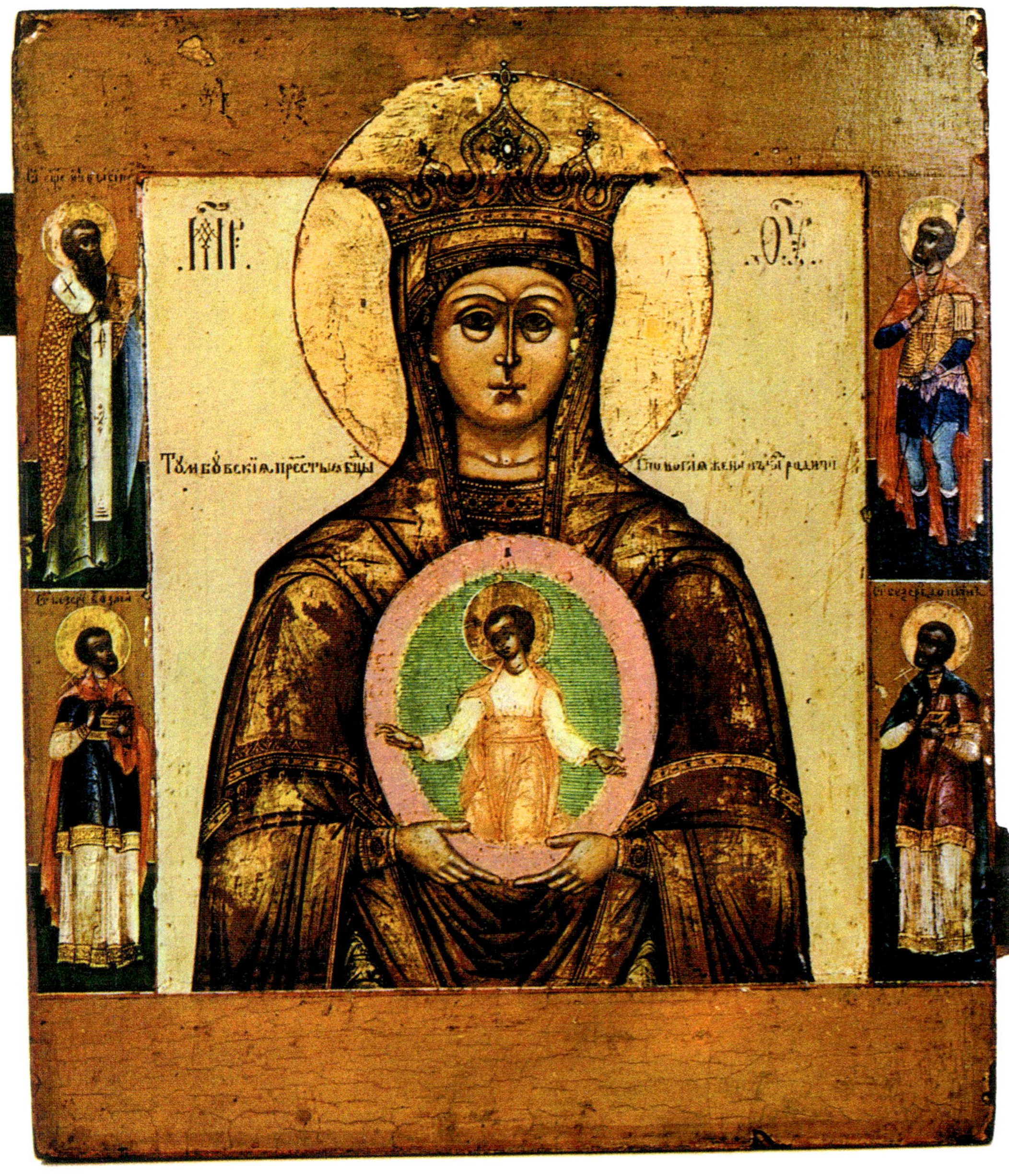

◁ *Gottesmutter Tamborskaja mit den Apothekenheiligen Cosmas und Damian*, 18. Jh., Russland. – Die Tamborskaja, die den jugendlichen Christus in einer Aureole vor ihrer Brust hält, ist ein sehr seltenes Gottesmuttermotiv. Auf dem erhöhten Rand die Darstellungen vier orthodoxer Heiliger: Unten links und rechts die Apothekenheiligen Cosmas und Damian, oben Nikolaus und Johannes. Die beiden Apothekenheiligen Cosmas und Damian nehmen unter den mehreren tausend Heiligen der orthodoxen Kirche eine Sonderstellung ein. Meist sind sie nebeneinander stehend dargestellt. Fast immer tragen sie Attribute: Arzneidose, Löffel, Uringlas, Mörser oder Eimer.

Privatsammlung Brenske, Hannover

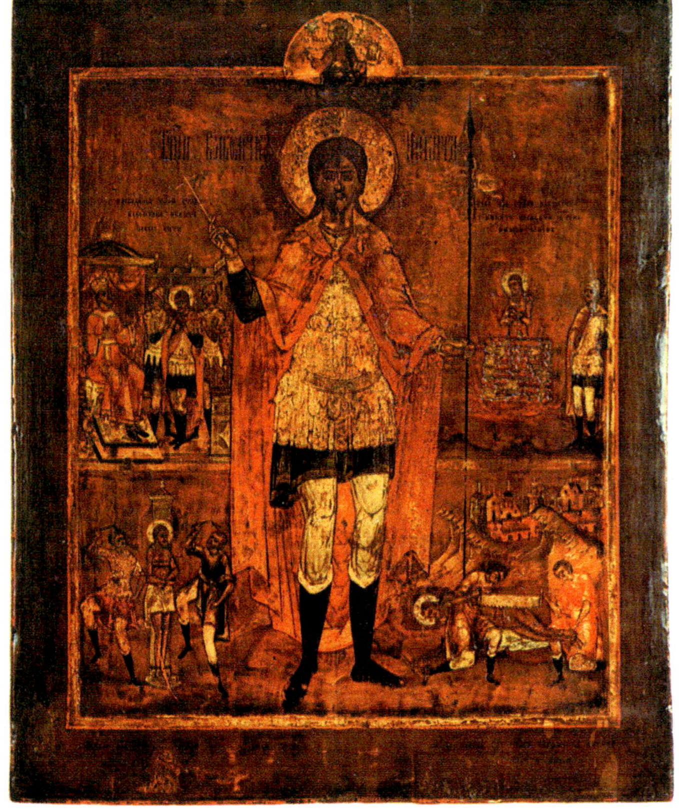

Kriegerheiliger Nikita, Vitaikone, um 1700, Russland. ▷ In vier abgeteilten Feldern zeigt diese Ikone das Martyrium des Heiligen Nikita. In der Mitte die Gestalt des Heiligen in Kriegerrüstung, in der rechten Hand hält er das Märtyrerkreuz. – Oben links: Der gefesselte Nikita wird dem Gotenkönig Athanarich vorgeführt. – Unten links: Seine Geißelung an der Martersäule. – Oben rechts: Sein Feuertod auf dem Scheiterhaufen. – Unten rechts: Sein Leichnam wird zersägt. Den oberen Abschluss bildet der segnende Christus.

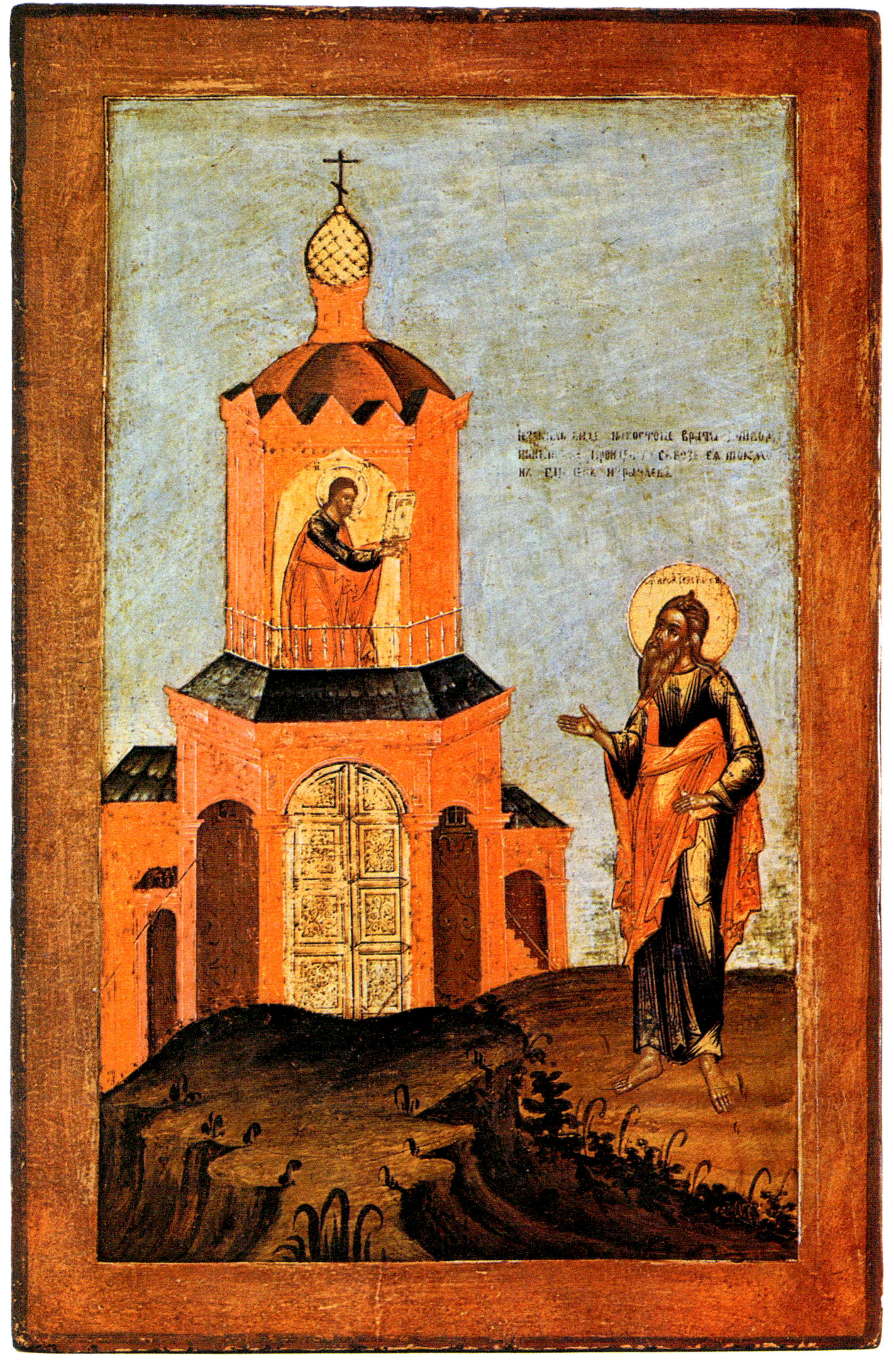

Ezechiel vor der geschlossenen Pforte, 18. Jh., Russland. Die verschlossene Pforte ist ein Symbol für die Jungfräulichkeit Mariä. Diese Szene wird auch beim Ikonenthema »Gottesmutter vom unverbrennbaren Dornbusch« wiedergegeben, und zwar in einer Ecke des Mittelfeldes, gewöhnlich unten links (siehe Seite 58). Auf einer Brüstung erscheint Christus.

Privatsammlung Brenske, Hannover

Andrej Rubljew und die Moskauer Schule

Um 1280 erhielt Moskau, das bis dahin nur eine befestigte Siedlung zum Schutze Susdals, der Residenz der Großfürsten, war, einen eigenen Fürsten. Zu dieser Zeit lebte das östliche Russland unter der Herrschaft der Tataren.

1325 wurde der Sitz des Metropoliten, der dem Patriarchen von Konstantinopel unterstand, von Wladimir nach Moskau verlegt. Gleichzeitig erhielt Moskau, das sich inzwischen die Städte und Ländereien an der unteren Wolga einverleibt hatte, den Rang eines Großfürstentums. Seitdem blieb die Würde des Großfürsten bei Moskau.

Nach und nach unterwarfen die Fürsten von Moskau die benachbarten Fürstentümer und schufen die staatliche Einheit. 1480 schüttelte Iwan III. endgültig die 250 Jahre währende Tatarenherrschaft ab. Um seinen Anspruch auf Vorherrschaft in Russland zu betonen, legte er sich den Titel Zar zu. In Russland waren bisher nur die biblischen Könige und der Weltkaiser in Konstantinopel so genannt worden.

Den Kaiser von Byzanz gab es zu dieser Zeit schon nicht mehr. Iwan III. fühlte sich als dessen Nachfolger und, da er die Nichte des letzten oströmischen Kaisers geheiratet hatte, ihm völlig ebenbürtig. Er ließ im Lande verbreiten, Gott habe die Gnade sichtbar von Byzanz nach Moskau gegeben. Moskau sei das Abbild des Urbildes Byzanz und die Moskauer Mariä-Entschlafens-Kathedrale entspreche der Hagia Sophia. Er sprach von Moskau als dem »dritten Rom« und vom russischen Volk als dem »neuen Israel«. Mit solchen Schlagworten stärkte Iwan seine Macht. Er bezeichnete sich als Kaiser von Gottes Gnaden und 1504, kurz vor seinem Tode, als Herrscher von ganz Russland, der er auch tatsächlich war, denn er hatte fast alle Fürstentümer mit Moskau vereinigt.

Iwan IV., wegen seiner Schreckenstaten »der Schreckliche« genannt, führte 30 Jahre später sein Werk fort. Er griff das Wort vom »neuen Israel« auf und erklärte, Russland sei dazu berufen, die Heilsgeschichte zu vollenden. 1547 ließ er sich zum Zar krönen.

1589 wurde in Moskau das Patriarchat errichtet. Hier bildet sich nun das neue Zentrum der orthodoxen Christenheit in der Nachfolge des oströmischen.

Bis 1712 blieb Moskau die Hauptstadt des Reiches, dessen Einheit zwar immer wieder gefährdet war, und sein wirtschaftlicher, geistiger und kultureller Mittelpunkt.

Als russische Hauptstadt zog sie Maler und Handwerker aus allen russischen Landen an. Zu Beginn des 13. Jahrhunderts wird die Moskauer Malschule gegründet worden sein. Ikonen aus dem ersten Jahrhundert ihres Bestehens sind vermutlich 1382 beim Überfall der Tataren vernichtet worden. Von einigen nimmt man an, dass sie aus dieser Schaffensperiode der Malschule stammen, doch sie lassen noch nichts von der Meisterschaft ahnen, die die späteren Werke auszeichnet.

Erst in der zweiten Hälfte des 14. Jahrhunderts beginnt die reife Schaffenszeit der Schule. Nachdem die Tataren sich aus Südrussland zurückgezogen hatten, war der Kontakt mit Byzanz wiederhergestellt. Die Maler kommen aus Byzanz, aus Serbien und Griechenland, von wo sie der Türkenherrschaft auf dem Balkan entfliehen. Viele sind vom Großfürsten in Moskau und vom Metropoliten, der bereits 1344 seine Kirche von einem byzantinischen Meister ausmalen ließ, gerufen worden.

Gegen Ende des Jahrhunderts findet die Schule ihren Stil. Neben Nowgorod ist sie die Bedeutendste aller russischen Malschulen. Sie wird richtungsweisend für die russische Ikonenmalerei der kommenden Zeit. Zusammen mit der in Nowgorod führt sie die byzantinische Tradition weiter. Doch die Moskauer Maler haben es verstanden, die griechisch-byzantinische Art umzugestalten und aus vielen Elementen, die russischen eingeschlossen, etwas einheitlich Neues zu schaffen. Darin liegt ihre schöpferische Leistung.

Feofan Grek ist einer der Meister, der für die Moskauer Malerei bestimmend wird. Der Grieche, der zuvor in Nowgorod tätig war und um 1396 zur Ausmalung der Mariä-Geburts-Kirche nach Moskau geholt wird, bringt die Dynamik und Rhythmik des byzantinischen Paläologenstils mit in die russische Malerei.

Bevor wir uns jedoch dem Stil der Moskauer Schule und ihren großen Meistern, Andrej Rubljew und Dionysios, zuwenden, sei noch der byzantinische Spätstil, der Paläologenstil, erläutert.

Von 1204, als die Kreuzfahrer sich auf Veranlassung des Dogen von Venedig gegen Konstantinopel wandten, bis 1261 dauerte das so genannte lateinische Kaisertum in Byzanz unter dem zum Kaiser gewählten Grafen von Flandern und einem lateinischen Patriarchen. Die oströmische Kaiserfamilie lebte im kleinasiatischen Nikäa im Exil.

1261 gelang es einem Heer Kaiser Michaels VIII. aus dem Hause der Paläologen, Konstantinopel zurückzuerobern. Das nunmehr sehr kleine Reich, das aber noch Teile der Balkanhalbinsel umfasste, erlebte unter den Paläologen-Herrschern seine letzte Blüte.

Der Stil jener Zeit trägt alle Merkmale einer Spätblüte. Auch die unmittelbare Berührung mit den Besetzern aus dem Westen hinterließ ihre Spuren.

Als Reaktion auf die gehassten westlichen Unterdrücker erwacht ein neues Nationalgefühl, und man beginnt sich in der Ikonenmalerei wieder auf die Tradition zu besinnen. Aber nicht byzantinische Strenge zeichnet die Ikonen dieser Zeit aus, sondern hellenistische Gelöstheit. Vielleicht kamen auch syrische Einflüsse hinzu. Die schöne Linie ist vorherrschend, sie erhält Schwung und Eleganz. Die Figuren sind natürlich und lebendig gesehen und durch Haltung und Gestik aufeinander bezogen. Der Hintergrund wird mit Pflanzen und Tieren belebt und bildet eine abwechslungsreiche Kulisse. Auch die Rolle der Architektur hat sich geändert: Sie wird näher in den Vordergrund gerückt und erhält eine Funktion im dramatisch empfundenen Geschehen.

Die Darstellungen erfahren mehr und mehr jene Überfeinerung und Manieriertheit, die im Allgemeinen ein Charakteristikum des Spätstils einer Epoche sind. Die Gestalten sind lang und schlank, zart und anmutig. Gebrochene Linien machen den Faltenwurf der Gewänder unruhig, flatternde Gewänder lösen die fest gefügten Formen früherer Zeiten auf. Stimmungshaftes und Atmosphärisches wird zu einem wichtigen Element des Bildes.

Maler aus Byzanz und Griechenland tragen den Paläologenstil nach Russland, vor allem nach Moskau, das sich nach dem Sturz des letzten oströmischen Kaisers durch die Türken zu der wichtigsten Metropole des Ostens zu entwickeln beginnt.

Die Moskauer Schule löst das Statische und Strenge auf, das für die russische Malerei der frühen Zeit so typisch ist. Die Bewegungen der Figuren werden freier. Die Linien werden weich und schwungvoll. Die Komposition des Bildes bleibt jedoch harmonisch. Akzente finden ihre Entspannung. Die Gestalten gewinnen (*Fortsetzung auf Seite 80*)

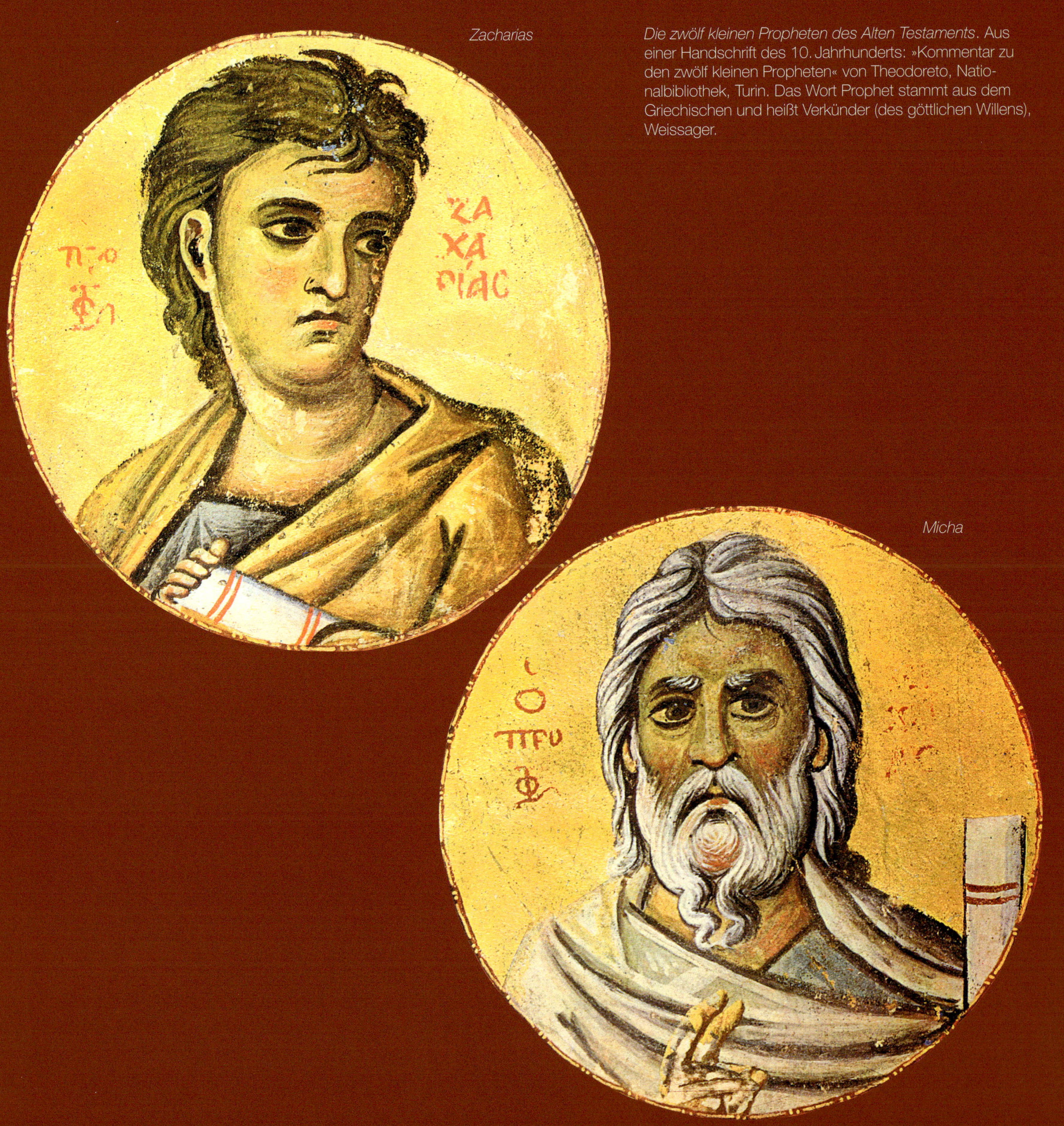

Zacharias

Micha

Die zwölf kleinen Propheten des Alten Testaments. Aus einer Handschrift des 10. Jahrhunderts: »Kommentar zu den zwölf kleinen Propheten« von Theodoreto, Nationalbibliothek, Turin. Das Wort Prophet stammt aus dem Griechischen und heißt Verkünder (des göttlichen Willens), Weissager.

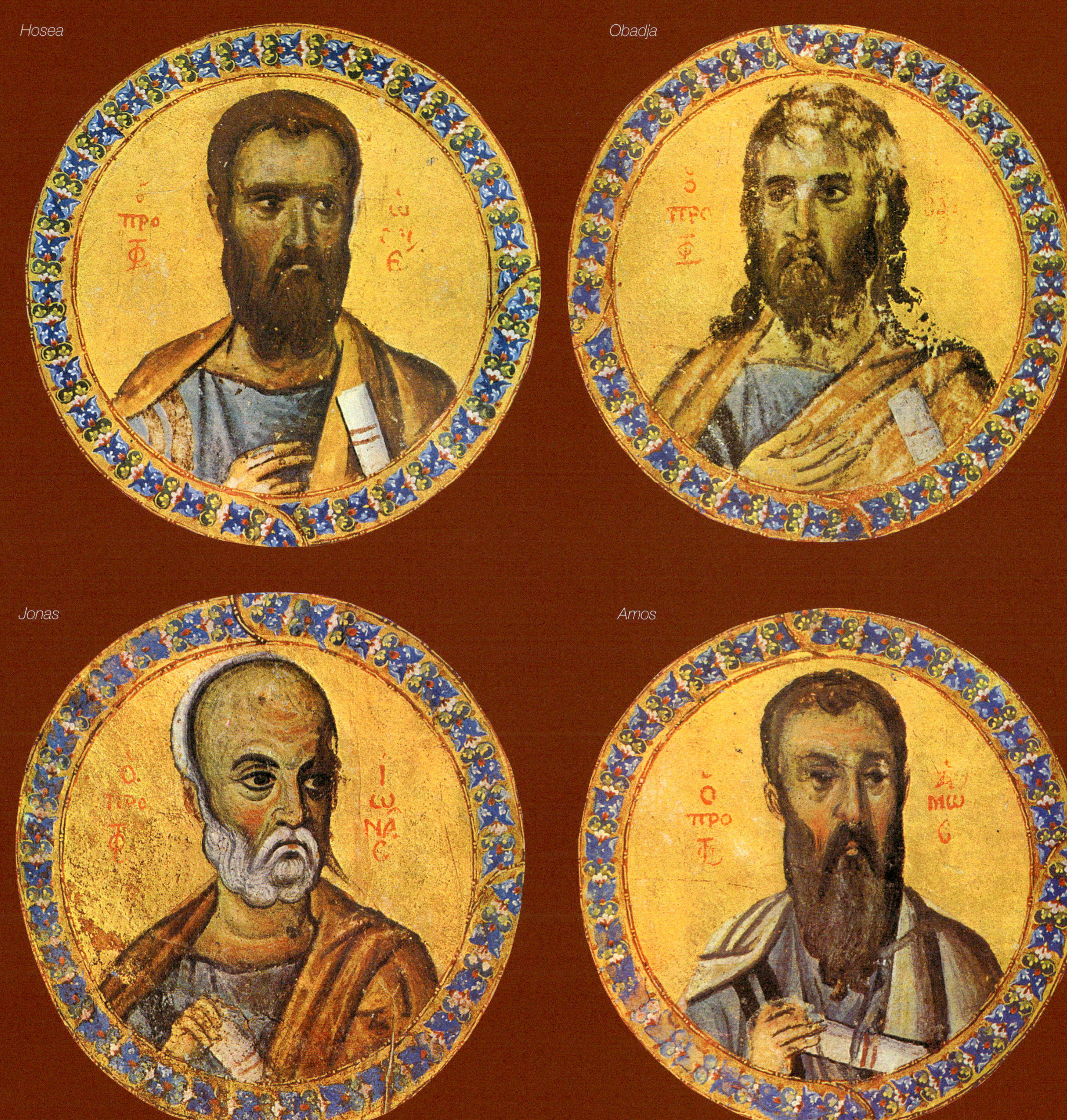

Hosea

Obadja

Jonas

Amos

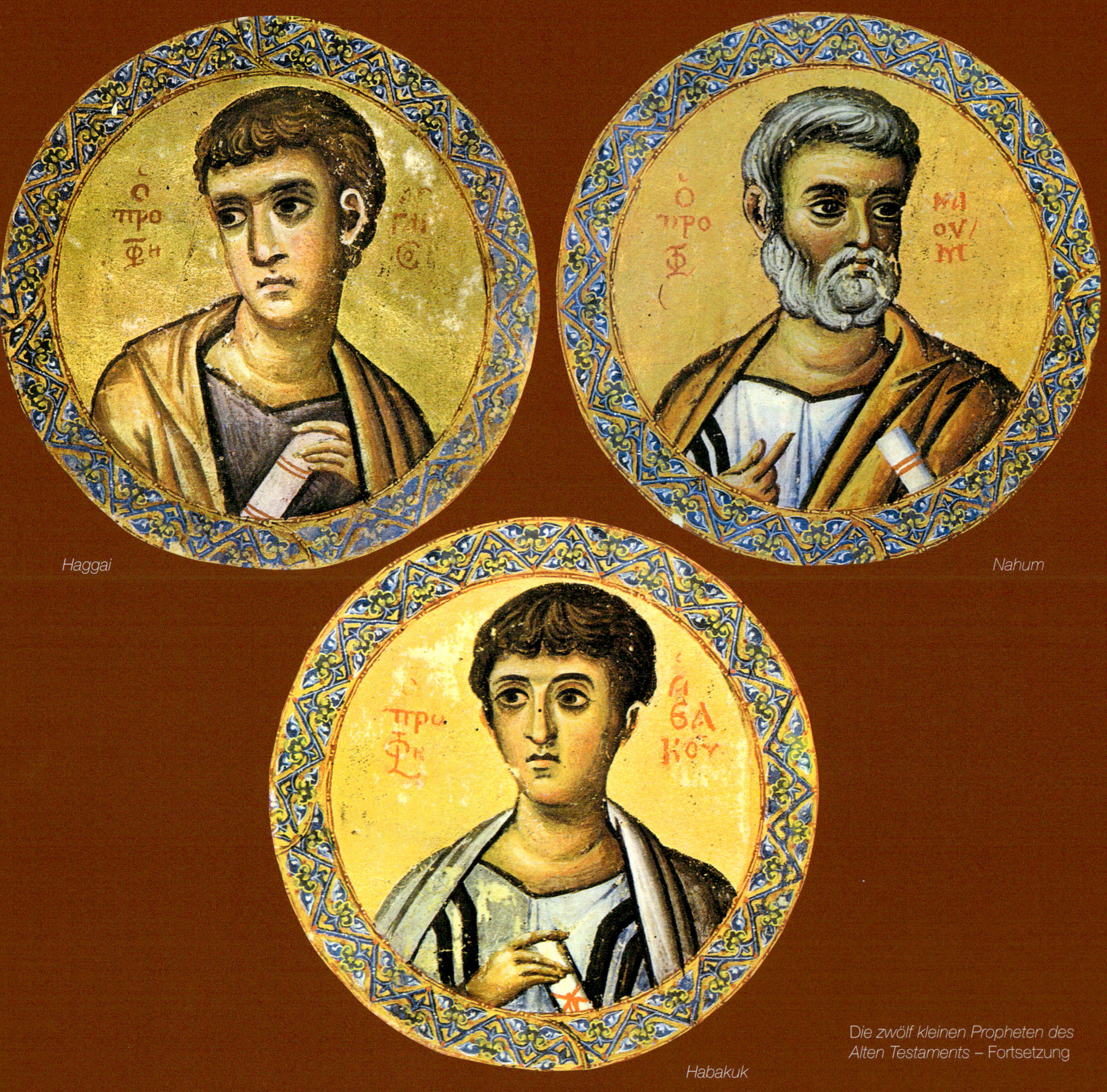

Haggai

Nahum

Habakuk

Die zwölf kleinen Propheten des Alten Testaments – Fortsetzung

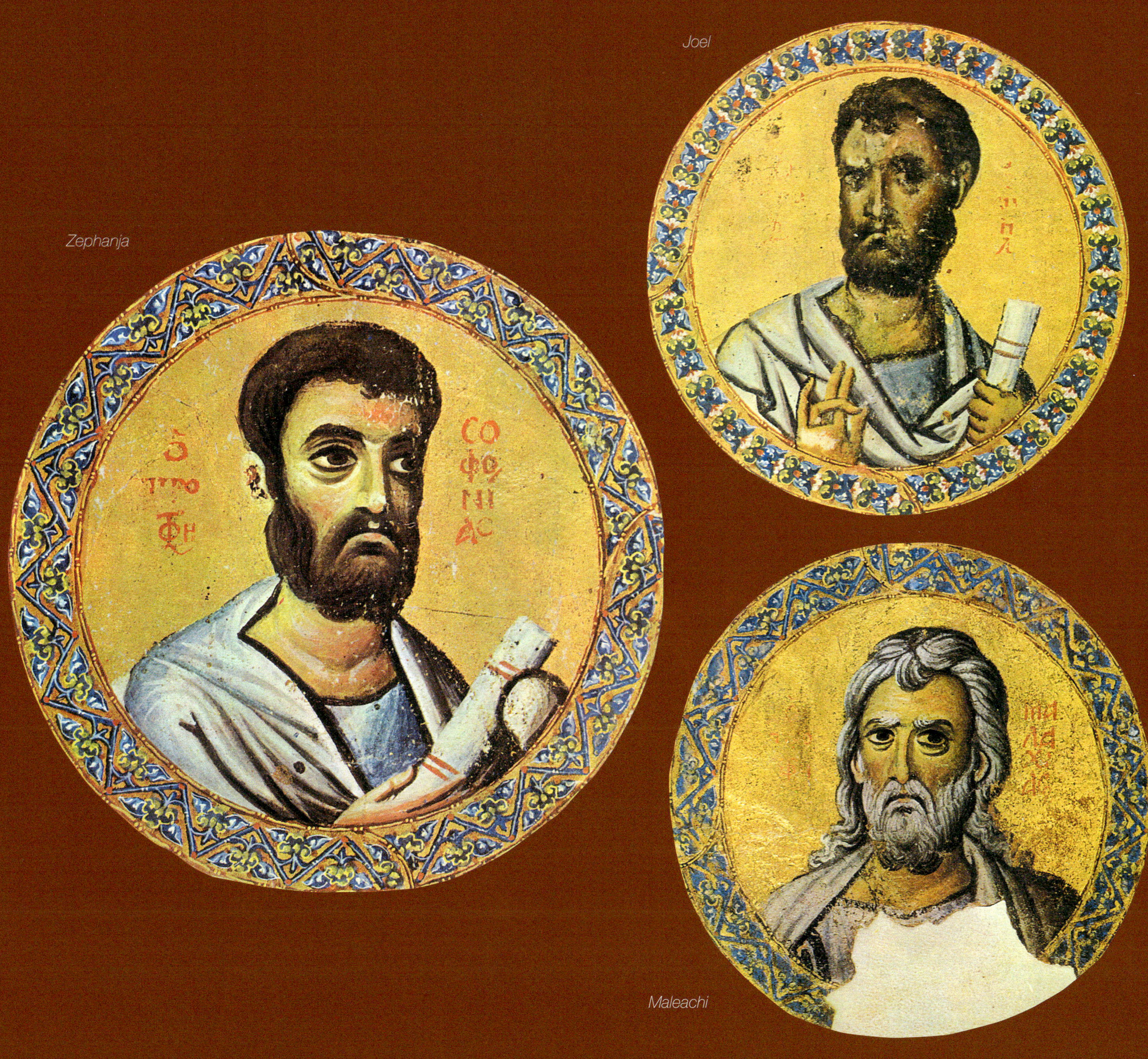

Joel

Zephanja

Maleachi

(*Fortsetzung von Seite 75*) Leben durch sanfte Modellierungen und durch den Kontrast von Licht und Schatten. Der Hintergrund erfährt eine liebevolle Behandlung. Er bleibt zwar flächenhaft, wird aber mit kräftigen Blüten und Rankenwerk, mit Paradiesbäumen, Vögeln und Bergen belebt. Er ist nicht mehr nur Kulisse, sondern durchdringt die Szene im Vordergrund, die oftmals eine bewegte Handlung oder einen Handlungsablauf schildert. Architektur rückt in die Bildmitte, wirkt aber zunächst noch als Zutat, so eine von Mauern umgebene Stadt, wie sie sich als geschlossenes Ganzes dem Blick von einem Berg darbietet. Die Architektur kann aber auch das Bild beherrschen, seinen Aufbau bestimmen. Manche Ikonen scheinen eher dem Gebäude – einer Kirche oder einem Kloster – gewidmet zu sein als den Heiligen, deren Köpfe nur an den geöffneten Fenstern erscheinen.

Der Themenkatalog hat sich erweitert. Klostergründungen und geschichtliche Ereignisse werden darstellungswürdig. So verherrlicht zum Beispiel die Ikone »Die kämpfende Kirche« die Eroberung Kasans an der Wolga, das damals die Hauptstadt der Tataren war – ein politisch wie religiös sehr bedeutsamer Sieg Iwans des Schrecklichen im Jahre 1552.

Ikonen des 16. Jahrhunderts erzählen eine Geschichte. Sie haben nicht mehr die Ruhe und Festigkeit früherer Zeiten. Das Thema wird umspielt. Der Phantasie ist ein weiter Spielraum gelassen. Allenthalben ist eine Liebe zum Detail und zum Ornamentalen spürbar.

Der größte Meister der Moskauer Schule, der russischen Ikonenmalerei überhaupt, ist Andrej Rubljew. Er gründete in späteren Jahren seine eigene Schule, die noch immer als die bedeutendste Russlands gilt. Sie blühte etwa ein Jahrhundert lang. Rubljew war Mönch im Kloster Andronikow bei Moskau. Über sein Leben wissen wir nur wenig.

Rechts: *Festtagsikone*, 18. Jh., Russland. Die abgebildete Ikone gibt die zwölf Hauptfesttage der orthodoxen Kirche in folgender Reihenfolge wieder:

1 Mariä Geburt mit Darbringung der Gaben und Waschung,
2 Einführung Mariä in den Tempel,
3 Verkündigung: Der Erzengel Gabriel bringt mit einem weiteren Engel Maria die Botschaft, dass sie einen Sohn gebären werde,
4 Christi Geburt,
5 Christus im Tempel (Darstellung),
6 Taufe im Jordan,
7 Einzug in Jerusalem,
8 Verklärung auf dem Berge Tabor. Links von Christus Elias, rechts Moses mit der Gesetzestafel. Zu Füßen Christi die drei Apostel Petrus, Jakobus und Johannes, die wie geblendet nach oben schauen,
9 Mariä Himmelfahrt,
10 Alttestamentliche Dreifaltigkeit (die drei Engel am Tische Abrahams und Sarahs),
11 Kreuzerhöhung mit Konstantin und Helena,
12 Koimesis (Entschlafen der Gottesmutter). Hinter ihr steht Christus mit ihrer Seele auf dem Arm, symbolisch als kleines Kind dargestellt. Rechts und links Apostel.
13 Anastasis: Christi Höllenfahrt und Auferstehung, das Osterbild der orthodoxen Kirche.

<table>
<tr><td>1</td><td>2</td><td>3</td><td>4</td></tr>
<tr><td>5</td><td colspan="2" rowspan="2">13</td><td>6</td></tr>
<tr><td>7</td><td>8</td></tr>
<tr><td>9</td><td>10</td><td>11</td><td>12</td></tr>
</table>

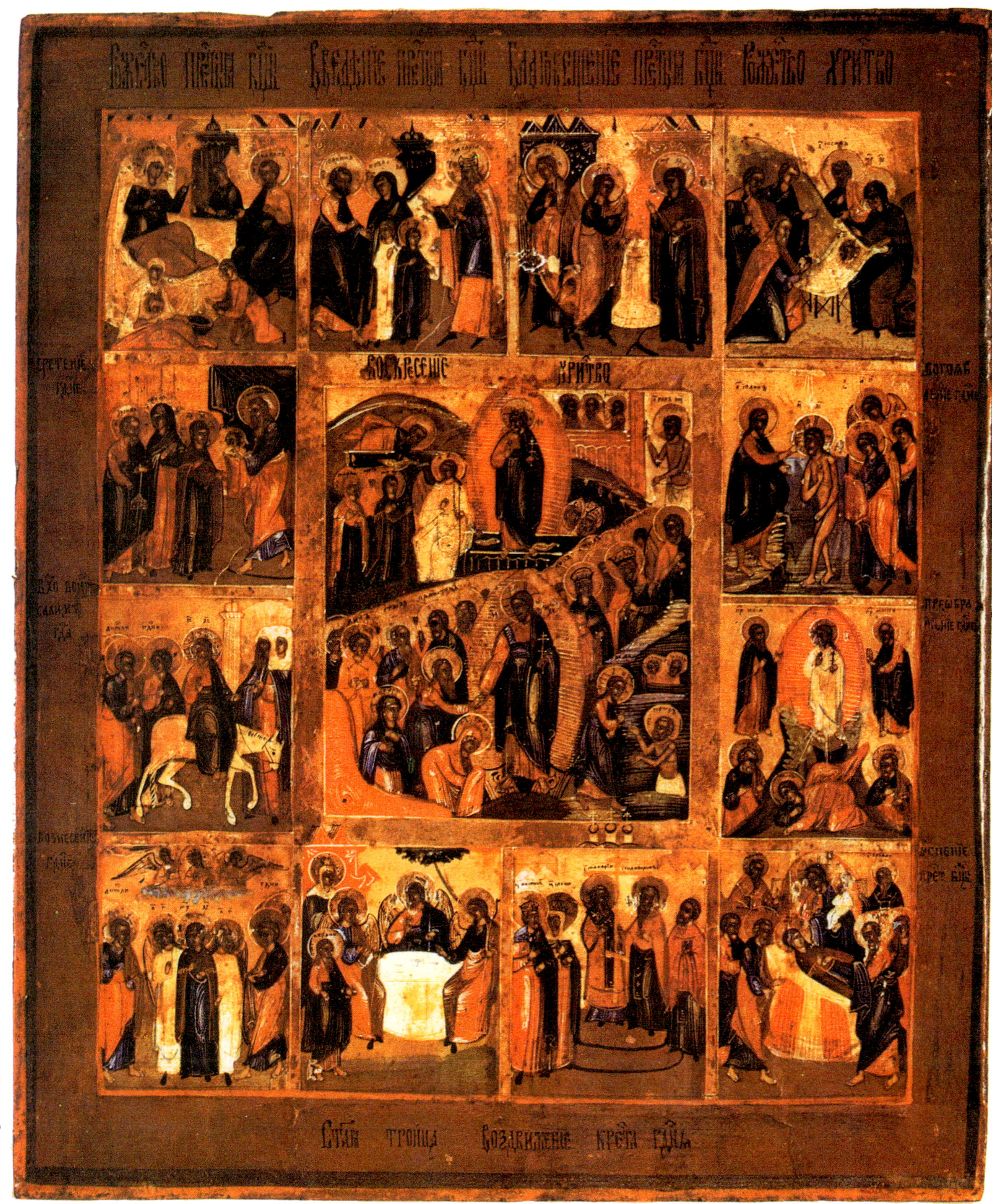

Privatsammlung Brenske, Hannover

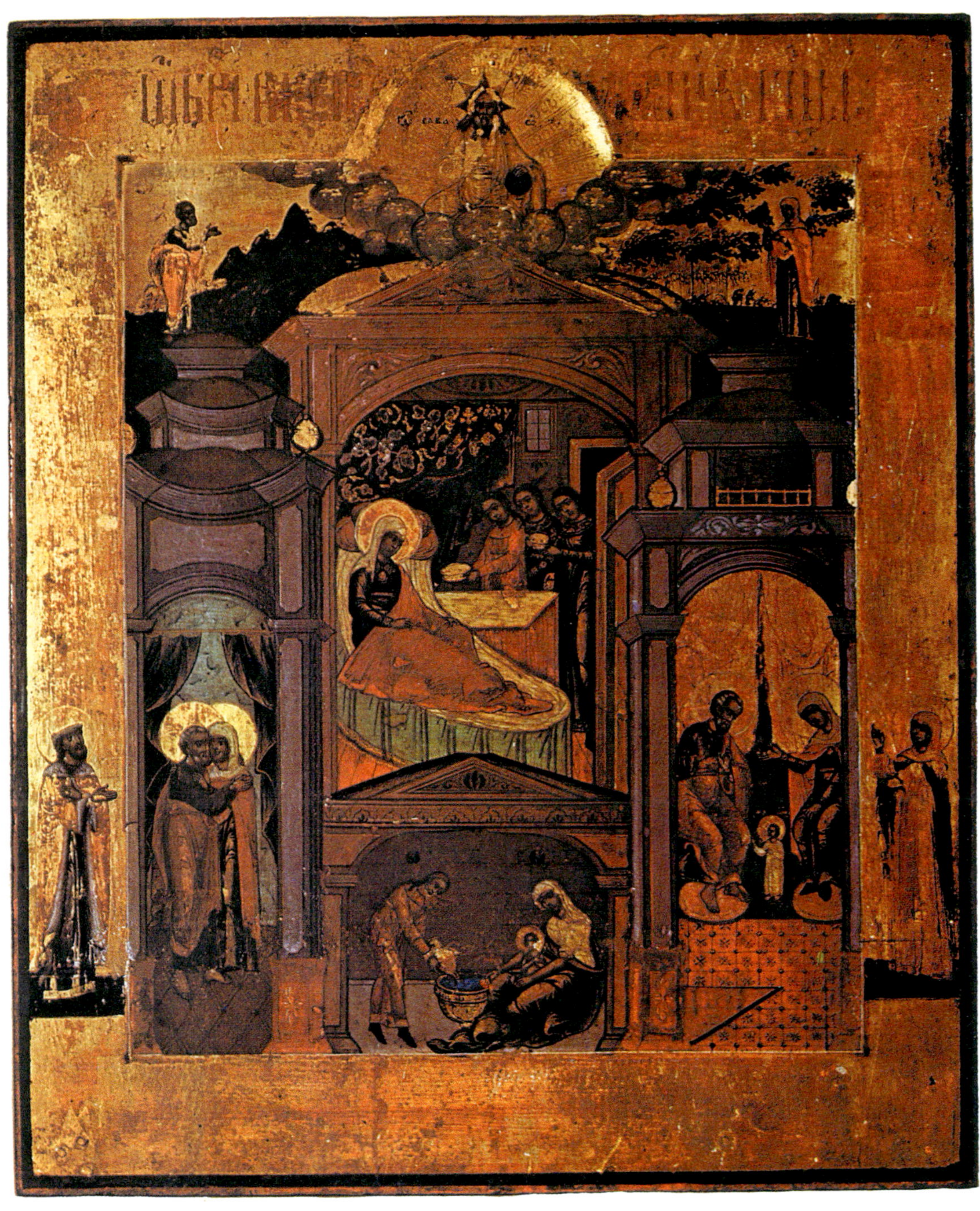

Mariä Geburt
18. Jh., Russland.
Nach orthodoxer Auffassung beginnt die Fleischwerdung des göttlichen Wortes mit der Geburt Mariä, als Ikonenthema trifft man es jedoch erst in spätbyzantinischer Zeit an. Es gehört in die erweiterte Festtagsreihe. Auf der hier abgebildeten Ikone sind die Ereignisse um die Geburt der Gottesmutter dargestellt. Links: die Eltern Anna und Joachim (Empfängnis); Mitte oben: Anna im Wochenbett, der Gaben dargebracht werden; unten: die Waschung des Kindes; rechts: Joachim und Anna mit dem Kind. Alle Szenen sind in die Architektur eingepasst, wie es für das 18. Jahrhundert typisch ist.
Privatsammlung Brenske, Hannover

Er wurde zwischen 1360 und 1370 geboren, sein Geburtsort ist bis heute unbekannt. Wir wissen auch nicht mehr, wo er bestattet wurde; seit dem 18. Jahrhundert ist sein Grabstein verschwunden. Es ist lediglich überliefert, dass er 1430 im Kloster Andronikow – heute ist hier ein Rubljew-Museum – etwa im 70. Lebensjahr gestorben ist.

Schon zu Lebzeiten war Rubljew im Moskauer Raum ein bekannter und hochangesehener Maler. Viele sahen in ihm einen Heiligen. Nach seinem Tode breitete sich sein Ruhm über ganz Russland aus, und um sein Leben bildeten sich viele Legenden. Später wurde Rubljew heilig gesprochen.

Uns gilt er heute als der Ikonenmaler, der in vollendeter, nie wieder erreichter Weise byzantinische Tradition mit russischen Eigenarten verband.

Der russischen Forschung sind mehrere Ikonen bekannt, die von Rubljews Hand stammen sollen. Sein reifstes Werk ist wohl die Dreifaltigkeitsikone.

Von dem Abt Nikon Radonetzkij erhielt Rubljew vermutlich um 1411 den Auftrag, für die Dreifaltigkeitskirche des Sergiusklosters nahe Moskau eine Ikone zur Erinnerung an den heiligen Sergius, den Begründer des Klosters, zu malen.

Thema der Rubljew-Ikone (vgl. Seite 32f) ist das Gastmahl bei Abraham, wie es im 1. Buch Mose, Kapitel 18, beschrieben ist:

»Und der Herr erschien ihm im Hain Mamre, während er an der Tür seiner Hütte saß, als der Tag am heißesten war. Und als er seine Augen aufhob und sah, siehe, da standen drei Männer vor ihm. Und als er sie sah, lief er ihnen entgegen von der Tür seines Zeltes und neigte sich zur Erde und sprach: ›Herr, hab ich Gnade gefunden vor deinen Augen, so geh nicht an deinem Knecht vorüber. Man soll euch ein wenig Wasser bringen, eure Füße zu waschen, und lasst euch nieder unter dem Baum. Und ich will euch einen Bissen Brot bringen …‹«

Kompositionsprinzip des Rubljew'schen Bildes ist die geschlossene Kreislinie, die von den Köpfen der Engel über ihre Rücken zu den aufeinander zustrebenden Kanten der Fußbänke und den Fußspitzen der Engel verläuft. Etwas rechts von der absoluten Bildmitte steht der Abendmahlskelch, Symbol für das Opfer Christi.

Rubljew wählte dieses Kompositionsprinzip aus gutem Grund: Es entspricht dem Kreislauf der Trinität, der Lehre von Gott, der dem Wesen nach Einer ist, aber dreifaltig in den Personen Vater, Sohn und Heiliger Geist.

Nach orthodoxer Auffassung ist Gott der alleinige Ursprung des Sohnes und des Heiligen Geistes. Der Heilige Geist geht aus von Gottvater durch den Sohn.

Das Gastmahl bei Abraham – auf vielen Ikonen kommen Abraham und seine Frau Sarah hinzu und bewirten die Gäste – ist ein Vorgriff auf die Zukunft. Es geht um ein Gespräch oder um

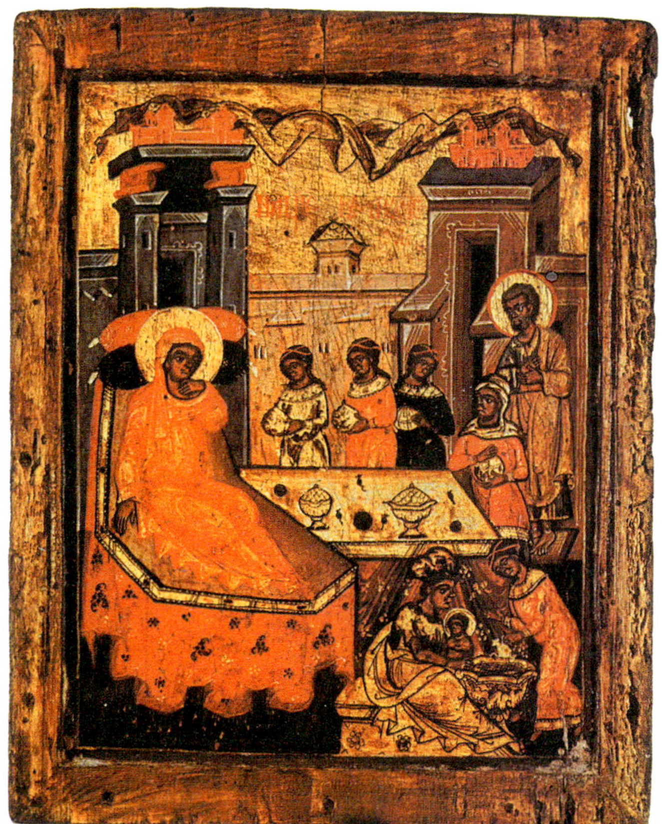

Mariä Geburt
17. Jh., Balkan.
Links Anna im Wochenbett; rechts ihr Mann Joachim; zu ihren Füßen die Waschung des Kindes.
Privatsammlung Brenske, Hannover

den Beschluss über die Menschwerdung Christi und sein Opfer für die Erlösung der Menschheit.

Für die Ostkirche gilt die alttestamentliche Szene als Bild der Trinität, das häufig auch dazu dient, das Pfingstfest zu versinnbildlichen. Der Trinität in der abendländischen Kirche liegt die Beschreibung im Neuen Testament, Psalm 110, zugrunde.

Von Theologen und Kunsthistorikern gibt es alle drei möglichen Deutungen, welcher Engel auf der Rubljew'schen Dreifaltigkeitsikone welche Idee oder Gestalt verkörpert. Keine Theorie ist ganz schlüssig.

Wollte man der Farbsymbolik folgen, könnten die dezenten, unbestimmbaren Farben des Gewandes, das der linke Engel trägt, auf Gott hinweisen, dessen Wesen unbestimmbar ist. Die mittlere Gestalt könnte Christus verkörpern: Sein Untergewand ist purpurfarben, sein Mantel leuchtend blau. Diese beiden Farben symbolisieren im Allgemeinen Göttliches und Menschliches in einer Person vereint. Das Grün am Gewand des

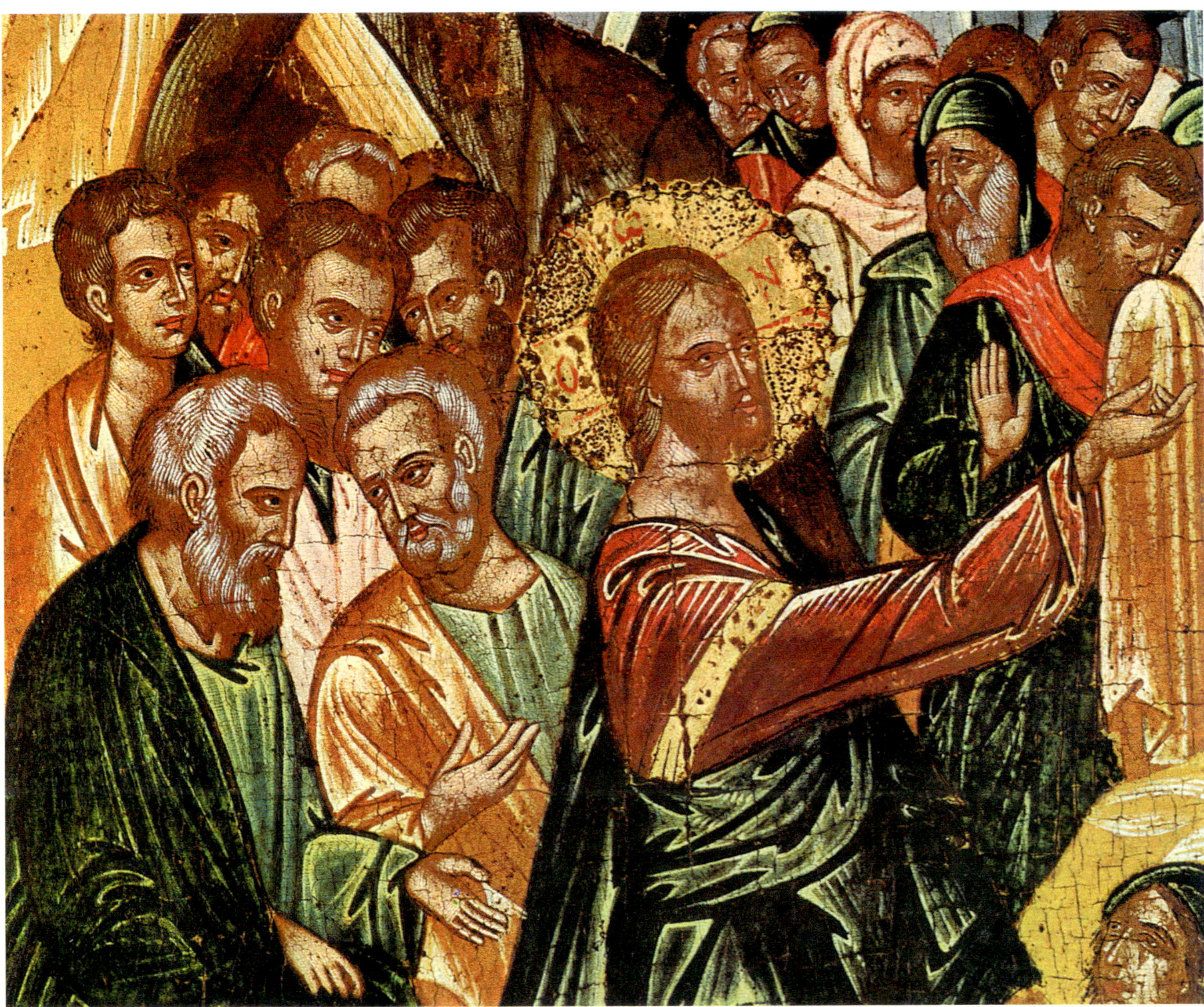

Christus mit Aposteln (Ausschnitt aus der *»Erweckung des Lazarus«*), Ende 17. Jh., griechische Schule. Diese griechische Ikone ist ein Beispiel dafür, wie sich unter dem Einfluss westlicher Kunst religiöser Stimmungsgehalt und seelischer Ausdruck gewandelt haben. Die Figuren sind in Haltung und Gebärden deutlich aufeinander bezogen und haben körperliches Volumen. Das Bild ist auf Tiefenwirkung angelegt.

rechten Engels könnte das »Junge und ewig Werdende« symbolisieren.

Aber andere Deutungen, die zum Beispiel von der Gestik der Engel oder ihrem Gesichtsausdruck ausgehen, haben ebenso viel für sich.

Ganz verhalten ist die Sprache der Gebärden. Die Gesten sind auf den Kelch in der Mitte, auf das zentrale Thema ihres Gesprächs, bezogen. Unkörperlich und schwerelos wirken die schlanken Gestalten. Kaum sichtbar sind die Stäbe, die sie ganz leicht in ihrer Hand halten. Obwohl die Engel sitzend dargestellt sind, scheinen sie zu schweben. Sie gehören einer anderen Welt an, sind aus dem transzendenten Raum gekommen.

Der Raum des Bildes ist nur zweidimensional. Wenngleich der mittlere Engel hinter dem Tisch sitzt und die zwei übrigen davor, scheinen sich alle drei in einer Ebene zu befinden. Auf Tiefenwirkung hat Rubljew völlig verzichtet. Auch Abrahams Hütte links oben im Bild ordnet sich in die Zweidimensionalität ein.

Lichte, verhaltene Farbtöne herrschen vor: helles Blau, zartes Grün in den verschiedensten Schattierungen, sanfte Rotgelbtöne und eine Reihe von Ocker- und Brauntönen.

»Rubljew scheint seine Farben nicht bei grellem Sonnenlicht ausgewählt zu haben«, so heißt es in einer russischen Chronik über die Wahl seiner Farben, »sondern an einem hellen Sommertag mit verfließendem Licht, wenn die verborgensten und feinsten Schattierungen der Dinge sich gleichsam aufhellen und in zartem Gleichklang zu schimmern beginnen.«

Die Gestalten sind silhouettenhaft und klar gezeichnet. Bald schwingen die Linien weich und großbogig, bald sind sie kantig und stoßen scharf aufeinander oder werden als Schraffuren gebündelt.

Mit nur wenigen Strichen ist das Charakteristische der Gesichter erfasst, die alle demselben Typus angehören.

Auffallend und für Rubljew charakteristisch ist die starke Neigung der Köpfe. Doch trotz dieser extremen Bewegung ist das Bildgeschehen bewegungs- und handlungslos gesehen.

Die Dreifaltigkeitsikone wurde erst 1904 unter einem großen Oklad entdeckt, einer Verkleidung aus Gold und Silber, besetzt mit Email, Perlen und Edelsteinen.

Nur die Gesichter, Hände und Füße der Engel waren ausgespart. Als 1918/19 im Zuge staatlicher Restaurierungsarbeiten die planmäßige Erforschung aller Werke Rubljews angeordnet

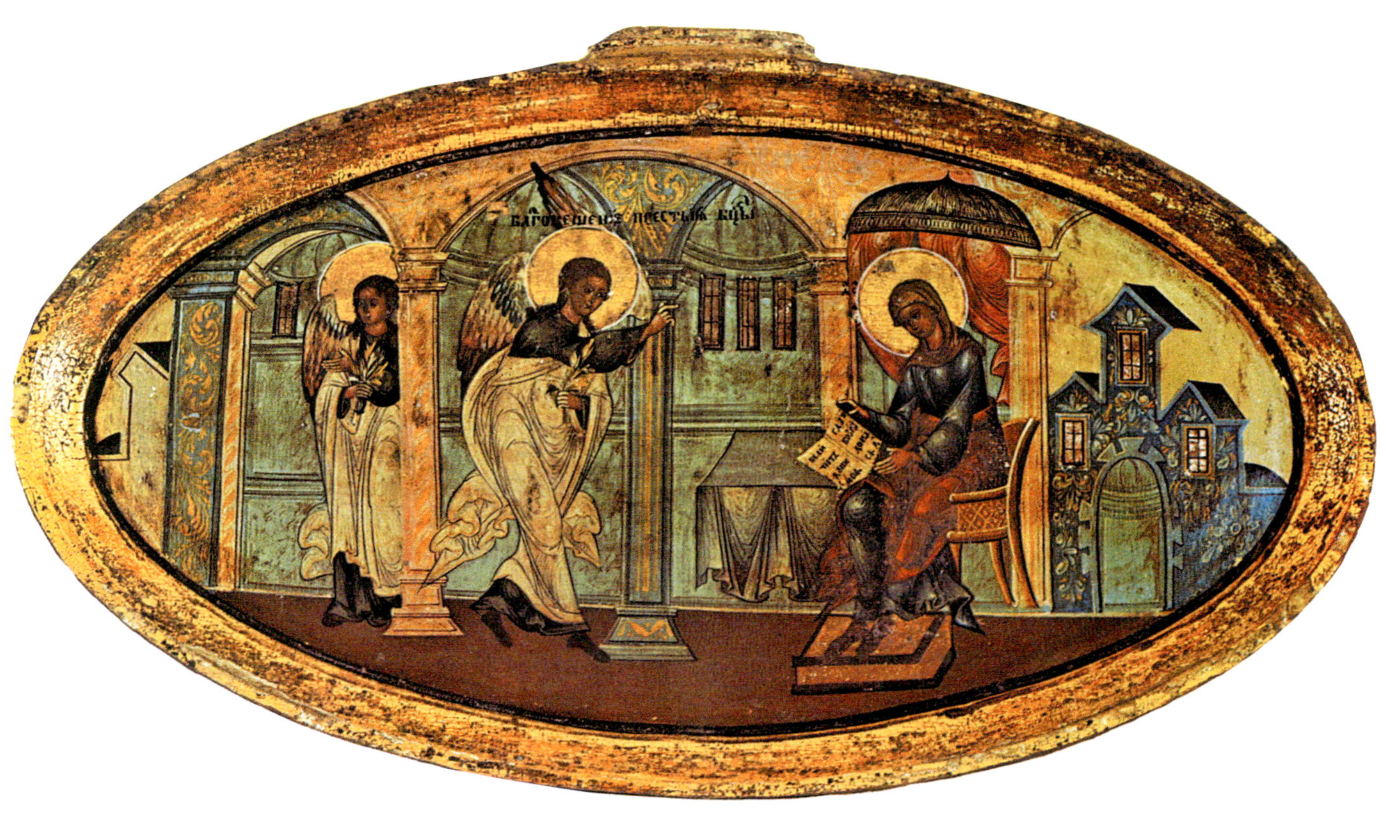

Mariä Verkündigung, ovale Festtagsikone, 18. Jh., Russland.
Maria liest, unter einem Baldachin sitzend, in der Heiligen Schrift. Sie empfängt von Gabriel, den ein Engel begleitet, die Botschaft: »Du hast Gnade bei Gott gefunden! Du wirst schwanger werden und einen Sohn zur Welt bringen. Den sollst du Jesus nennen.« (Lukas 1 , 26–38.)
Der rote Vorhang verweist nach der Tradition darauf, dass die Szene in einem Innenraum spielt. Zugleich ist auf die Deutung als Vorhang im Tempel Salomonis angespielt (Maria als Dienerin im Tempel des Herrn). Große Sorgfalt wurde bei dieser Ikone auf die architektonische Ausgestaltung des Schauplatzes verwendet.
Privatsammlung Brenske, Hannover

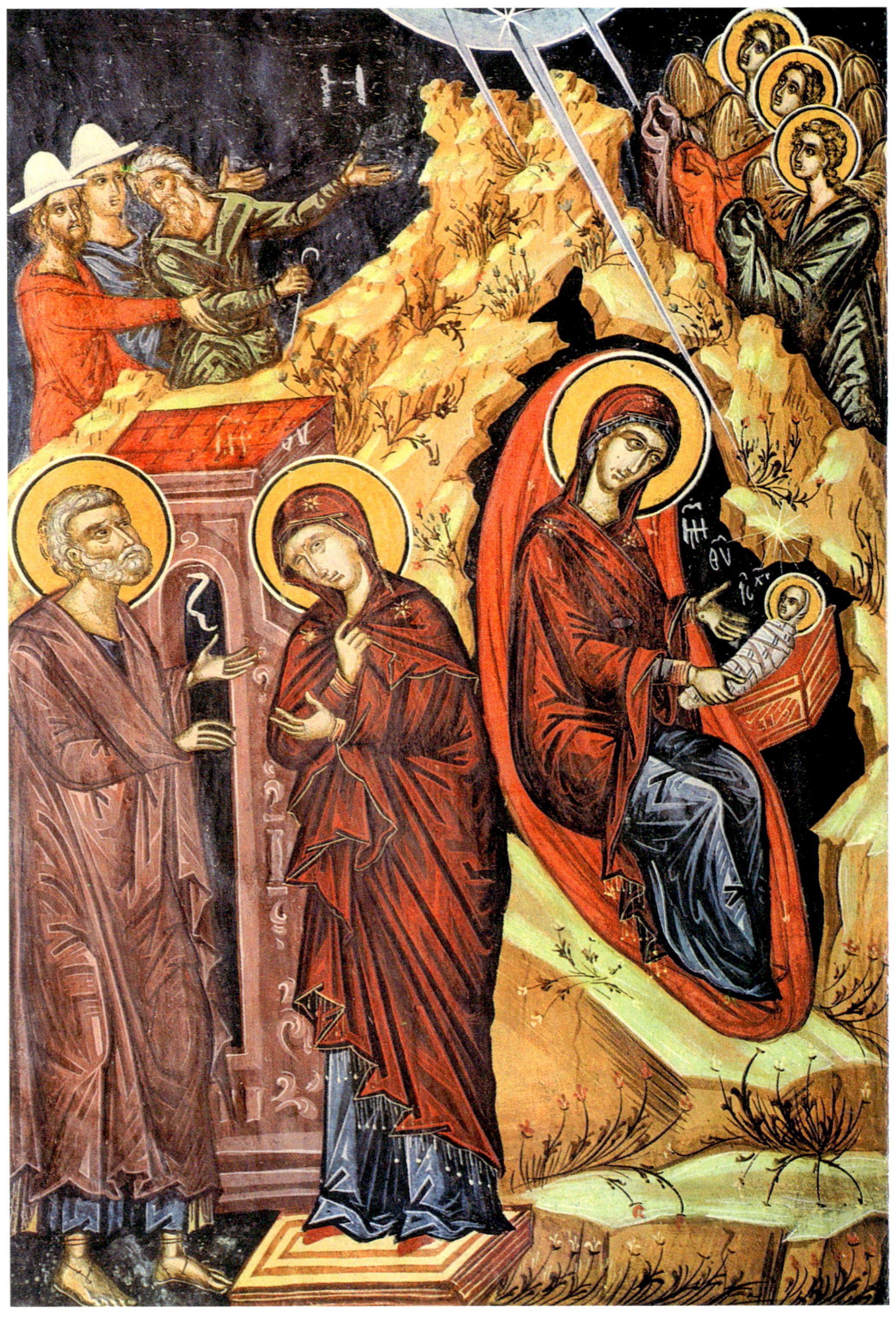

Christi Geburt, Fresko, Mitte 17. Jh., Kloster des Hl. Nicolaos Spanos, Ioannina (Griechenland). Rechts in der Grotte Maria mit dem Kind, über ihnen drei Engel, die ihre Hände mit Tüchern verhüllen. Auf der anderen Seite der Bergterrasse nähern sich die Drei Magier. links Maria und Josef.

wurde, befreite man die Dreifaltigkeitsikone von verschiedenen Übermalungen des 17. und 18. Jahrhunderts. Nur die Übermalung des Baumes, der den Hain Mamre symbolisiert, ließ man stehen, da an dieser Stelle die Rubljewsche Malerei zerstört war.

Das Original befindet sich heute in der Tretjakow-Galerie in Moskau. An seinen Platz in der Dreifaltigkeitskirche im Sergiuskloster trat eine Kopie des Werkes.

Als die berühmte Wladimirskaja 1395 von Wladimir über Susdal nach Moskau kam, suchte man Ersatz für das alte Gnadenbild, das einst der Schutz Kiews gewesen war. Von den zahlreichen Muttergottesikonen dieses Typs, die in den nächsten Jahrhunderten gemalt wurden, soll eine der schönsten von Rubljew stammen. Ob wir je den Beweis dafür erhalten werden, ist sehr zweifelhaft.

Vermutlich stammen auch einige Ikonen mit Darstellungen von Christus, Johannes und Paulus, die früher zur Hauptbildreihe der Ikonostase in der Mariä-Himmelfahrts-Kathedrale in Wladimir gehörten, von Rubljew selbst, und andere der gleichen Ikonostase wurden von seinen Schülern gemalt nach Umrissen, die der Meister selbst zeichnete. Man hatte sie in der Umgegend von Wladimir als Einzelikonen an Privatleute verkauft, als die Kathedrale eine neue Ikonostase erhielt, und erst später bei der Suche nach Rubljew-Ikonen wiedergefunden. Rubljews Tafeln sind mehr als 3,10 Meter hoch. Sie haben größere Ausmaße als die, die Feofan Grek für die Ikonostase in Moskau schuf.

Um 1400 war Rubljew in Zwenigorod tätig. Hier sind wahrscheinlich die ersten Arbeiten entstanden – oder die ersten, von denen wir wissen –, mit denen er sich aus dem Einfluss seines großen Lehrers Feofan Grek löst, darunter die Ikone mit den Erzengel Michael.

Die Fresken in der Mariä-Himmelfahrts-Kathedrale, die er um 1408 zusammen mit dem Maler Daniel schuf, sind inzwischen freigelegt.

Rubljew fand viele Nachahmer. Es wurde Mode, so zu malen wie er. Darum ist es nicht immer leicht, Rubljews Handschrift auf neu entdeckten Ikonen, die etwa in seinen Umkreis gehören, genau zu erkennen. Noch ein Jahrhundert später empfahl Iwan IV. in einer staatlichen Verordnung, Ikonen so zu malen, »wie sie Rubljew und die anderen berühmten Maler geschaffen haben«.

Die Schule des Dionysios, des zweiten großen Meisters dieser Zeit in Moskau, währte nur etwa ein halbes Jahrhundert, von etwa 1500 bis 1550. Von seinen Fresken ist uns ein ganzer Zyklus im Ferapontow-Kloster nahe dem Onegasee erhalten. Es gilt als sicher, dass er auch noch weitere Kirchen in und um Moskau ausgemalt hat.

Von seinen Ikonen sind nur wenige übriggeblieben. Sie befinden sich in Moskauer und Nowgoroder Museen.

Dionysios steht ganz in der Nachfolge Rubljews. Symmetrie bestimmt seine Bildkomposition, und auch er kombiniert auf vollendete Weise Zeichnerisches mit Malerischem, feinste Linienführung mit erlesener Farbgebung. Seine Figuren sind jedoch noch länger gestreckt, wirken noch körperloser und vergeistigter als die Rubljews. Auffallend ist, dass die Gesichtszüge kaum aus dem Dunkel des Gesichts hervortreten.

Neben gedämpften Farben bevorzugt Dionysios leuchtendes Violett, sattes Grün, grelles Türkis, Kirschrot und warme Gelb-Braun-Rot-Töne. Wenn Lichtreflexe vorkommen, sind sie äußerst fein verteilt. Das drapierte Gewand des Johannes auf einer »Kreuzigung« zeigt zum Beispiel ein ständiges Wechselspiel von Violett und hellen Lichtflecken und erhält dadurch changierende Effekte. Dionysios' Farben sind im Allgemeinen kräftiger und klarer als die zarten, transparenten des Rubljew.

Auch für Dionysios ist Harmonie oberstes Gestaltungsprinzip.

Im 16. Jahrhundert erhalten die Ikonen der Moskauer Schule eine gewisse elegante Glätte. Die ovalen Gesichter sind zwar plastisch gesehen, wirken aber dennoch leblos. Die stilisierten Gesichter, die langen Gestalten mit schlanken zarten Händen geben den Ikonen höfischen Charakter.

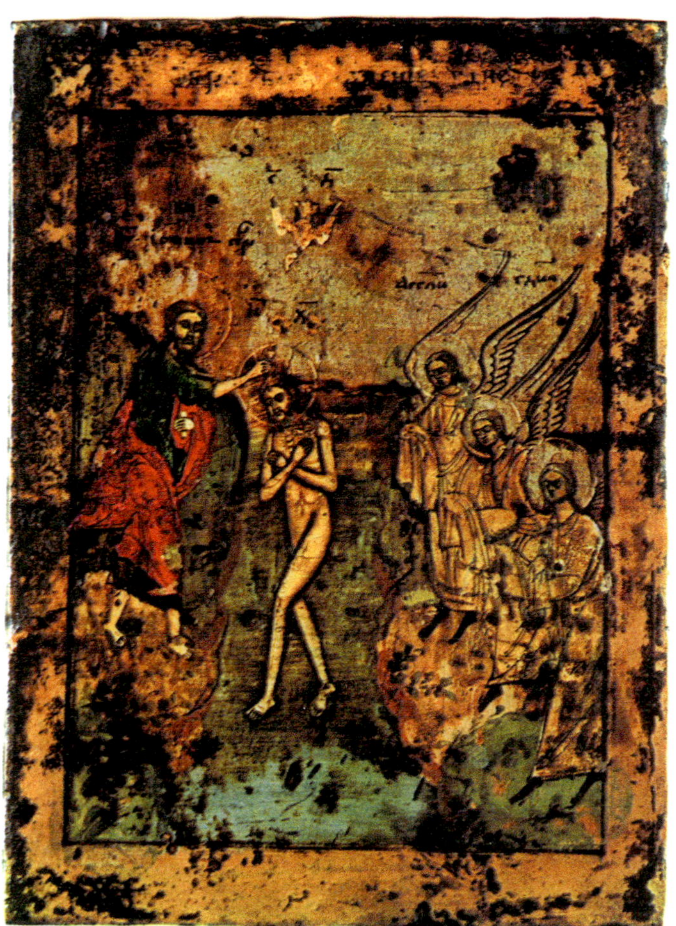

Taufe Christi im Jordan
russische Festtagsikone, 17. Jh.
Johannes der Vorläufer tauft den im Jordan stehenden Christus, über beiden schwebt die Taube des Heiligen Geistes. Charakteristisch für die Darstellung dieser Begebenheit auf Ikonen sind die drei Engelsgestalten, die mit verhüllten Händen der Taufe beiwohnen. Sie erfüllen die Aufgabe von Diakonen. In den Texten der Evangelisten sind sie nicht erwähnt.
Privatsammlung Brenske, Hannover

Die Aussage der Bilder tritt zurück hinter formale Prinzipien. Alles Zeichnerische wird stark betont. Verwirrend sind die vielen Falten der Gewänder, die aber durch Bündelungen daran gehindert werden, frei und locker zu fallen. Alle Farben bleiben gedämpft. Scharfe Kontraste und Akzentuierungen sind vermieden. Auch die bizarren Bergspitzen und Terrassen im Hintergrund verlieren ihre Schärfe.

Die Figuren sind im Ganzen gesehen ohne Körperlichkeit und Volumen, leicht und schwebend, einige Körperstellen dagegen, etwa die Knie des thronenden Christus oder die Beine stehender Figuren, sind außerordentlich stark herausmodelliert.

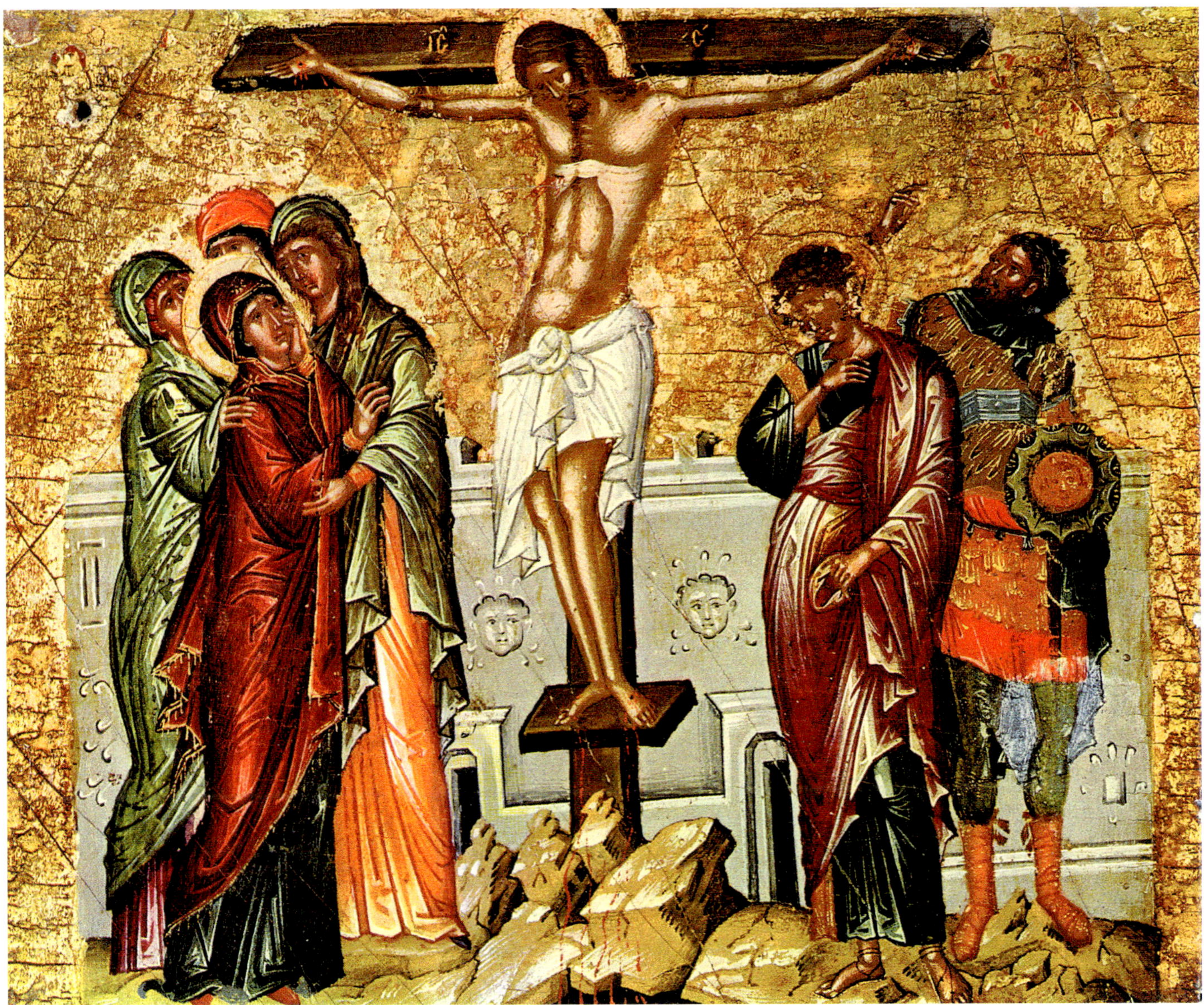

Kreuzigung Christi (Ausschnitt) 17. Jh., kretische Schule. Christus am Kreuz mit Maria, Johannes und Longinus. Die trauernde Maria wird von drei Klageweibern gestützt – gewöhnlich werden statt dessen Maria mit Martha und Maria Magdalena, die so genannten drei Marien, dargestellt.

In dieser Zeit finden sich in der Moskauer Malerei viele Züge des byzantinischen Manierismus wieder.

Eine sorgfältige Behandlung der Details zeigt sich vor allem auch an der Ornamentik. Ranken aus Blüten und Blättern greifen vom Ikonenrand auf die Bildfläche über und füllen den ganzen Hintergrund und den Nimbus der Heiligen aus.

Dass so viele westeuropäische Stilelemente einfließen, macht die Krise der Ikonenmaler deutlich. Es ist große Unsicherheit entstanden, eine späte Reaktion auf den Untergang des oströmischen Reiches. Fast ein Jahrhundert lang hatte man von der byzantinischen Ikonenmalerei gezehrt, sie bildete das Fundament. Nun kommt kein Nachschub mehr, und man sucht nach neuen Inhalten, Ausdrucksmöglichkeiten und Formen.

Um den Auflösungserscheinungen in der Ikonenmalerei entgegen zu wirken, wurden 1551 auf der so genannten Hundert-Kapitel-Synode die Regeln für das Ikonenmalen neu festgelegt. Ein ganzes Kapitel ist ihnen gewidmet.

»Gemäß den Befehlen des Zaren sollen in der Hauptstadt Moskau und in allen Städten der Metropolit, die Erzbischöfe und Bischöfe die Ausübung des Gottesdienstes und vor allem die

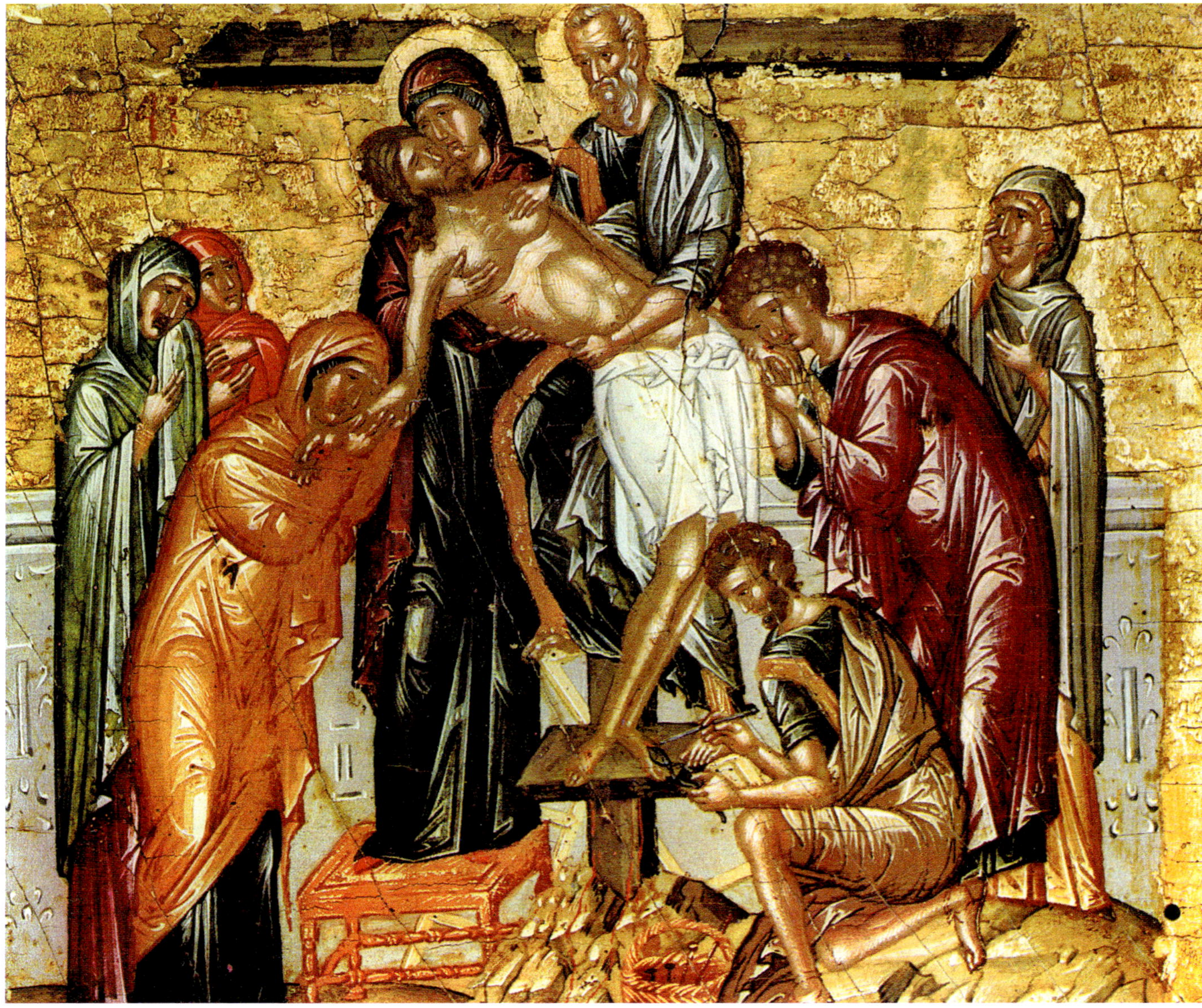

Kreuzabnahme (Ausschnitt)
Ikone, 17. Jh., kretische Schule. Im Johannes-Evangelium ist beschrieben, wie Nikodemus die Nägel aus den Füßen Christi löst, während Joseph von Arimathia den Körper vom Kreuz abnimmt. So ist die Szene auch auf Ikonen wiedergegeben. Christus sinkt in die Arme von Maria, die ihn mit beiden Händen umfängt. Maria Magdalena (links) hat den rechten Arm des Herrn ergriffen. Sein Lieblingsjünger Johannes steht leidgebeugt auf der rechten Seite und hält Christi linke Hand. Drei Klageweiber nehmen an dem Geschehen teil. Die Verbindung von Statik und Dynamik ist für den Stil dieser Ikone wie überhaupt für diese Zeit besonders charakteristisch. Das Thema gehört zur erweiterten Festtagsreihe.

heiligen Ikonenmaler überwachen und sich vergewissern, dass alles im Einklang mit den heiligen Vorschriften ist. Sie sollen die Aufgaben der Ikonenmaler bestimmen und sollen ihnen sagen, nach welchen Regeln sie die fleischliche Erscheinung Gottes des Herrn Jesu Christi, unseres Erlösers, seiner allerreinsten Mutter, der himmlischen Mächte und aller Heiligen, die zu allen Zeiten Gott wohlgefallen haben, malen sollen.«

Er soll mit gewissenhafter Sorgfalt vorgehen, heißt es dann weiter, »die Augen auf die Werke der älteren Maler gerichtet. Wenn diese, unsere zeitgenössischen Maler getreulich nach den Anleitungen leben, die man ihnen gegeben hat, wenn sie mit Sorgfalt dieses Gott wohlgefällige Werk erfüllen, werden sie vom Zaren belohnt werden, und die Kirchenfürsten werden über ihnen wachen und ihnen mehr Achtung erweisen als den gewöhnlichen Menschen.«

Und an anderer Stelle heißt es: »Denen, die bis heute Ikonen ohne Kunst, nach ihrer Phantasie und auf ihre Weise, ohne Sorgfalt und Ähnlichkeit gemalt haben, soll man ihre Werke wegnehmen und diese zu Schleuderpreisen an einfache und unwissende Leute in den Dörfern verkaufen. (*Fortsetzung auf Seite 92*)

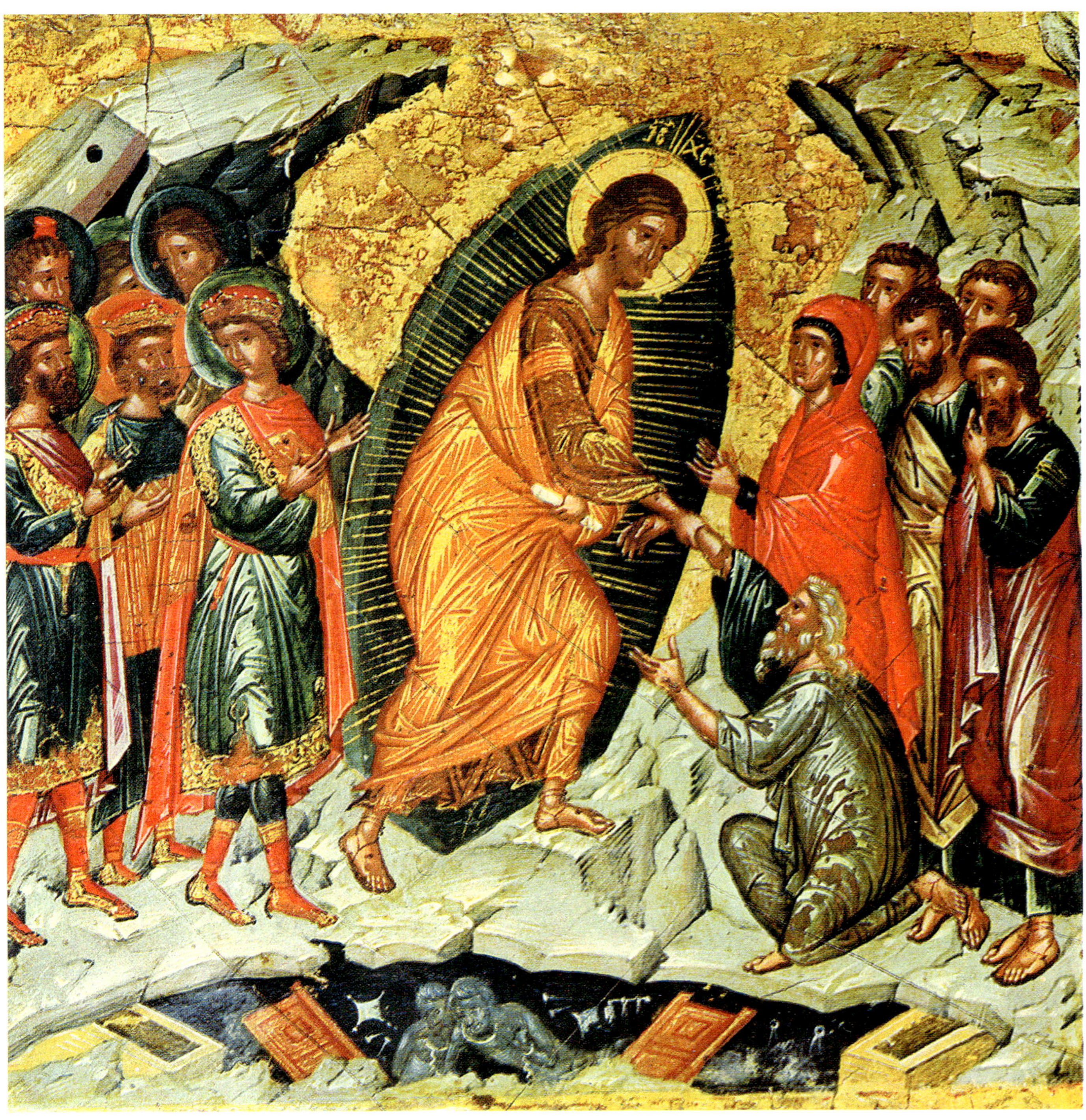

Höllenfahrt Christi und Auferstehung (Anastasis)
Ikone der kretischen Schule, 17. Jh.
Das Osterbild der Ostkirche berichtet von dem Aufenthalt Christi in der Hölle unmittelbar nach seinem Tode. Christus steht auf den zerbrochenen Toren der Hölle, umgeben von einer spitzovalen Aureole, die seine Macht und Herrschaft über den Kosmos symbolisiert. In der Hand trägt er eine Schriftrolle. Er erfasst den rechten Arm des vor ihm niederknienden Adam. Eva streckt ihm ihre Hände entgegen. Links von Christus die alttestamentlichen Könige David und Salomon, beide mit Kronen, hinter ihnen der »ewige Schächer«, der neben Christus gekreuzigt wurde und als Erster ins Paradies kam. Der Abstieg zur Hölle ist für Christus die größte Erniedrigung, aber auch der Anfang seiner Herrlichkeit. Dadurch öffnet er den Menschen die Tore zum Himmel. Nach dem Heilsplan werden nicht nur die Voreltern und Gerechten des Alten Testaments errettet, sondern die gesamte Menschheit überwindet den Tod.

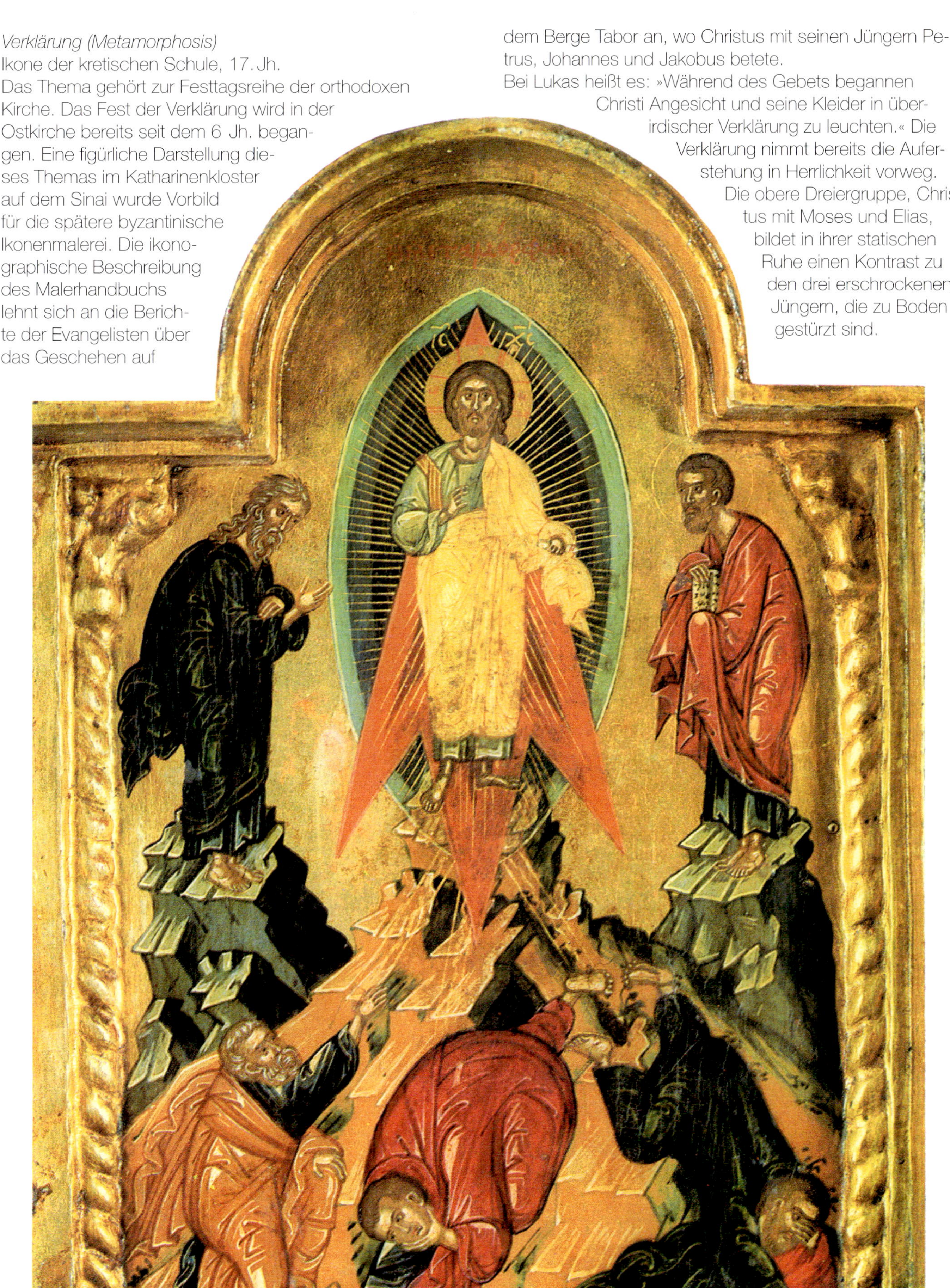

Verklärung (Metamorphosis)
Ikone der kretischen Schule, 17. Jh.
Das Thema gehört zur Festtagsreihe der orthodoxen Kirche. Das Fest der Verklärung wird in der Ostkirche bereits seit dem 6. Jh. begangen. Eine figürliche Darstellung dieses Themas im Katharinenkloster auf dem Sinai wurde Vorbild für die spätere byzantinische Ikonenmalerei. Die ikonographische Beschreibung des Malerhandbuchs lehnt sich an die Berichte der Evangelisten über das Geschehen auf dem Berge Tabor an, wo Christus mit seinen Jüngern Petrus, Johannes und Jakobus betete.
Bei Lukas heißt es: »Während des Gebets begannen Christi Angesicht und seine Kleider in überirdischer Verklärung zu leuchten.« Die Verklärung nimmt bereits die Auferstehung in Herrlichkeit vorweg. Die obere Dreiergruppe, Christus mit Moses und Elias, bildet in ihrer statischen Ruhe einen Kontrast zu den drei erschrockenen Jüngern, die zu Boden gestürzt sind.

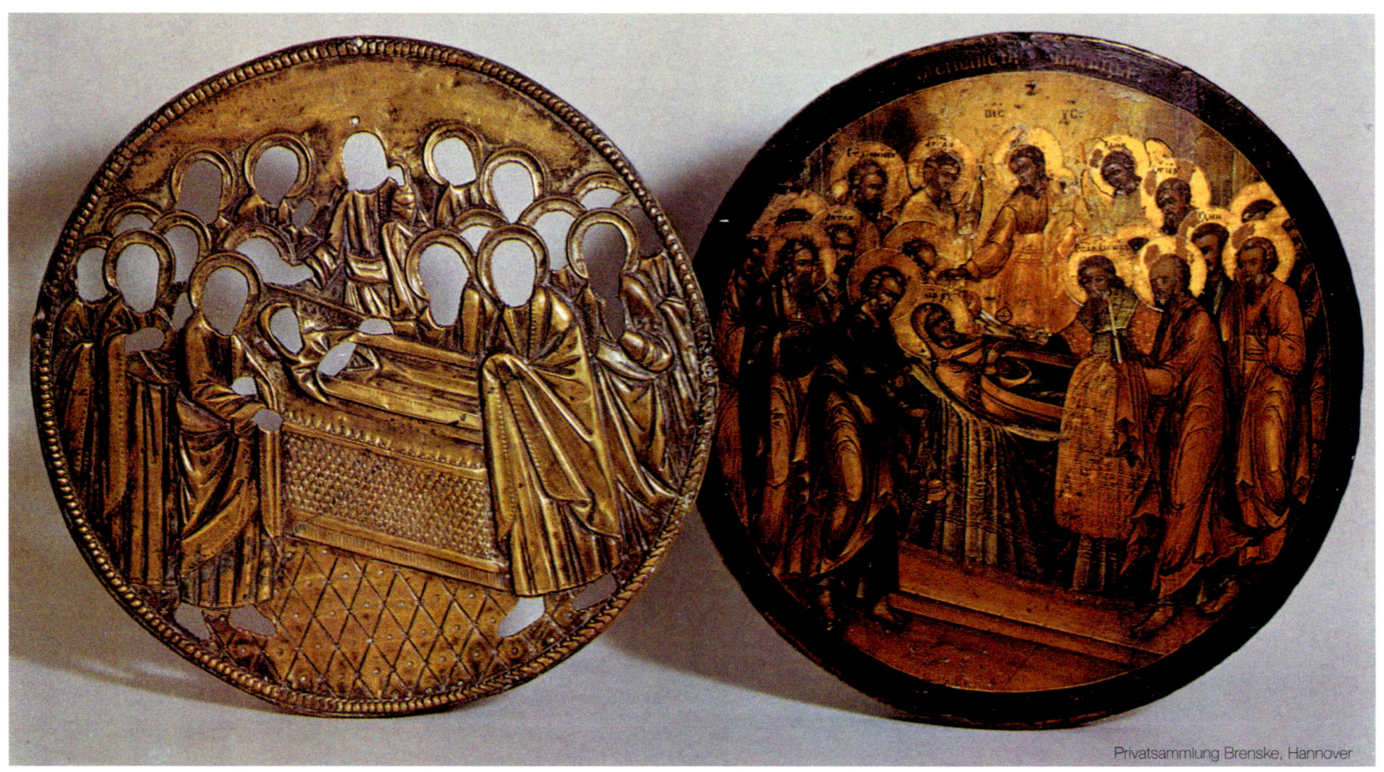

Tod Mariä (Koimesis)
Rundikone mit Oklad, 18. Jh., Russland.
Die Koimesis ist ein Hauptfesttag der orthodoxen Kirche (15. August); meist beschließt eine Koimesis-Ikone den Zyklus der Festtage. Einzelheiten über den Tod der Gottesmutter finden sich nicht im Neuen Testament, sondern in den apokryphen Schriften, denen die Ikonenmaler viele Themen entnahmen. Dem Entschlafen der Gottesmutter wohnen die Apostel bei, die aus aller Welt herangeeilt sind. Hinter dem Sterbelager steht Christus mit der Seele der Gottesmutter im Arm, einem in weiße Tücher gewickelten kleinen Kind.

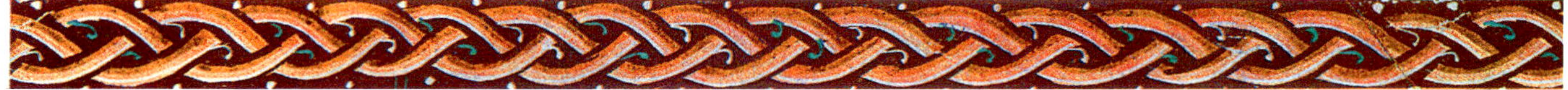

(Fortsetzung von Seite 89) Deren Maler aber soll aufgefordert werden, bei geübten Meistern Unterricht zu nehmen. Jeder, der dank der Gnade Gottes malen, die Form und Ähnliches wiedergeben kann, der soll malen. Wem aber Gott diese Gabe versagt hat, dem soll man das Malen von Ikonen verbieten, damit er nicht durch seine Ungeschicklichkeit Gott beleidige. Das Bild Gottes darf nicht denen überlassen werden, die es entstellen und entehren.«

Doch diese Idealvorstellung vom Malen der Ikonen ließ sich in dieser Zeit nur noch schwer durchsetzen. Mit steigendem Wohlstand stieg auch der Bedarf an Ikonen, und die privaten Auftraggeber hatten ihre eigenen Wünsche. Sie bevorzugten Bilder, die einen Handlungsablauf schilderten. Für solche erzählenden Ikonen gab es keine byzantinischen Vorlagen, und der Geschmack des Malers oder Auftraggebers entschied über die Gestaltung des Bildes. Diese Ikonen sind nicht Abbilder von Urbildern und daher auch keine Kultbilder mehr, sondern eher als Raumschmuck gedacht.

Ikonenthemen

Viele Hauptthemen und -motive der Ikonen gehen auf – zumeist legendäre – Urbilder zurück. Im Laufe der Jahrhunderte entstehen Variationen der alten Themen, es formen sich neue Typen. Geschichtliche Ereignisse und historische Persönlichkeiten, die sich durch besondere Leistungen für den Glauben ausgezeichnet haben und heilig gesprochen wurden, liefern neue Themen.

Die besten Erläuterungen zu Inhalt und Gehalt vieler Ikonenthemen liefert uns die Bibel. Für die Gläubigen der Ostkirche, die die Heilige Schrift gut kannten, war der Sinn des Dargestellten eindeutig und klar. Und so waren Ikonen ja auch gemeint: Jeder, der ein heiliges Bild betrachtete, sollte mit einem Blick den Inhalt erfassen können – und sich getroffen fühlen. Daher mag sich auch die eigentümliche Starre der Themenbehandlung und die eindringliche Darstellung des Geschehens, das ganz in den Vordergrund gerückt ist, erklären. Erst später widmet man auch dem Hintergrund Aufmerksamkeit und bezieht ihn in das Bildgeschehen ein. Doch selbst in Zeiten großer Schmuckfreude geschieht es nur selten, dass die Ornamente das Eigentliche überwuchern.

Die ersten Ikonenthemen sind Christus und die Gottesmutter, bald kommen Engel, Heilige, Märtyrer und Propheten hinzu.

Damit ist der Themenrahmen bereits abgesteckt. Anfangs sind es Porträts, halb- und ganzfigurige Darstellungen, ganz statisch gesehen, dann schildern die Bilder Szenen, werden erzählerisch und lebensvoller.

Christus

Ein früher Typ der Christusikonen ist der »Nicht von Menschenhänden gemachte Christus«, griechisch Acheiropoeitos genannt. Ikonen dieser Art sind Nachbildungen des Edessenums, jenes Bildes, das König Abgar von Edessa durch einen Apostel erhalten haben soll. Da es in einem Tuch abgedrückt war, nannte man es auch Mandilion, vermutlich nach dem semitischen Wort »mindil«, Taschentuch.

Beim Acheiropoeitostyp ist das von Haupt- und Barthaar umrahmte Antlitz Christi frontal dem Betrachter zugewandt. Ein Halsansatz wird nicht sichtbar, und es fehlt die Dornenkrone.

Eine Parallele zum Mandilion ist das im christlichen Abendland verehrte Schweißtuch der Veronika, das ab 1400 nachweisbar ist. Es zeigt jedoch Christus mit der Dornenkrone.

Der Legende nach soll die Heilige Veronika Christus, als er sein Kreuz nach Golgatha trug, ihren Schleier gereicht haben, damit er seinen Schweiß trockne. Dabei drückte er sein Antlitz in dem Tuch ab.

Der Acheiropoeitos- oder Mandiliontyp der Christusikone wird in Russland sehr verehrt und beim Fest der Orthodoxie am 19. Februar in der Prozession mitgeführt

Auf zahlreichen Nachbildungen ist der ganze Kopf von einer goldenen Aureole umgeben, in den die griechischen Worte ho ōn, der Seiende, gemalt sind.

Ein ebenfalls sehr alter Ikonentyp ist Christus Pantokrator, der Allherrscher, wie wir ihn auch häufig auf Mosaiken und Fresken aus frühchristlicher Zeit finden. Wie der Mandiliontyp wird er im Laufe der Jahrhunderte zwar stilistisch abgewandelt und der Gesichtsausdruck ändert sich, erfährt jedoch keine gedanklichen Variationen.

Der Pantokrator – Halb- oder Ganzfigur – hält in der linken Hand ein Buch oder eine Schriftenrolle, die als Symbole für Wissen und Weisheit gelten, die rechte ist zum Segensgestus erhoben. Die Finger können auch auf einen deutlich lesbaren Text im aufgeschlagenen Buch zeigen.

Der Segensgestus wird im orthodoxen Bereich mit erhobenem oder abgewinkeltem Arm vor der Brust ausgeführt. Daumen, Zeige- und Mittelfinger sind erhoben; der Ringfinger, oft auch der kleine Finger, ist abgewinkelt und berührt den Daumen oder bewegt sich auf ihn zu. Auf Abbildungen aus mittelbyzantinischer Zeit ist der Handrücken meist nach innen gedreht. Die linke Hand kann statt des Buches auch eine Schriftrolle halten. Der Pantokrator ist meist thronend dargestellt, manchmal wie ein Bischof gekleidet und mit seinen Insignien angetan.

»Der Heiland mit dem grimmigen – oder feurigen – Auge«, russisch: Spas Jaroje Oko, ist ein in Russland sehr verbreiteter Ikonentyp, der auf byzantinische Vorlagen zurückgeht, wahrscheinlich auf ein Mosaik in der Chorakirche zu Konstantinopel, wo er »das Land der Lebendigen« genannt wird. Wahrscheinlich sprach das Volk besonders dieser Christus an, der sehr menschliche Züge trägt und eine heftige Gemütsbewegung zeigt: Die Augen blicken scharf, die Stirn ist gerunzelt, der Gesichtsausdruck ist düster.

Das frontal gezeigte Antlitz ist von langen, auf Schulter und Rücken herabhängenden Haaren umrahmt; Hals und ein Teil der Schultern sind sichtbar. Der Kopf ist fast immer ohne Heiligenschein.

Emanuel oder Immanuel, »Gott mit uns«, ist die hebräische Bezeichnung für den jugendlichen Jesus und nach den Worten des Propheten Jesaja der Name des Messias. Ikonen dieses Typs zeigen Christus bartlos und mit Heiligenschein. Die Schulterpartie ist noch sichtbar. Manchmal trägt er einen sternbesetzten Mantel.

Andere selbst in der Ostkirche weniger bekannte Christusikonen-Typen sind: »Christus, das wachende Auge«, »Christus, das große Schweigen,« »Weine nicht, Mutter«.

Die Gottesmutter

In Russland fand die Elëusa, die Gottesmutter der Rührung, auch Gottesmutter des Erbarmens genannt, ebenfalls eine der ältesten Ikonentypen, weite Verbreitung. Weniger häufig trifft man sie im byzantinischen Raum an, obwohl sie dort entstanden ist. Es ist eine Darstellung der mütterlichen Maria, die sich dem Kind zuneigt, das zärtlich seine Wange an die ihre schmiegt. Manchmal wird auch die linke Hand des Kindes sichtbar, das seinen Arm um den Hals der Mutter gelegt hat. Das Gesicht der Mutter ist leiderfüllt: Sie weiß um das künftige Schicksal ihres Kindes.

Die bekanntesten russischen Variationen dieses Typs sind die Wladimirskaja, Korsunskaja und die Tolger Muttergottes des Erbarmens.

Zu den Grundtypen gehört die Blachernitissa, so benannt nach der Blachernenkirche in Konstantinopel. Maria erhebt die Hände zum Himmel – es ist die ursprüngliche Gebetshaltung der Christen –, oder sie steht aufrecht im so genannten Doppelorantengestus – beide Hände vor der Brust erhoben, dem Betrachter die Innenflächen der Hand zeigend.

In Konstantinopel wurde die Muttergottes von Blachernae sehr verehrt. Der Legende nach sah Andreas, ein Narr in Christo, in einer Vision, wie die Gottesmutter ihr Schleiertuch, griechisch Maphorion genannt, als Schutztuch vor dem Volk ausbreitete. Das »Schleierwunder« wiederholte sich jeden Freitagabend in der Blachernenkirche: Der Vorhang vor der Ikone schob sich zur Seite, und die Muttergottes erschien.

Die Platytera wird auch Muttergottes von Zypern genannt, da sich dort schon seit dem 7. Jahrhundert das Urbild, ein Mosaik dieses Typs befand. Sie ist eigentlich eine jüngere Blachernitissa: Maria in Orantenstellung trägt vor ihrer Brust medaillonartig das von einer Aureole umgebene Christuskind.

Die bekannteste russische Variante dieses Ikonentyps ist die Znamenie, die Muttergottes des Zeichens.

Ein weiterer Haupttypus ist die Galaktotrophousa, die stillende Muttergottes, die man bereits auf Plastiken des 4. Jahrhunderts und auf Malereien des 5. oder 6. Jahrhunderts finden kann. In Russland vor dem 16. Jahrhundert sowie in mittel- und spätbyzantinischer Zeit scheint dieser Typ aus Gründen der Dezenz nicht sehr beliebt gewesen zu sein, auf Bildern des Abendlandes findet man ihn dagegen häufig.

Die Glykophilousa, die Muttergottes mit dem liebkosenden Kinde, kam ebenfalls in späterer Zeit in Byzanz auf: Das Kind auf den Armen seiner Mutter streichelt liebkosend deren Wange, in der anderen Hand hält es meist eine Schriftrolle. In Russland wird dieser Typus, der allerdings meist mit der Eleüsa verschmilzt, auch Don'sche Muttergottes genannt.

Man unterscheidet heute etwa 300 Varianten der Gottesmutterikonen. Zu den wichtigsten zählen die Kasanskaja, die Strastnaja und die Otrada.

Die Kasanskaja ist in Russland von allen Muttergottesikonen wohl am häufigsten anzutreffen. Das Urbild soll von einem kleinen Mädchen aus Kasan 1579 in einem Brunnen gefunden worden sein, nachdem ihm die Gottesmutter im Traum erschienen war und ihr die Stelle gezeigt hatte, wo sie graben sollte. Die Ikonen des Kasanskajatyps zeigen häufig nur den Kopf der Muttergottes, der sich leicht dem Kinde zuneigt; das Kind erscheint in Halbfigur mit segnender Hand.

Wie die Smolenskaja und Tichwinskaja, die ebenfalls nach ihrem Herkunftsort benannt sind, variiert die Kasanskaja den weit verbreiteten Typ der Hodigitria, der Wegführerin. Die Legende berichtet, dass der Evangelist Lukas das erste Hodigitrienbild gemalt habe. Es soll im 5. Jahrhundert nach Konstantinopel gekommen und 1453 von den Türken vernichtet worden sein. Die Gottesmutter Hodigitria zeigt sich in herrschaftlicher Haltung und weist vor dem Volk auf ihren Sohn hin, den sie mit einem Arm umfasst. Die Gesichter von Mutter und Kind blicken frontal auf den Betrachter.

Die Otrada, die Muttergottes der Freude, führt die Hand des Kindes an ihren Mund. Dieser Typ entstand in Byzanz.

Byzantinischer Tradition folgend, entstand wohl im 13. Jahrhundert auf dem Athos der Strastnajatyp, auch Muttergottes von der Passion genannt. Der Mutter mit dem Kind sind zwei Engel beigegeben, die die Werkzeuge der Passion tragen. Das Kind erschaut sie entsetzt und greift angsterfüllt nach der Mutter.

Die Engel

Engel sind Sendboten Gottes. In der Ostkirche stehen die Engel Gott näher als die Heiligen, sie sind von Anbeginn göttlichen Wesens.

In der Kunst werden sie dargestellt mit Flügeln, die ihren schnellen Gehorsam symbolisieren, mit Heiligenschein, Stab und Palmenzweigen.

Die Ostkirche teilte die Engel in eine überirdische Hierarchie ein, ähnlich der hierarchischen Ordnung am byzantinischen Kaiserhof. Die Heilige Schrift nennt vor allem die Erzengel Michael, Gabriel und Raffael. Am häufigsten sind die beiden ersten auf ostkirchlichen Darstellungen zu finden.

Bildwerke aus frühbyzantinischer Zeit zeigen Engel von großer, überirdischer Schönheit, mit weichen, ebenmäßigen, ausdrucksstarken Zügen; Goldfäden durchziehen das Haar, und das Stirnband ziert ein Edelstein. Im 12. und 13. Jahrhundert und auch später noch nehmen die Engel einen bedrohlichen Charakter an und werden als riesige Gestalten dargestellt.

Der Name Michael kommt aus dem Hebräischen und bedeutet: Wer ist wie Gott? Michael

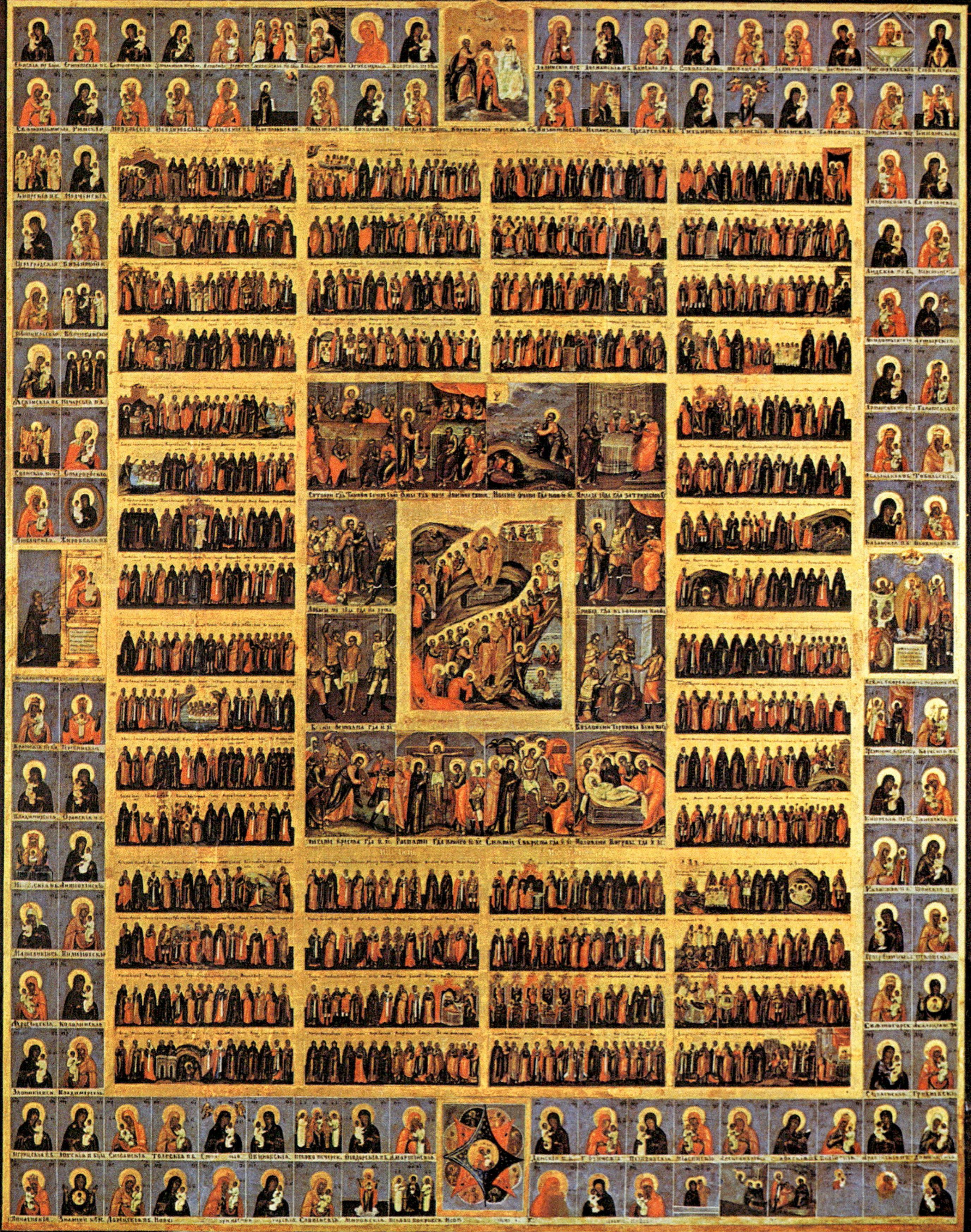

Links: *Die orthodoxen Heiligen des Jahres* um 1800, Russland.
Auf dieser großen Ikone (90,5 x 71 cm) sind monatsweise jeweils die Heiligen jedes einzelnen Tages wiedergegeben, die Festtage sind ausführlich behandelt. Da je Tag oft mehrere Heilige auftreten, ergeben sich auf dieser Ikone weit über 1000. Im äußeren Kreis ist 123-mal das Gottesmutterthema variiert, jedes einzelne Bild ist beschriftet. Insgesamt gibt es in der Ostkirche mehr als 300 verschiedene Gottesmuttertypen. Im Mittelteil der Ikone sind die zwölf Hauptfesttage der orthodoxen Kirche bildlich aufgeführt, in der Mitte Ostern, das wichtigste Fest: Höllenfahrt und Auferstehung (Anastasis) Christi. Der in der Ostkirche übliche Julianische Kalender liegt gegenüber dem Gregorianischen, nach dem wir uns ausrichten, um 12 Tage zurück, seit dem 1.3.1900 sogar 13 Tage, so dass zum Beispiel der 25. Dezember nach dem Julianischen Kalender auf den 8. Januar fällt. Folgt man den zwölf Bildern um das Osterfest im Uhrzeigersinn und beginnt oben links, so ergibt sich (in Klammern die Daten nach dem Gregorianischen Kalender): Mariä Geburt mit Waschung (8. September), Einführung Mariä in den Tempel (21. November), Verkündigung (25. März), Christi Geburt mit den drei Magiern und der Waschung des Kindes (25. Dezember), Christi Taufe (6. Januar), Verklärung (6. August), Kreuzerhöhung (14. September), Entschlafen der Gottesmutter (15. August), Alttestamentliche Dreifaltigkeit (Pfingsten), Christi Himmelfahrt mit Maria und Engeln, Einzug des Herrn in Jerusalem (Palmsonntag), Christus im Tempel (2. Februar, Lichtmess).
Privatsammlung Brenske, Hannover

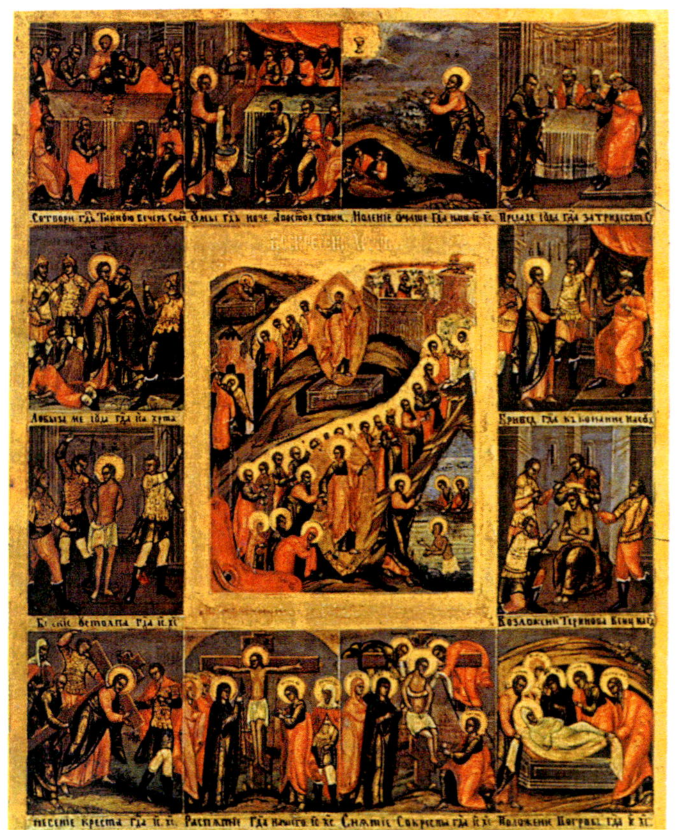

Mittelteil der Jahresikone auf Seite 96

ist der Anführer der Engelschar und daher mit Schwert, Lanze und Kreuz für den Kampf gegen die teuflischen Mächte ausgestattet. Auf manchen Ikonen hält er die Seelenwaage in der Hand (er wägt die Seelen) und bläst ins Horn zur Verkündung des Jüngsten Gerichts.

Der Name Gabriel bedeutet Stärke Gottes. Michael ist der Engel der letzten Entscheidung, also des Endes, Gabriel dagegen der Engel des Anfangs und des Werdens, der Geburt. Er war der Engel, der Maria die Geburt Jesu verkündete. Während Michael meist in ritterlicher Kleidung erscheint, trägt Gabriel gewöhnlich ein einfaches Gewand. Sein Attribut ist der Kreuzesstab oder das Zepter, Symbole himmlischer Macht. Die Lilie auf Verkündigungsbildern gilt dagegen als Symbol der Reinheit Mariä. Dass die beiden Erzengel Michael und Gabriel häufig auf der Ikonostase – auch auf Einzelikonen – rechts und links, oft aber neben der Deësis, dem Hauptbild, in fürbittender Gebärde dargestellt sind, zeigt ihre Bedeutsamkeit. (Zu Deësis und Ikonostase siehe Seite 106 und 108 f.)

Sehr beliebt waren im byzantinischen Raum Ikonen, die das Michaelswunder von Chonä darstellen: Der Engel Michael versenkt auf Bitten eines frommen Mönches zwei Flüsse, die von den Heiden zu seinem Heiligtum gelenkt worden sind und es zu überschwemmen drohen.

Der Name Raffael bedeutet: Gott heilt. Raffael ist der Heil- und Erlöserengel. Als Dreiheit symbolisieren die drei Erzengel die Heilige Dreieinigkeit: Michael – Gottvater, Raffael – Gottsohn und Gabriel – Heiliger Geist. Häufig halten sie auch eine Kugel mit den Buchstaben IC (Jesus Christus) in der Hand.

Cherubim und Seraphim – beide kennt das Alte Testament – sind zwei der neun Engelchöre, die man häufig als ganzen Chor oder als Einzelne auf Ikonen findet, die dann die Gesamtheit der Engel vertreten. Die Cherubim sind die Engel der Weisheit; sie haben vier Flügel. In der Frühzeit wurden sie nur als Köpfe mit Flügeln wiedergegeben, später in voller Gestalt, oft in Blau.

Der Seraph, der »Glutentfacher«, ist ein Symbol des Lichts und der Glut des göttlichen Feuers. Er ist sechsflügelig: Mit zwei Flügeln bedeckt er sein Gesicht, mit zweien die Füße und mit zweien fliegt er. In den Händen trägt er einen Fächer mit der Inschrift: heilig, heilig, heilig. Seraphim sind meistens rot dargestellt.

Die Heiligen

Die Heiligen sind durch ihre enge Verbindung mit Gott ausgezeichnet. Sie haben um ihren Glauben gelitten, ihn oftmals bis zur Selbstaufgabe verteidigt und kraft ihres Gottvertrauens und Glaubens Taten vollbracht, die allgemein menschliches Maß übersteigen.

Im Hebräerbrief weist Paulus mit folgenden Worten auf das Leben der Heiligen hin:

»Sie haben Spott und Geißel erlitten, dazu Bande und Gefängnis; sie sind gesteinigt, zerhackt, zerstochen, durch das Schwert getötet; sie sind umhergegangen in Pelzen und Ziegenfellen, mit Mangel, mit Trübsal, mit Ungemach, sie, derer die Welt nicht wert war.«

Die Heiligen helfen den Gläubigen nicht aus eigenem Vermögen, sondern mit Hilfe der Eigenschaften, die Gott ihnen verliehen hat. Gott allein gebührt Anbetung; Engel und Heilige werden nur verehrt. Die höchste Verehrung erfährt die Gottesmutter.

Da die Heiligen Mittler sind zwischen Gott und den Menschen, kann man sie in Fragen des persönlichen Lebens anrufen, auf dass sie Fürbitte leisten bei Gott.

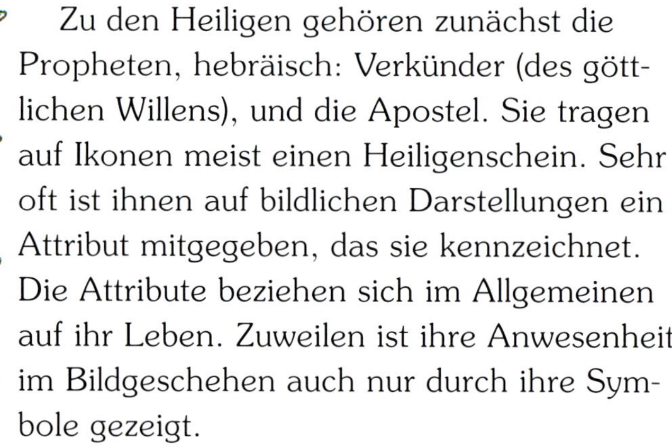

Zu den Heiligen gehören zunächst die Propheten, hebräisch: Verkünder (des göttlichen Willens), und die Apostel. Sie tragen auf Ikonen meist einen Heiligenschein. Sehr oft ist ihnen auf bildlichen Darstellungen ein Attribut mitgegeben, das sie kennzeichnet. Die Attribute beziehen sich im Allgemeinen auf ihr Leben. Zuweilen ist ihre Anwesenheit im Bildgeschehen auch nur durch ihre Symbole gezeigt.

Man unterscheidet zwischen den vier großen und den zwölf kleinen Propheten, je nach dem Umfang der Aufzeichnungen über ihr Wirken.

Die vier großen Propheten und ihre Attribute sind:

Jesaja	– Säge
Jeremia	– Rute, Wächterstab
Ezechiel	– Tor mit Türmen
Daniel	– Löwe oder Widder

Seit dem 9. Jahrhundert werden sie auf bildlichen Darstellungen oft den vier Evangelisten gegenübergestellt.

Die zwölf kleinen Propheten, die häufig den zwölf Aposteln gegenübergestellt werden, sind:

Oseas oder Hosea	
Joel	– Löwe
Amos	– Hirtenstab, Schafe
Abdias oder Obadja	– Krug, Brot
Nahum	– Bergspitzen
Jonas	– Fisch, Kürbisstaude
Micha	
Habakuk	– Schnecke, Horn
Sophonias oder Zephanja	– Laterne
Haggai	– Geldbeutel
Zacharias	– Tempelbau
Malachias oder Maleachi	– Engel

Auch Elias und sein Jünger Elisa (Elisäus) werden den Propheten zugerechnet, ebenso Moses, die Prophetenfürsten David und Salomon und andere mehr, darunter einige Altväter wie Aaron und Samuel. Das Malerhandbuch von Athos gibt uns darüber Auskunft.

Zu den zwölf Aposteln zählen in der Ostkirche viele der Jünger Jesu und Paulus, der von Jesus zum Apostel berufen wurde, sowie, abweichend von der westlichen Kirche, die Evangelisten Markus und Lukas. Die Namen aller zwölf sind: Petrus, Andreas, der Evangelist Johannes, Philippus, Bartholomäus, der Evangelist Matthäus, Thomas der Jüngere, Simon, Paulus und die beiden Evangelisten Markus und Lukas.

Von den Heiligen aus der Reihe der Hierarchen, der geistlichen Leiter und Bischöfe, werden in der Ostkirche besonders Basilios der Große, Gregor von Nazianz und Johannes Chrysostomos verehrt und auf Ikonen dargestellt. Ihnen zu Ehren feiert die orthodoxe Kirche am 30. Januar das Fest der Drei Heiligen Hierarchen. Sie sind häufig gemeinsam auf Ikonen zu sehen.

Basilios der Große (330–379) gilt als Förderer des Mönchtums und Organisator der Armenpflege. Gregor von Nazianz (etwa 329–390) war Patriarch von Konstantinopel. Berühmt waren seine Schriften wegen ihrer glänzenden Rhetorik. Verehrung gilt ihm als dem Vorkämpfer der Trinitätslehre. Johannes (etwa 354–407), ebenfalls Patriarch von Konstantinopel und Theologe, erhielt wegen der Brillanz seiner Reden den Beinamen Chrysostomos, griechisch für Goldmund.

Verehrung genießt auch noch ein vierter Kirchenlehrer: der Heilige Athanasius, Gründer des Klosters Athos.

Zu den Heiligen zählen außerdem:
Bekenner – sie litten um Christi willen, starben aber keinen Märtyrertod;
Gezeichnete – sie wurden wegen ihres Bekenntnisses gebrandmarkt;
Großmärtyrer und Märtyrer;
Asketen – sie führten in der Wüste ein strenges Leben;
Styliten – sie verbrachten einen Teil ihres Lebens auf Säulen und gaben sich der Askese hin, so der Säulenheilige Symeon, dessen Säule heute noch bei Aleppo zu sehen ist;
Selige; Narren in Christo – Einfältige, die sich um Christi willen dem Spott und der Verhöhnung aussetzten.

Etwa 2000 Heilige gibt es in der orthodoxen Kirche. Zu den beliebtesten zählen: die beiden Apostel Petrus und Paulus, die Kirchenlehrer Basilios und Chrysostomos, die Kriegerheiligen Georg und Demetrius, Nikolaus, der Wundertäter, Johannes der Vorläufer und der alltestamentamentliche Prophet Elias. Von ihrem Leben und ihren Taten erzählen die meisten Heiligenikonen.

Die Legende vom Hl. Georg, dem Drachentöter, symbolisiert den Kampf des Guten gegen das Böse. Georg – sein Name stammt aus dem Griechischen und bedeutet Landbebauer – soll ein Prinz aus Kappadokien, einer Landschaft im östlichen Kleinasien, gewesen sein. Er diente als Offizier in einer römischen Legion. Um 303 n. Chr. soll er während der Regierung Kaiser Diokletians als Märtyrer hingerichtet worden sein.

Die Legende erzählt, dass er eine Stadt in Kleinasien von einem Drachen befreite, der die Königstochter Aja Kleodolinde als Opfer forderte. Nach dem Kampf schleifte die Königstochter den Drachen durch die Stadt – »und alle Welt ließ sich ob dieses Wunders taufen«.

Der Heilige Georg ist noch heute der Schutzpatron der Reiter, Pferde und anderer Tiere, der Waffenschmiede, Schützen und der Bauern, die sich von ihm das rechte Wetter erhoffen.

Das Leben des Heiligen Nikolaus hat die Phantasie des Volkes offenbar sehr angeregt: etwa 150 Legenden erzählen von seinem

Wirken. Nikolaus soll aus Patras stammen und im 4. Jahrhundert in Kleinasien gelebt haben. Er wurde von seinem Onkel, einem Bischof, zum Priester geweiht. Nach dem Tode seiner Eltern soll Nikolaus sein Vermögen verschenkt haben.

Als in Myra der Bischof gestorben war und man sich nicht auf einen Nachfolger einigen konnte, wurde beschlossen, denjenigen zu benennen, der als Erster am nächsten Morgen die Kirche beträte. Dies soll Nikolaus gewesen sein, der nach langer Reise dort Station machte. 342 starb er in hohem Alter in Myra. Dort wird sein Sarkophag immer noch von Wallfahrern verehrt. Seine Gebeine wurden inzwischen nach Bari überführt. Da das am 9. Mai geschah, wird dieser Tag gefeiert, bis heute noch.

Der Heilige Nikolaus hat – der Legende nach – drei Pilger aus Seenot befreit, viele Kranke geheilt, Krieger vor der Enthauptung gerettet und drei Töchter eines armen Mannes davor bewahrt, dass sie ins Freudenhaus verkauft wurden: Er warf ihnen drei Goldkugeln durchs Fenster, als sie schliefen. Diese und viele andere Szenen aus seinem legendären Leben findet man auf den Nikolausikonen, die in fast keinem russischen Haus fehlen. Man bittet ihn um Hilfe bei Krankheit und Not. Bei uns verehrt man ihn am 6. Dezember als Kinderfreund.

Oftmals erzählen auf einer Ikone mehrere Bilder, gruppiert um ein zentrales Bild, von dem Leben und den Taten eines Heiligen – diese Gattung nennt man Vitaikonen. Die Abbildung auf Seite 71 zeigt eine Vitaikone des Propheten Elias mit einigen wichtigen Ereignissen aus seinem Leben, wie sie im Alten Testament beschrieben sind.

Elias – das Wort kommt aus dem Hebräischen und bedeutet (mein) Gott ist Jahwe – erhielt von Gott den Befehl, in die Wüste zu ziehen, zum Bach Krith (Chorab), einem Nebenfluss des Jordan. Dort wurde ihm täglich von einem Raben Nahrung gebracht. Anschließend

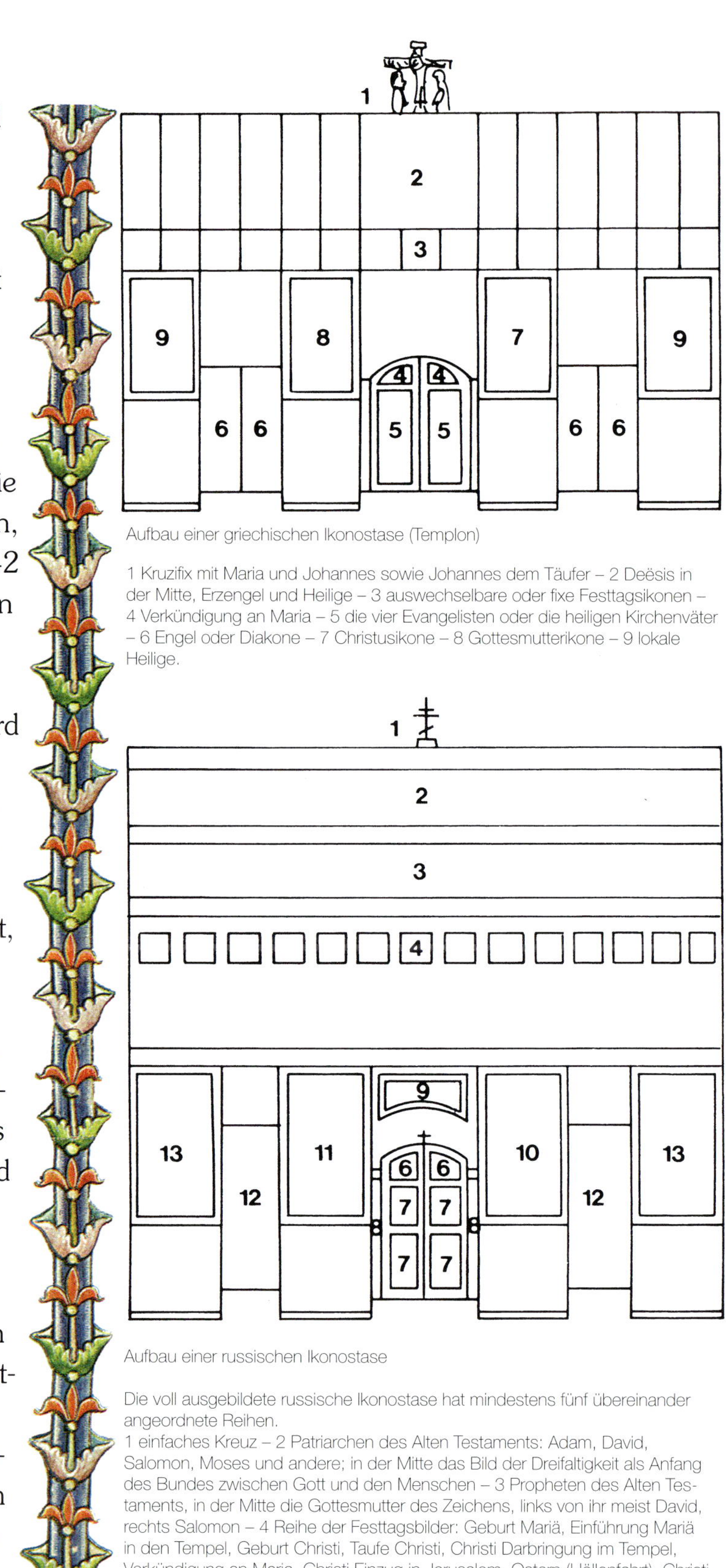

Aufbau einer griechischen Ikonostase (Templon)

1 Kruzifix mit Maria und Johannes sowie Johannes dem Täufer – 2 Deësis in der Mitte, Erzengel und Heilige – 3 auswechselbare oder fixe Festtagsikonen – 4 Verkündigung an Maria – 5 die vier Evangelisten oder die heiligen Kirchenväter – 6 Engel oder Diakone – 7 Christusikone – 8 Gottesmutterikone – 9 lokale Heilige.

Aufbau einer russischen Ikonostase

Die voll ausgebildete russische Ikonostase hat mindestens fünf übereinander angeordnete Reihen.
1 einfaches Kreuz – 2 Patriarchen des Alten Testaments: Adam, David, Salomon, Moses und andere; in der Mitte das Bild der Dreifaltigkeit als Anfang des Bundes zwischen Gott und den Menschen – 3 Propheten des Alten Testaments, in der Mitte die Gottesmutter des Zeichens, links von ihr meist David, rechts Salomon – 4 Reihe der Festtagsbilder: Geburt Mariä, Einführung Mariä in den Tempel, Geburt Christi, Taufe Christi, Christi Darbringung im Tempel, Verkündigung an Maria, Christi Einzug in Jerusalem, Ostern (Höllenfahrt), Christi Himmelfahrt, Pfingsten, Verklärung auf dem Berge Tabor, Entschlafen der Gottesmutter. Häufig wurden der Reihe noch weitere Festtagsbilder hinzugefügt – 5 fürbittende Versammlung der Kirche: in der Mitte die Deësis, links und rechts die Erzengel Michael und Gabriel; ihnen folgen die Apostel Petrus und Paulus, die heiligen Kirchenväter Basilios der Große, Gregor von Nazianz, Johannes Chrysostomos, die Großmärtyrer Georg und Demetrius, manchmal auch lokale Heilige oder Klostergründer – 6 Verkündigung an Maria – 7 die vier Evangelisten (oder die heiligen Kirchenväter) – 8 die heiligen Kirchenväter und/oder wichtige Hierarchen – 9 Apostelkommunion; Christus tritt zweimal auf, er reicht sechs Aposteln Wein und sechs weiteren Brot –10 Christus Pantokrator oder die »Kirchenikone« mit dem Patron oder dem Fest, dem die Kirche geweiht war – 11 Gottesmutter mit Kind – 12 Engel und/oder Diakone – 13 lokale Heilige.

zog er weiter zum Haus einer Witwe und bat sie um Wasser und Brot. Sie hatte nur noch eine Handvoll Mehl für sich und ihren Sohn, buk aber aus diesem Rest einen kleinen Kuchen für den Gast. Elias, der ihre Not und ihre Hilfsbereitschaft sah, betete zu Gott, und der Mehlkasten füllte sich erneut, und der Ölkrug wurde nicht mehr leer. Später ging Elias wieder in die Wüste, um zu sterben. Als er erwachte, stand ein Engel mit Wasser und Nahrung vor ihm. Auf Gebot Gottes begab sich Elias nun zu seinem künftigen Jünger Elisa (russisch: Älisäos), den er beim Pflügen antraf. Er warf seinen Mantel über ihn, daraufhin folgte Elisa ihm nach. Als sie am Jordan ankamen, schlug Elias mit seinem Mantel auf das Wasser. Da teilten sich die Wogen, so dass beide trockenen Fußes das Ufer erreichten, wo ein feuriger Wagen mit geflügelten Rossen auf Elias wartete. Die beiden nahmen Abschied voneinander, und Elias trat seine Himmelfahrt an.

Nach russischer Auffassung hat der Gläubige, der eine Ikone mit dem Engel besitzt, der Elias Nahrung und Trank reicht, immer Brot im Hause. In Nowgorod wurde Elias früher vor allem als Beschützer vor Feuersbrunst und Spender des Regens verehrt. Bis in die jüngste Zeit ist er zugleich der Beschützer der Ackersleute.

Cosmas und Damian sind die Heiligen der Ärzte und Apotheker. Gewöhnlich werden sie nebeneinander stehend dargestellt; sie haben fast immer eine Arzneidose in der Linken und einen Löffel in der Rechten. Auch Flasche, Uringlas, Mörser und Eimer können ihre Attribute sein.

Die Zwillingsbrüder Cosmas und Damian lebten in Agea und waren beide Ärzte. Sie waren Christen und heilten die Kranken unentgeltlich. So wurden viele zum Christentum bekehrt. Bei der Christenverfolgung unter Kaiser Diokletian wurden beide in Ketten gelegt. Der Legende nach bewahrte ein Engel sie vor dem Feuer des Scheiterhaufens: Während die Umstehenden verbrannten, blieben die Brüder unversehrt. Doch 303 n. Chr. wurden sie mit drei weiteren Brüdern enthauptet.

Johannes der Täufer wird sehr oft in der Bibel erwähnt und als Vorläufer Jesu bezeichnet. Daher nennt man ihn in der Ostkirche Johannes den Vorläufer. Auf Ikonen wird er häufig geflügelt und als Ganzfigur dargestellt, in der einen Hand eine Schriftrolle, mit der anderen auf sie hinweisend, zu seinen Füßen eine Schale, die seinen abgeschlagenen Kopf enthält – das Neue Testament berichtet, dass König Herodes Antipas ihn hinrichten ließ.

Viele Ikonen zeigen ihn auch nur mit einem Fell bekleidet, ebenfalls geflügelt, in einer Schale das Jesuskind, das er dem Volke zeigt.

Unter den weiblichen Heiligen der orthodoxen Kirche nahm die Hl. Paraskewa eine Vorrangstellung ein, vermutlich deshalb, weil ihr Name mit dem Karfreitag in Verbindung gebracht wurde – es ist bis heute nicht geklärt, ob sie wirklich gelebt hat. Die Ikonen zeigen Szenen aus ihrem Leben wie Gefangennahme, Verhör und Märtyrertod. In Russland gilt die Paraskewa, auch Piatniza oder Karfreitag genannt, als Schutzpatronin des Handels und Behüterin der Frauen und Mädchen. Sie trägt häufig eine Krone und einen lang herabfallenden Diakonissenschleier und hält ein kostbares Gefäß, ein Kreuz oder eine Schriftrolle in der Hand.

Die Heiligenikonen füllten die großen Flächen in den Kirchenräumen, belebten Mauern und Pfeiler, oder man stellte sie auf eigens dazu angefertigten Ständern und Pulten als Kniefallikonen auf. Heiligenbilder, die in einer bestimmten Gegend besonders verehrt wurden, erhielten einen bevorzugten Platz auf der Ikonostase, an der Bilderwand.

Festtagsikonen

Bereits in frühbyzantinischer Zeit wählte man bestimmte Szenen aus dem Evangelium aus und gestaltete sie auf einzelnen Ikonen oder fasste sie zu einem Zyklus zusammen, der den kirchlichen Festen im Laufe des Jahres entsprach. Daraus bildete sich ein Kanon von zwölf Themen, die in engem Zusammenhang stehen mit den Dogmen der Kirche: Geburt Christi, Verklärung, Tod, Auferstehung und Himmelfahrt.

Auf den meisten Festtagsikonen beginnt der Themenzyklus mit der Verkündigung und endet mit dem Tod oder dem Entschlafen der Gottesmutter, der Koimesis.

Die Verkündigung der Geburt Christi gilt als Anfang des Heilsplans. Die Darstellung geht zurück auf die Worte des Evangelisten Lukas; sie ist ausführlich im Malerhandbuch von Athos beschrieben.

Bei Lukas heißt es, dass ein Engel verkündete: »Freu dich, Maria, der Herr ist mit dir!« »Fürchte dich nicht, Maria, du hast Gnade bei Gott gefunden. Siehe, du wirst schwanger werden und einen Sohn gebären, des Namen sollst du Jesus heißen.« Der Tod Mariä ist nur in den Apokryphen beschrieben, den Schriften, die wegen ihres legendären Inhalts nicht zum Kanon zählen. Sie schließen sich an die Gestalten des Alten und des Neuen Testaments an und wurden diesen früher zugeschrieben, zum Beispiel die Evangelien des Thomas, Judas und Petrus, der Briefwechsel zwischen Christus und Abgar von Edessa, die Petrusapokalypse und die Himmelfahrt des Jesaja.

Die Kunst hat diesen Schriften viele Motive entnommen wie das Leben Mariä, die Kindheit Christi, das Gerichtsverfahren vor Pilatus, die Höllenfahrt Christi, Himmelfahrt Mariä und Ereignisse aus dem Leben der Apostel.

Wir finden im Malerhandbuch von Athos eine Beschreibung des Entschlafens der Gottesmutter: »In einem Haus liegt die Heiligste tot auf einem Bett. Die Gottesmutter hat die Hände vor sich gekreuzt. Zu beiden Seiten stehen Leuchter mit angezündeten Kerzen. Ein Hebräer vor dem Bett hat keine Hände, die abgeschnittenen Hände hängen am Bett, und vor ihm steht ein Engel mit entblößtem Schwert. Zu Marias Füßen steht der

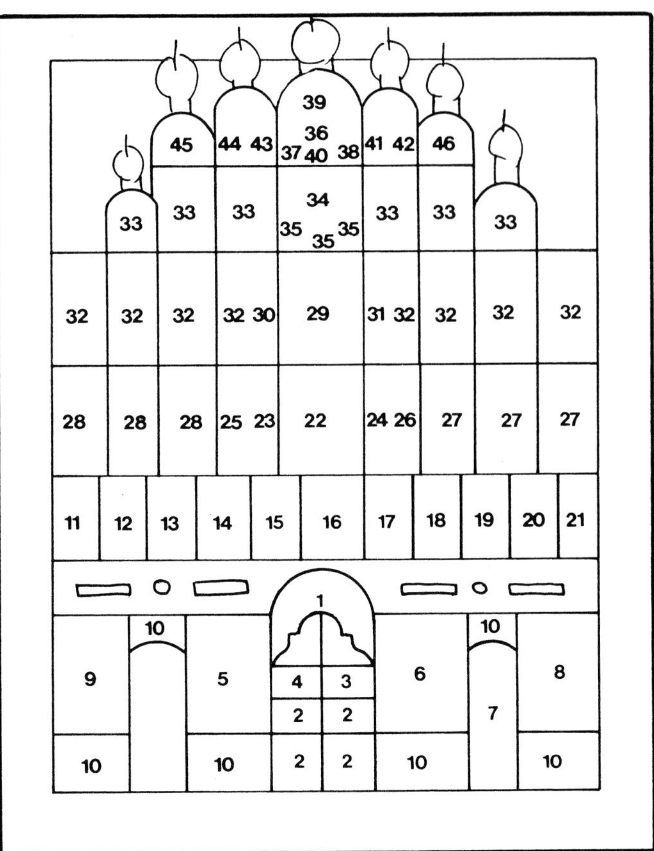

Apostel Petrus, neben ihrem Haupt der Heilige Paulus und Johannes der Theologe (der Apostel Johannes), die sie umarmen; rings herum beten die übrigen Apostel. Über der Gottesmutter schwebt Christus und hält in seinen Armen ihre heilige Seele, die weiß gekleidet ist; um ihn herum ist viel Licht und eine Schar Engel.«

Auf manchen Koimesisdarstellungen wird im unteren Teil der Ikone ein Hebräer (Jechoniak oder Antonios) gezeigt, der die Bahre der Gottesmutter umstoßen will, im letzten Augenblick aber vom Erzengel Gabriel daran gehindert wird, indem dieser ihm die Hände abschlägt. Oft wird die Szene sehr realistisch gestaltet.

Auf anderen Koimesisikonen wird auch die Aufnahme der Seele Mariä in den Himmel gezeigt. Dazu eilen die Apostel auf einer Wolke aus aller Welt herbei und versammeln sich in Jerusalem. Der Festtag der Koimesis wird in der orthodoxen Kirche am 15. 8. begangen.

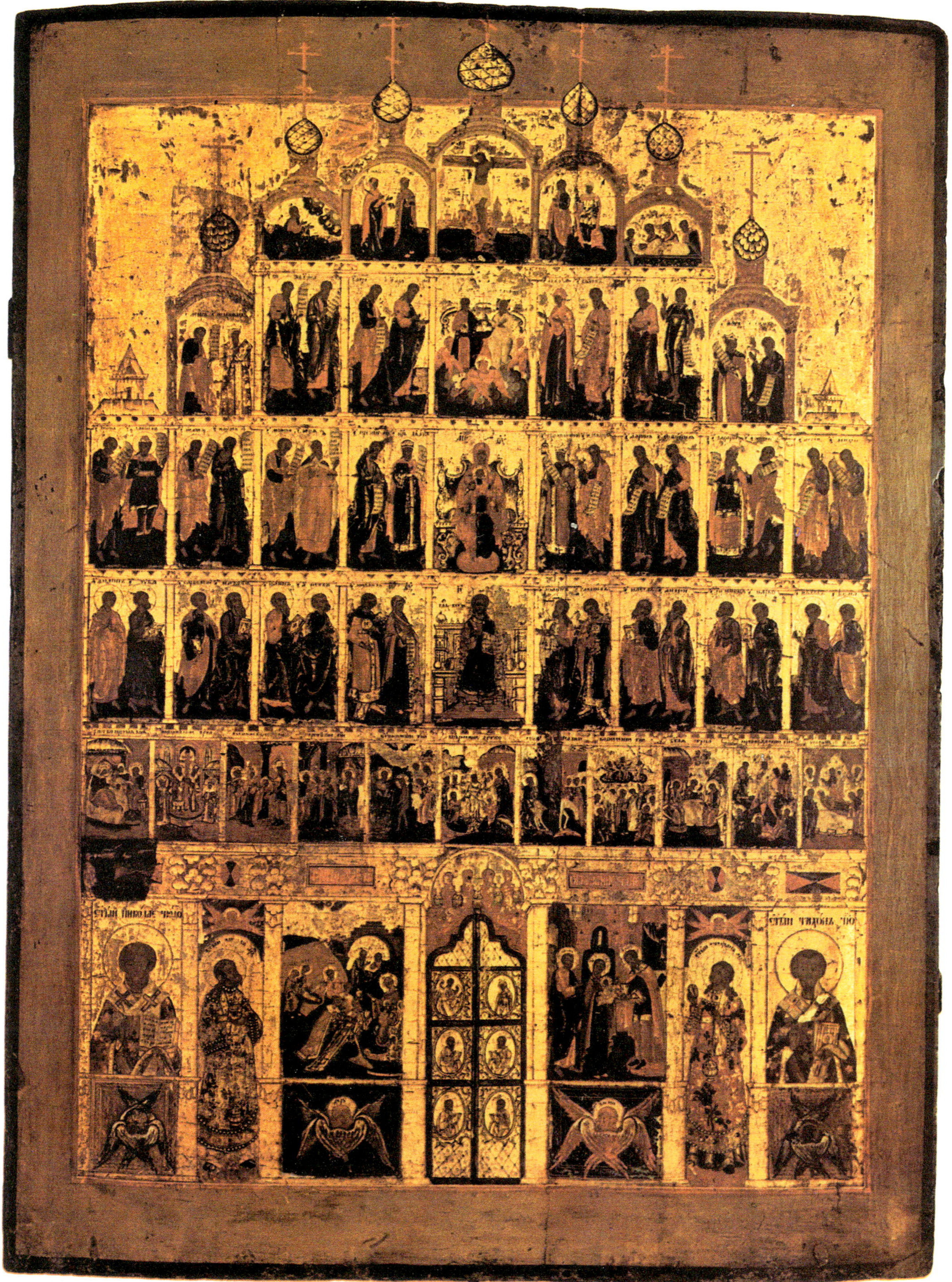

Ikonostasen-Ikone
18. Jh., Russland.
Auf dieser farbenprächtigen, goldgrundigen Ikone ist eine Ikonostase wiedergegeben. Sie entspricht dem für Russland typischen Ikonostasenaufbau. Unten in der Mitte die geschlossene Königstür (1), auf ihren Flügeln die vier Evangelisten (2), in Medaillons darüber die Verkündigung mit der Gottesmutter auf dem rechten Türflügel (3) und dem Engel Gabriel auf dem linken (4). Links von der Königstür Christi Geburt mit den heiligen drei Magiern (5), rechts die Beschneidung (6). Ikonen, die an bevorzugten Plätzen in der unteren Reihe aufgehängt sind, stellen gewöhnlich Begebenheiten dar, die für die jeweilige Kirche von besonderer Bedeutung sind. Rechts von der Beschneidung stehend der Hl. Stefan (7), rechts außen der Hl. Tichon (8); ganz links der Hl. Nikolaus (9); den Sockel füllen Cherubim (10). Über der Königstür die Festtagsreihe (von links nach rechts): Mariä Geburt (11), Kreuzerhöhung (12), Einführung Mariä in den Tempel (13), Beschneidung (ähnlich wie die Darstellung unten) (14), Taufe im Jordan (15), Höllenfahrt (16), Einzug in Jerusalem (17), Christi Himmelfahrt (18), Alttestamentliche Trinität (19), Verklärung auf dem Berge Tabor (20), Marientod (21), Christi Geburt; links der Königstür (22), ist das 12. Hauptfest; es fehlt in der Festtagsreihe.
Privatsammlung Brenske, Hannover

Der Ikonentyp »Gottesmutter Pokrow«, (Schleierwunder) auch »Fürbitte der Gottesmutter« genannt, kam vermutlich im 13. Jahrhundert auf. Die erste Ikone mit diesem Thema gab es in der Kathedrale zu Susdal.

Die obere Bildhälfte erzählt zumeist, wie in der Blachernenkirche zu Konstantinopel dem Hl. Andreas, dem Narren in Christo, und seinem Schüler die Gottesmutter in Begleitung vieler Heiliger erschien und ihren Schleier vor ihnen ausbreitete – wie die Schutzmantelmadonna auf den Gemälden des Abendlandes.

Die untere Bildhälfte erzählt von dem heiligen Romanos Melodos, der gezwungen wurde, vor dem Kaiser in Konstantinopel und dem ganzen Hofstaat zu singen, obwohl er gar nicht singen konnte. Auf Fürbitte der Gottesmutter sang er so schön, dass er zum Hofkantor ernannt wurde. Romanos, der im 6. Jahrhundert lebte, wurde der bedeutendste Hymnendichter der Ostkirche.

Das Thema der Gottesmutter im »Brennenden Dornbusch«, der in Flammen stand, aber nicht verbrannte, ist byzantinischen Ursprungs. Es tritt erstmals um 1100 auf und symbolisiert die jungfräuliche Unbeflecktheit Mariä. Eine Ikone aus dem 14. Jahrhundert im Katharinenkloster auf dem Sinai ist die früheste, die sich erhalten hat. Im 16. Jahrhundert gestaltete man das Thema erstmalig in Sternform und bereicherte es mit Nebenszenen, mit alttestamentlichen Visionen, die auf das Kommen des Erlösers hindeuten, und Lobpreisungen Mariä. In den folgenden Jahrhunderten sind solche Ikonen, die einen mystisch-belehrenden Inhalt haben und mit vielen Schriftzeilen versehen sind, in Russland sehr beliebt. Die »Dornbusch«-Ikone galt den Gläubigen als Fürbitthilfe gegen Feuergefahr.

Das Thema geht zurück auf Moses' Erlebnis mit dem brennenden Dornbusch, wie es im Alten Testament beschrieben ist. Als Moses die Schafe hütete, gelangte er an den Berg Horeb. Und es heißt dann:

»Und der Engel des Herrn erschien ihm in einer feurigen Flamme aus dem Busch. Und er sah, dass der Busch mit Feuer brannte, und war doch nicht verzehret.

Und er sprach: ›Ich will dahin, und besehen dies große Gesicht, warum der Busch nicht verbrennet.‹

Da aber der Herr sah, dass er hinging, zu sehen, rief ihn Gott aus dem Busch und sprach: ›Mose, Mose!‹ Er antwortete: ›Hier bin ich.‹ Er sprach: ›Tritt nicht herzu, ziehe deine Schuhe von deinen Füßen, denn der Ort, darauf Du stehest, ist ein heilig Land.‹«

Im Malerhandbuch vom Berge Athos findet sich folgende Beschreibung: »Moses löst seine Schuhe, um ihn sind Schafe und vor ihm steht ein brennender Dornbusch, in dem ist die Heilige Jungfrau mit dem Kinde, an ihrer Seite ein Engel, der auf Moses schaut. Auf der anderen Seite des Gesträuches steht wiederum Moses und hält die eine Hand ausgestreckt, in der anderen trägt er einen Stab. (Kap. 119)«

Bei der russischen Gestaltung dieses Themas (vgl. Seite 58) sind zwei vierzackige Sterne so übereinandergelegt, dass sie einen achtzackigen ergeben. Dieser wiederum liegt auf einem Kreis, der wie eine geöffnete Rose angeordnet ist. In der Mitte des Sterns erscheint die Mutter mit dem Kind, umgeben von einer glutroten Rundaureole als Sinnbild des Feuers. Auf ihrer Brust sind die Vision des Ezechiel und eine Leiter zu sehen (Jakobsleiter). Der Strahlenkranz um den roten Kreis ist ein Symbol für die Dornen des Busches. In den vier Ecken des ersten Sternes: Engel mit Symbolen aus dem Akathistoshymnos, einem Loblied auf die Gottesmutter; in den Ecken des zweiten Sternes: die Symbole der vier Evangelisten (Matthäus – Engel, Markus – Löwe, Lukas – Stier, Johannes – Adler); auf den Blättern des Rosenkreises wiederum Engel mit Attributen aus dem Akathistoshymnos.

In den vier Ecken des Mittelfeldes sind vier alttestamentliche Erzählungen wiedergegeben,

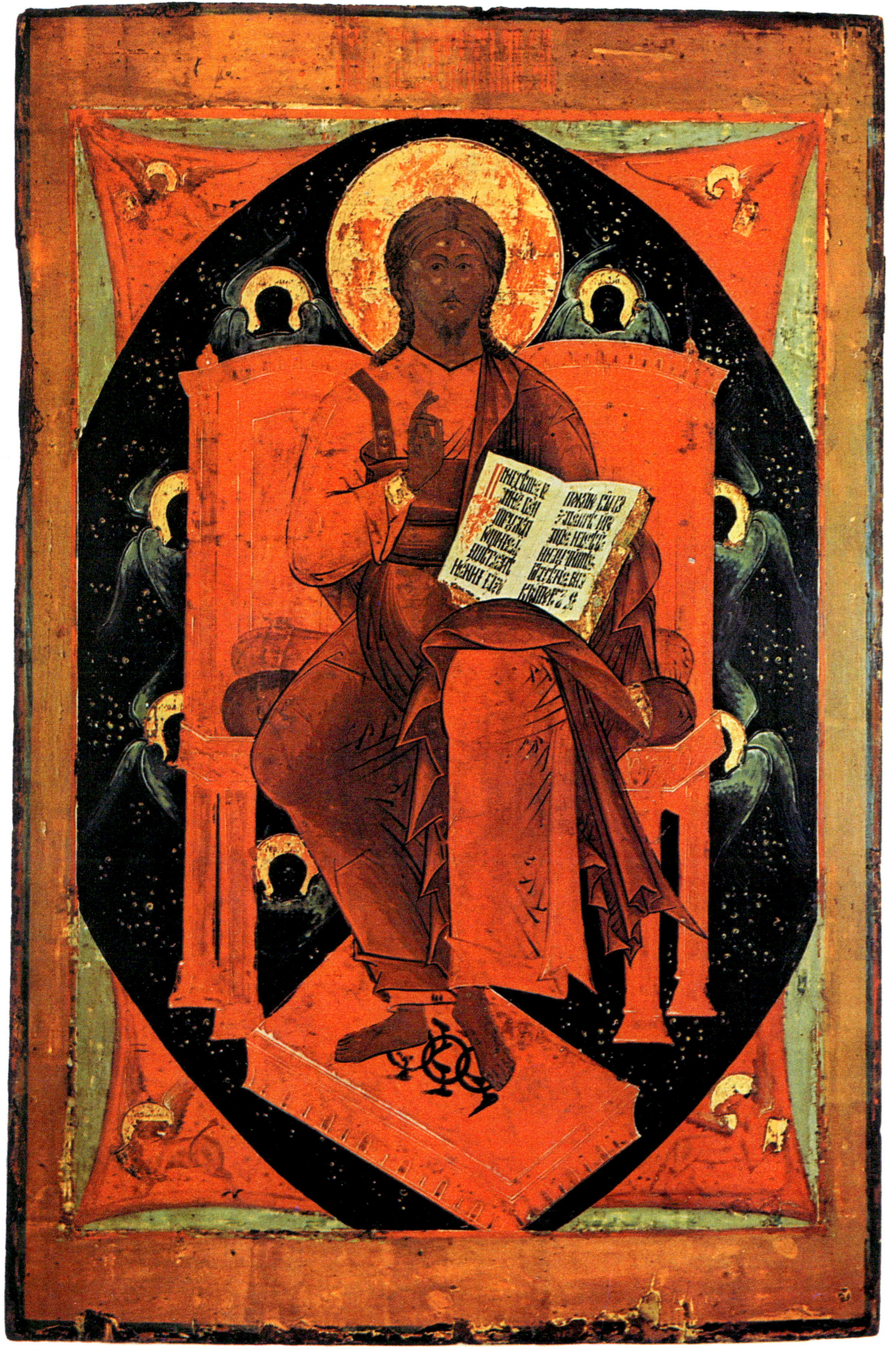

Christus Pantokrator (Allherrscher), 17. Jh., Russland. Der Pantokrator wird meistens in einer Mandorla dargestellt, sie symbolisiert den Kosmos. Hier ist er von sieben Seraphim umgeben. Christi Füße ruhen auf der geschlossenen Bibel; auf ihrem Deckel drei Kreise als Symbol der Trinität. In den roten Zwickeln unter der Mandorla die vier Evangelistensymbole. Dieese Ikone bildete den Mittelteil einer Ikonostase.

Privatsammlung Brenske, Hannover

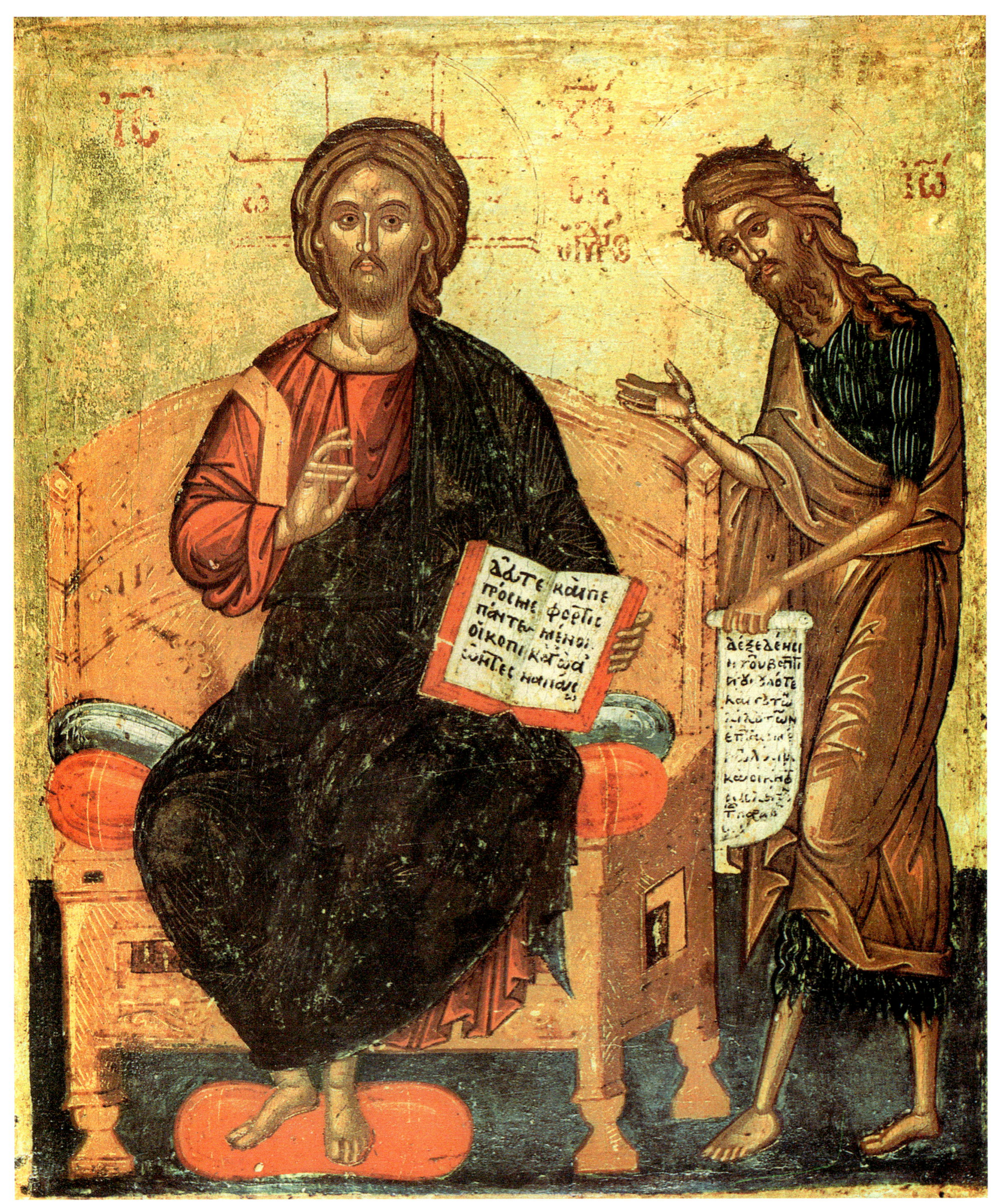

Links: *Deësis (Ausschnitt)*
Mitte 17. Jh., mazedonische Schule.
Beim Jüngsten Gericht leistet die Gottesmutter zusammen mit Johannes dem Vorläufer bei Christus Fürbitte (Deësis) für die Menschheit. Sie erreicht, dass den Verdammten für eine bestimmte Zeit eine Unterbrechung ihrer Qualen gewährt wird. Deësisikonen – das Thema ist schon seit frühbyzantinischer Zeit bekannt – zeigen den thronenden Pantokrator, dem sich von rechts Maria und von links Johannes der Vorläufer mit bittend ausgestreckten Händen zuneigen. Die Deësis ist gewöhnlich das zentrale Bild einer Ikonostase und hat ihren Platz über der Königstür.

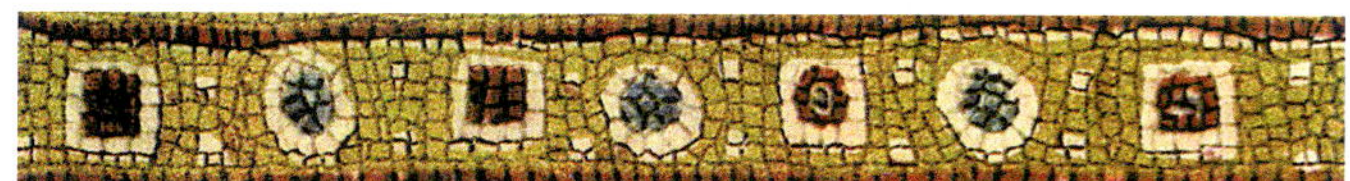

die als biblische Weissagungen der Jungfräulichkeit Mariä zu verstehen sind.

Links oben: Moses vor dem brennenden Busch, in dem sich Gott auf dem Berg Horeb offenbart. Nach den apokryphen Schriften bleibt Maria unversehrt, als das Gottesfeuer des Logos in ihr brennt. Als Symbol dafür sehen wir die Darstellung »Gottesmutter des Zeichens« vom Feuer umgeben.

Oben rechts: Jesaja mit der Vision des jugendlichen Christus Emanuel (Berufung des Jesaja).

Unten links: Ezechiel vor der verschlossenen Pforte (Türvision Ezechiels).

Unten rechts: Jakobs Vision von der Himmelsleiter – er sieht im Traum die Engel auf der Leiter in den Himmel steigen.

Auf dem Rand: vier orthodoxe Heilige.

Den oberen Abschluss bildet Gottvater, mit beiden Händen den Segen spendend.

Die russischen »Dornbusch«-Ikonen des 17. bis 19. Jahrhunderts gleichen bis auf wenige Abweichungen der hier abgebildeten.

Dem Lobpreis und der Huldigung der Gottesmutter ist auch die Ikone »An Dir, Gnadenreiche, erfreut sich alles Geschöpf« gewidmet. Das Thema ist ebenfalls byzantinischen Ursprungs. Es wird im 17. bis 19. Jahrhundert häufig behandelt und zeigt eine Hodigitria oder eine Muttergottes in Orantenstellung in einem runden Nimbus, in der oberen Bildhälfte von Engeln, in der unteren von Heiligen umgeben.

Die alttestamentliche Dreifaltigkeit erscheint in Gestalt dreier Engel bei Abraham im Hain Mamre; sie lassen sich von Abraham und seiner Frau Sarah bewirten: Es ist die pfingstliche Trinität der Ostkirche, seit dem 9. Jahrhundert ein Thema der Ikonen. Erst seit dem 17. Jahrhundert wird unter westlichem Einfluss auch die neutestamentliche Trinität bildlich dargestellt.

Anders als in der Westkirche ist im orthodoxen Bereich auch das Osterbild, dem ein Satz zugrunde liegt, der im Westen wenig Beachtung fand: »Dass er aber auferstanden ist, was ist es anders, als dass er auch zuerst hinabgestiegen ist in die Regionen unter der Erde.« Die Höllenfahrt Christi, griechisch Anastasis, ist Beschreibungen in apokryphen Schriften nachgestaltet und zeigt zumeist Christus, auf den über Kreuz liegenden Flügeln der Hadestür stehend. Er neigt sich Adam und Eva zu, reicht ihnen die Hand und erlöst sie. Neben oder hinter ihm steht die Schar der Seligen. Den Hintergrund bilden schroffe Felsen oder Gebirgsketten.

Zu den Ikonen der Hauptfesttage gehört auch die Taufe Christi im Jordan (vgl. Seite 87), die ausführlich bei den Evangelisten Matthäus, Markus und Lukas beschrieben wird. Ihnen zufolge trug Johannes ein gegürtetes Gewand aus Kamelhaar, das die Beine unbekleidet ließ. Seine Nahrung bestand aus Heuschrecken und Honig von wilden Bienen.

Als Johannes der Täufer in der Wüste predigte, kam Jesus an den Jordan, um sich von ihm taufen zu lassen. Johannes weigerte sich zunächst, Jesus aber bestand darauf. »Sobald Jesus getauft war, stieg er aus dem Wasser. Da öffnete sich der Himmel, und er sah den Geist Gottes wie eine Taube auf sich herabkommen. Eine Stimme aus dem Himmel sagte: ›Dies ist mein lieber

Sohn, an dem ich Wohlgefallen habe. Ihn habe ich erwählt.«

Auf Ikonen vertreten gewöhnlich drei Engel die Menge der himmlischen Heerscharen, die in den Evangelien nicht erwähnt sind. Sie tragen die Kleider Jesu in ihren Händen und haben die Aufgabe von Diakonen.

In der ostkirchlichen Liturgie nimmt die ganze Natur an diesem Ereignis Teil: »Jordanfluss, erfülle dich mit Freude, Erde und Meer, Berge und Gipfel, Herzen der Menschen hüpfet, da ihr das geistige Licht aufnehmt.«

Oft wird der Zyklus der zwölf Hauptfesttage durch Nebenfesttage ergänzt, so dass er 18, 24 und mehr Bilder umfasst. Themen der erweiterten Festtagsreihe sind zum Beispiel: Christi Beschneidung, Kreuzabnahme Christi, Geburt Johannes des Täufers, Fest der Apostelfürsten Petrus und Paulus und die Enthauptung Johannes des Täufers.

Um das Jahr 1000 kamen in Byzanz die so genannten Kalenderikonen oder Sammelikonen auf. Sie zeigen in liturgischer Reihenfolge griechische Heilige, deren Gedenktage in einem bestimmten Monat gefeiert werden.

Andere Kalenderikonen geben außer den Heiligen auch die in einen bestimmten Monat fallenden Kirchenfeste an, manche zeigen sogar Heilige und Feste für das ganze Jahr auf einer oder auf mehreren Tafeln

Obwohl die Gestalten streng und wenig variationsreich in ihrer Haltung aneinandergereiht sind, entsteht nicht der Eindruck der Monotonie. Wegen der Feinheit und Exaktheit der Einzeldarstellungen war vor allem die Palecher Schule sehr berühmt.

Die auf Seite 96 abgebildete große Ikone zeigt die Heiligen jeden einzelnen Tages für ein ganzes Jahr, monatsweise gegliedert. Da je Tag oft mehrere Heilige dargestellt sind, ergeben sich auf dieser Ikone weit über 1000 Darstellungen.

Die zwei äußeren Bildleisten enthalten 123 verschiedene Muttergottestypen. Sie umschließen Darstellungen der 12 Hauptfesttage, die auf den reinen Festtagsikonen (vgl. Seite 81 und 96) getrennt dargestellt werden. Den Mittelpunkt bildet das Osterfest mit der Höllenfahrt und der Auferstehung Christi: Im unteren Teil der Höllenfahrt steht Christus auf den gekreuzten Toren des Hades und ergreift Adam und Eva am Handgelenk, um sie dem Erzengel Michael zuzuführen.

Folgt man den zwölf Darstellungen um das Osterfest von oben links nach unten rechts, so sind folgende Festtage aufgeführt:

Mariä Geburt mit Waschung
Einführung Mariä in den Tempel
Verkündigung
Geburt Christi und Waschung
Christus im Tempel (Darstellung)
Christi Taufe im Jordan
Einzug des Herrn in Jerusalem
Verklärung
Christi Himmelfahrt
Alttestamentliche Dreifaltigkeit
Kreuzerhöhung und
Entschlafen der Gottesmutter

Die Verklärungsszene (vgl. Seite 91) wird in der Bibel folgendermaßen beschrieben: Christus erscheint auf dem Berge Tabor »im gleißenden Licht«, und die drei Apostel Petrus, Jakobus und Johannes fallen in den Staub und »schauen wie verklärt« nach oben.

Rechts: *Allerheiligendarstellung*
Ikone, Anfang 17. Jh., kretische Schule.
In der Mitte die Deësis – thronender Christus mit dem Dreifaltigkeitssymbol der verschlungenen Ringe zu seinen Füßen, begleitet von Maria und Johannes dem Täufer –, zur Rechten und zur Linken die sitzenden Apostel, hinterfangen von Engelschören. Der untere Bildteil zeigt in der Mitte die so genannte Thronbereitung: Es wird ein Altar mit den Leidenswerkzeugen Christi errichtet, es ist der Thron des leidenden und auferstandenen Christus. Links davon die Erzväter, rechts eine Gruppe von Bischöfen.

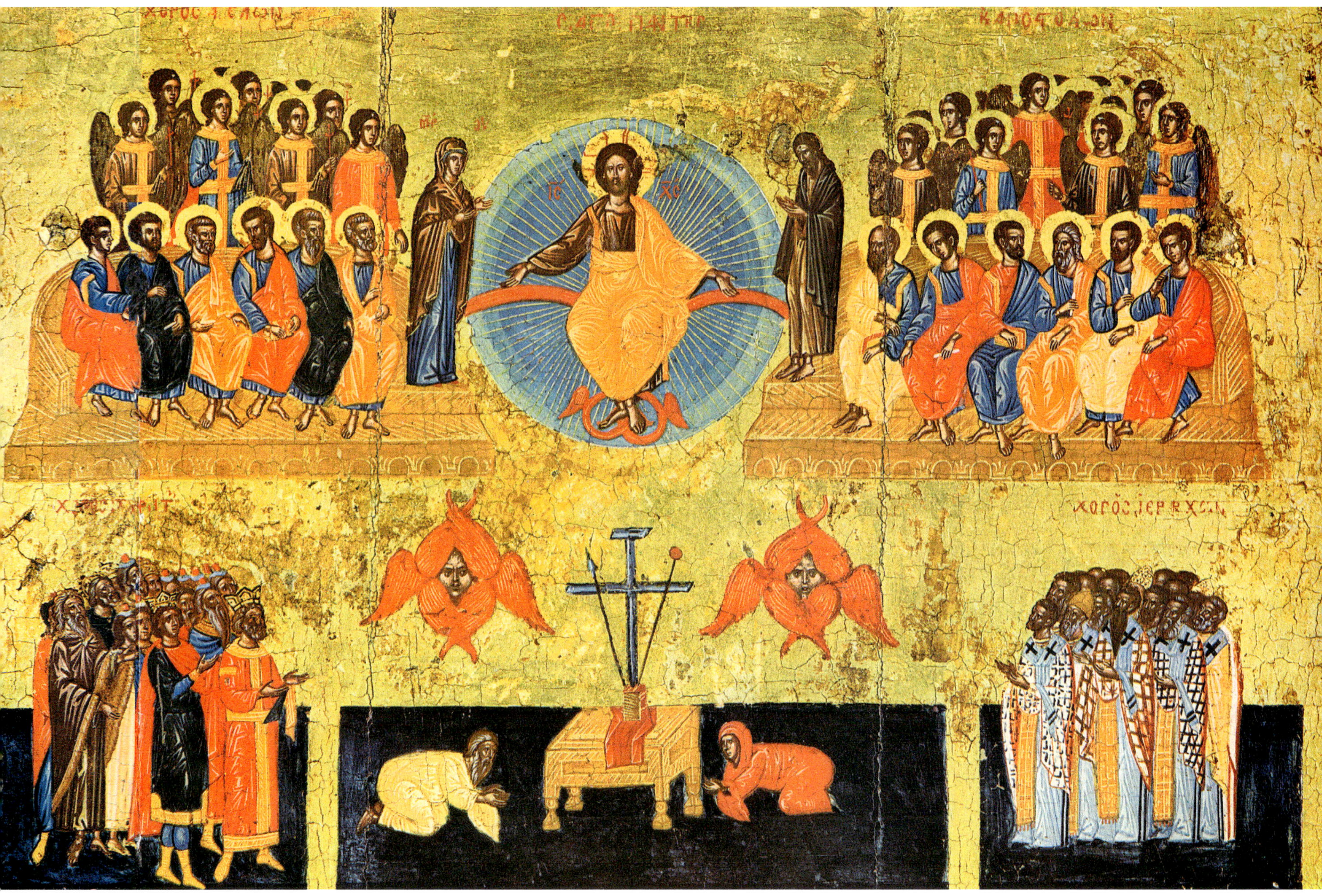

Die Ikonostase

In orthodoxen Kirchen nimmt die farbenprächtige Bilderwand den Blick des Besuchers gefangen. Sie trennt den großen Raum, in dem sich die Gläubigen versammeln, von dem Altarraum, in dem sich das Mysterium der Eucharistie, der eigentliche Gottesdienst, vollzieht und den nur der Priester betreten darf.

Ikonostase nennt man in Russland diese Trennwand. Das Wort kommt aus dem Griechischen und meint eigentlich: Gestell zum Anbringen einiger Ikonen. In Griechenland nennt man sie jedoch seit dem 16. Jahrhundert Templon.

Die Ikonostase kann ein hölzernes Gerüst sein – manchmal ist es aus Rosen- oder Zedernholz geschnitzt – oder eine gemauerte Wand, an der nach mehr oder weniger festgelegten Regeln in Reihen übereinander Ikonen hängen. Früher, bereits seit dem 5. Jahrhundert, schlossen Chorschranken den Kirchenraum der Gläubigen ab, oder eine oftmals zweigeschossige Wand mit breite, bogenförmigen Öffnungen, die man mit Vorhängen, später dann mit Bildern verkleidete. Daraus entstand im Laufe der Zeit die geschlossene Form der von unten bis oben mit Ikonen besetzten Wand.

Die mittlere, die Königstür oder Zarenpforte, gibt den Weg zum Allerheiligsten frei. In früherer Zeit hatte auch der Zar das Recht, den Altarraum zu betreten. Im Allerheiligsten befindet sich symbolhaft der Thron der Trinität, das Grabmal Christi und der Thron des Weltenherrschers.

Die beiden Seitentüren führen in die kultischen Nebenräume: die nördliche in den Prothesisraum, in dem die Opfergaben vorbereitet, die südliche in das Diakonikon, wo die liturgischen Bücher und Gewänder aufbewahrt werden.

Die Ikonostase ist ein wesentlicher Bestandteil der Liturgie der Ostkirche, die von Gesängen der A-cappella-Chöre – also Gesang ohne Instrumentalbegleitung – umrahmt wird. Abgesehen von einigen stillen Priestergebeten, besteht die Liturgie aus einem Dialog zwischen Priester und Gemeinde. Der eigentliche Gottesdienst vollzieht sich, den Blicken der Gemeinde entrückt, hinter der Ikonostase. Nur auf den Höhepunkten der Liturgie öffnet sich für einige Augenblicke die mittlere Tür der Ikonostase, um die Gläubigen an dem teilhaben zu lassen, was im Allerheiligsten geschieht.

Zu den Eigenheiten der orthodoxen Kirche gehört es auch, dass die Gläubigen nicht niederknien, sondern sich zum Zeichen ihrer Verehrung und Anbetung tief verneigen. Dabei führen sie den orthodoxen Segensgestus aus: Als Symbol des Glaubens an die Trinität – Gottvater, Sohn und Heiliger Geist – legen sie Daumen, Zeigefinger und Mittelfinger zusammen. Auf Ikonen finden wir häufig auch nur Daumen und Zeigefinger im Gestus vereint – Symbol für die Einheit von Gottvater und Gottsohn.

Die Ikonostase ist aber nicht nur eine Grenze zwischen der Welt Gottes und der der Menschen, sondern auch Mittler. Man ruft die auf den heiligen Bildern dargestellten Personen an um Fürbitte bei Gott.

In der Erzählung »Der versiegelte Engel« schreibt 1873 der russische Schriftsteller Nikolaj Leskow: »Eine solche Darstellung ist beseelt, sie erlöst den Betrachter von irdischem Leid, weil sie der Seele deutlich und überzeugend sagt, dass ein Christ beten und zu jeder Zeit voll Sehnsucht sein muss, die Welt zu verlassen und einzugehen in Gottes unaussprechbare Herrlichkeit. Sieht er die Herrlichkeit des Himmels im Bilde dargestellt, so vergisst er darüber das größte Erdenglück und begreift, dass er den Himmel erstreben muss, weil der so klar und einsichtig dargestellt ist.«

Die Aufteilung der Bilderwand in Reihen und die Anordnung der Bilder, wie sie sich zu Beginn des 14. Jahrhunderts herausgebildet haben, geschieht nach dem Prinzip der Fürbitte. Entsprechend der Rangfolge der Heiligen unterscheidet man zwischen Haupt- und Nebenbildern.

Das wichtigste Bild der Ikonostase in der Mitte der Hauptbildzone, der Bildreihe über den Türen, ist gewöhnlich die Deësis.

Deësis, ein griechisches Wort, heißt Bitte oder Gebet. Das Thema der Deësis, der weltumspannenden Fürbitte, gehört zu den ältesten Ikonenthemen und findet sich in einer Vorform erstmals auf Mosaiken des Sinaiklosters aus der zweiten Hälfte des 6. Jahrhunderts. Ihr liegt die Idee zugrunde, dass die Gottesmutter beim Jüngsten Gericht zusammen mit dem Vorläufer, wie Johannes der Täufer im orthodoxen Bereich genannt wird, Christus, den Weltenherrscher, um Gnade für die gesamte Menschheit bittet. Sie erreicht, dass den Verdammten für einen Teil des Jahres eine Unterbrechung ihrer Qualen gewährt wird.

Deësisikonen zeigen den thronenden Pantokrator, dem sich, rechts von ihm stehend, Maria und von links Johannes der Vorläufer zuneigen, die geöffneten Hände fürbittend ausgestreckt. Maria, die »allzeit Sündenlose«, verkörpert die Kirche und das Neue Testament, Johannes, der

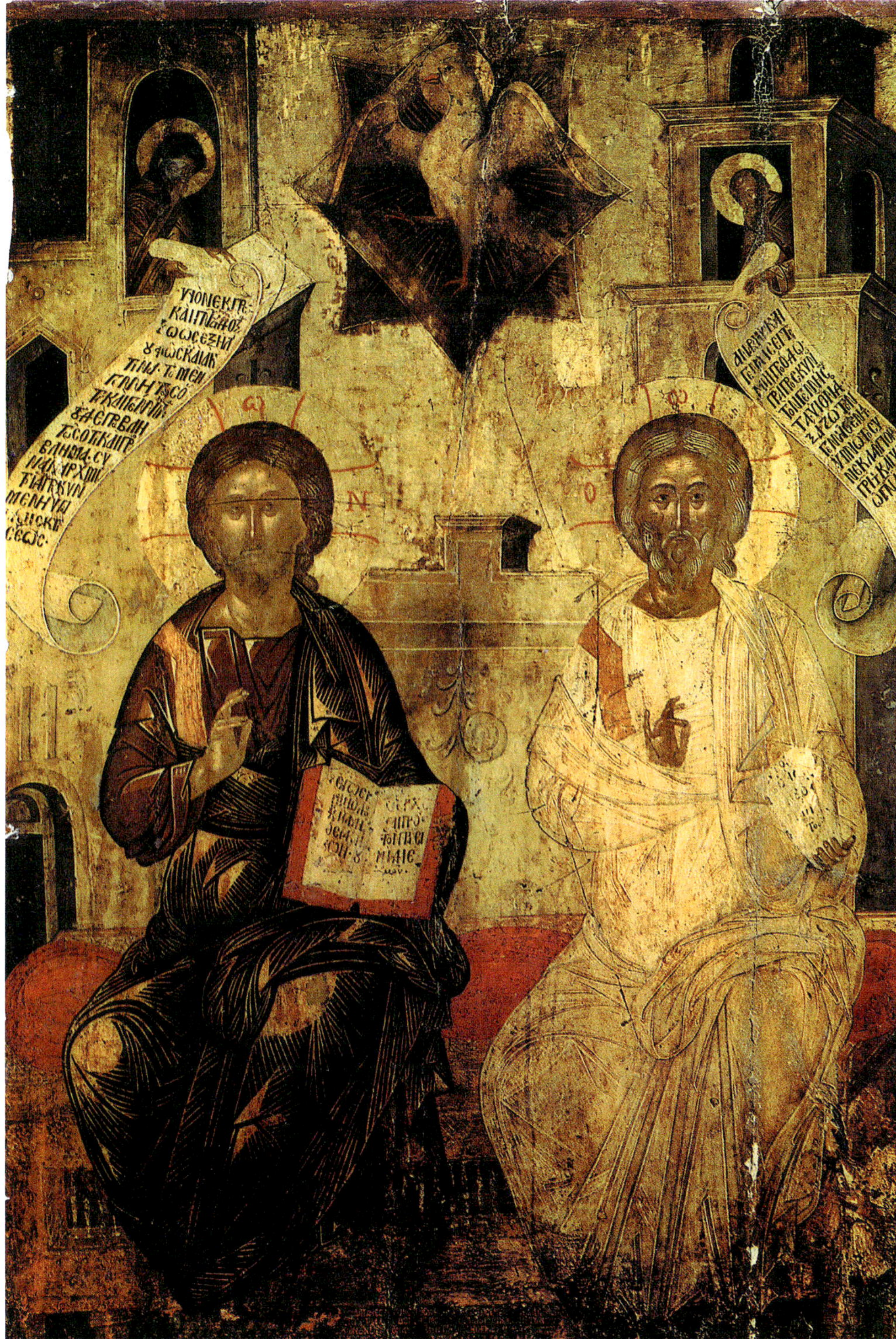

Neutestamentliche Dreifaltigkeit
Ende 16. Jh., kretische Schule, Michael Damaskinos.
Der neutestamentlichen Dreifaltigkeit, die unter westlichem Einfluss vermutlich zuerst in der kretischen Schule Eingang fand, liegt wohl der Psalm 110 zugrunde: »Der Herr sprach zu meinem Herrn: ›Setze dich zu meiner Rechten.‹« Michael Damaskinos, einer der bedeutendsten Maler der kretischen Schule, hielt sich zeitweise in Venedig auf, wo er große Aufträge zu erfüllen hatte. Er ist ein Meister der Farbe und der feinen Zeichnung.

Wegbereiter des Herrn, den Alten Bund und das Judentum, die Synagoge, die als Vorläufer der christlichen Kirche gilt.

Wie alle Bilder der Ikonostase ist die Deësis auch als Einzelikone und als Mittelteil des Triptychons anzutreffen. Etwa seit dem 14. Jahrhundert bildet sie den Mittelpunkt der Ikonostase über der Königstür.

Rechts und links der Deësisikone füllen Engel, Apostel und die heiligen Kirchenväter die Reihe,

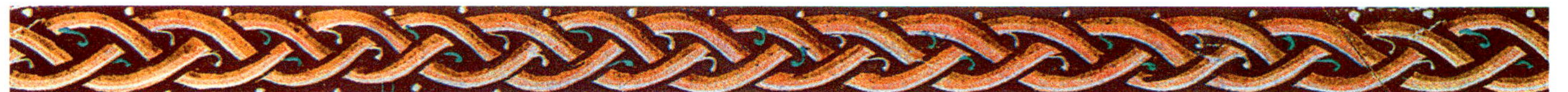

zunächst die Erzengel Michael und Gabriel, die Apostel Petrus und Paulus, die Kirchenlehrer Basilios und Johannes Chrysostomos, Schöpfer der noch heute gültigen orthodoxen Liturgie, dann die Übrigen.

Bei den frühen Ikonostasen in klassisch-einfacher Anordnung bildete wahrscheinlich ein gemalter Kruzifixus mit Begleitpersonen den Abschluss der Ikonostase oberhalb der Deësis, und unter der Deësisreihe zog sich ein schmaler Fries mit Festtagsbildern hin, die man vermutlich auswechseln konnte.

Bei Ikonostasen der späteren Zeit werden die Festtagsbilder mit Szenen aus dem Leben Christi und Mariä im Allgemeinen über der Deësis angeordnet, entweder Bilder der 12 Hauptfesttage oder der erweiterten Reihe mit 18 oder 24 Bildern.

Das einfache, von Byzanz übernommene Ikonostasenschema wird in Russland erweitert, und es entstehen mächtige Ikonostasen mit sechs und mehr Bildreihen. Die dritte Reihe über den Türen ist meistens den Propheten des Alten Testaments vorbehalten, die an ihren langen Schriftrollen zu erkennen sind. In der vierten Reihe folgen die Patriarchen des Alten Testaments.

Auf der Mitteltür sind meistens die vier Evangelisten dargestellt, je zwei auf dem rechten und dem linken Flügel. Um die Türen in der unteren Bildzone gruppieren sich in der Regel folgende Bilder: rechts von der Königspforte eine Ikone des Heilands oder des Ereignisses oder der Person, der die Kirche gewidmet ist, links eine Muttergottes mit Kind, in den übrigen Feldern Ikonen verschiedenster Art.

Die Ikonen auf den beiden seitlichen Türen zeigen Erzengel und heilige Diakone.

Für den Entwurf der Ikonostase und das Malen der einzelnen Bilder galt auch die Tradition, dass der Malermönch, der sein Werk zur Ehre Gottes schuf, im Allgemeinen anonym blieb. Viele Mönche werden an den umfangreichen Werken beteiligt gewesen sein. Wir wissen, dass die kunstfertigsten Mönche die wichtigsten Ikonen malten, die Figuren der Deësis, der Verkündigung und vielleicht die Muttergottesikone neben der Königstür.

Die bedeutsamsten russischen Ikonostasen, die in ihren Kirchen verblieben sind, befinden sich in der Verkündigungskathedrale im Moskauer Kreml und im Dreifaltigkeitskloster in Sagorsk bei Moskau. Die Ikonostase der Uspenskij-Kathedrale in Wladimir wurde zerlegt. Ihre Ikonen sind heute in Moskau und St. Petersburg.

Der Altarraum, den kein Laie betreten darf, ist ebenfalls mit Ikonen ausgestaltet. In Kirchen, die nicht zum Gottesdienst benutzt werden, kann man sie dort besichtigen.

Ikonen einer neuen Zeit

Mit dem 17. Jahrhundert begann für die Ikonenmaler eine neue Zeit. Sie hielten sich nicht mehr an die alten Vorlagen, sondern malten individuell und öffneten sich bewusst westlichen Einflüssen. Mitbestimmend für die Art ihrer Werke sind die Wünsche der Auftraggeber.

Mit zunehmendem Wohlstand verlor sich die frühere ernste Frömmigkeit. Freude und Abwechslung gehörten nun ebenfalls zum Leben. Auch Bilder sind ein Quell der Freude, und man wünschte sie sich dekorativ und schön für die Augen.

Die Geschichten erzählenden Bilder, die man jetzt bevorzugte, zeigen oft eine verwirrende Fülle von Figuren und dekorativen Zutaten. Der Betrachter muss lange schauen und nachdenken, bis er ihren Sinn versteht.

Auch der Kirche waren nun diese Bilder recht. Eine Kirchenversammlung lehnte den Protest eines Mönchs ab, der in diesen neuzeitlichen Bildern eine Gefahr für den Glauben sah.

Die berühmtesten Ikonen dieser Zeit sind die so genannten Stroganow-Ikonen. Sie sind miniaturhaft klein – gewöhnlich nur 30 x 30 Zentimeter – bis mittelgroß und tragen das Familienwappen der Stroganows.

1470 wanderte einer der Stroganows von Nowgorod nach Solwycegodsk aus, einen Ort im nördlichen Russland, nicht weit entfernt von der mittleren Dwina. Der Handel mit Salz, das dort in großen Mengen vorkam, brachte ihm Reichtum, den seine Nachkommen durch geschickten Handel zu mehren wussten. Bald gehörten die Stroganows zu den wohlhabendsten Familien. Peter der Große erhob sie in den Grafenstand.

Da die Stroganows Kunstliebhaber waren, sorgten sie für die Ausstattung der Kirchen in der Umgebung ihres Wohnsitzes und sammelten Ikonen. Zwei der Stroganows, Maxim und Nitika, waren selbst Maler.

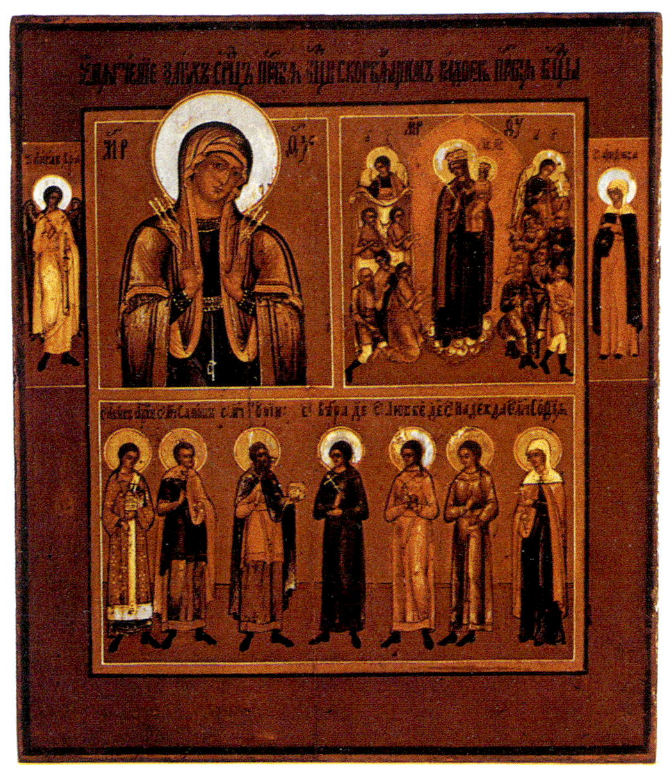

Gottesmutter, um 1800, Russland.
Das dreigeteilte Bildfeld zeigt oben links die »Gottesmutter der Schmerzen«, rechts Maria als »Helferin der Leidenden«; im unteren Teil und auf dem Bildrand sind acht orthodoxe Heilige und ein Schutzengel dargestellt. Ikonentypen, die in mehrteiliger Form verschiedene Motive vereinen, trifft man im 19. Jahrhundert häufig an.
Privatsammlung Brenske, Hannover

Vermutlich versammelte die Familie Künstler aus vielen russischen Städten um sich und gründete eine Schule. Es ist aber auch möglich, dass sie verschiedenen Malschulen, vor allem der Moskauer Zarenschule, viele Aufträge erteilten. Jedenfalls haben sie das Ikonenmalen sehr gefördert und ihm wahrscheinlich Richtung und Stil gegeben, so dass man heute von den Ikonen der Stroganow-Schule spricht.

Dass sie die Ikonen in ihrer Sammlung mit dem Namen des Malers versahen, hat unser Wissen um die russische Ikonenmalerei sehr er-

Dreifaltigkeit
um 1800, Balkan (?).
Gelegentlich wird in neuerer Zeit die Dreifaltigkeit als »dreigesichtiger Christus« symbolisiert.

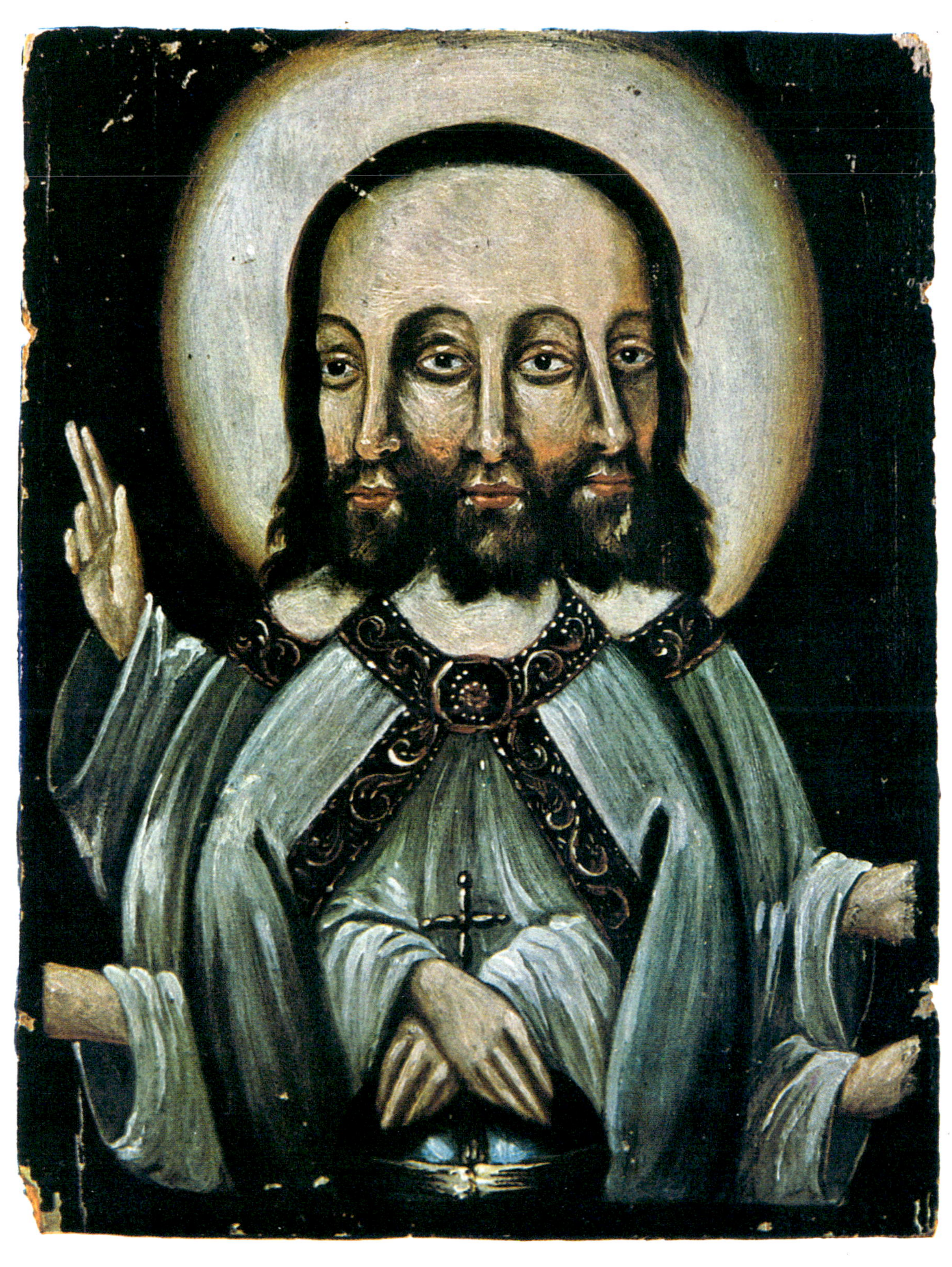

weitert. Man kann die Wege und künstlerischen Entwicklungen besser verfolgen, Einflüsse und Beziehungen der verschiedenen Schulen untereinander feststellen.

Die Blütezeit der so genannten Stroganow-Schule war zwischen 1530 und 1650. Die Ikonen gleichen persischen Miniaturen. Die Ernsthaftigkeit der inhaltlichen Aussage tritt zurück hinter die märchenhaft anmutende Darbietung. Die Figuren wirken leicht und graziös, wie Marionetten oder mittelalterliche Schauspieler, und die Szenerie, häufig mit in die Bildtiefe führender Perspektive, gleicht einer Theaterkulisse. Und zum ersten Mal werden auf Ikonen Wolken gemalt.

Die Bilder beginnen nun zu erzählen, eine einzige Ikone manchmal zehn und noch mehr Geschichten.

Die prachtvollen Gewänder, die man am Zarenhofe trug, sind wohl ein Vorwand, um die Details bis ins Kleinste liebevoll zu behandeln. Das Ornament ist wichtig. Selbst auf Ikonen, die von Bildrand zu Bildrand dicht mit Personen gefüllt sind, wird genügend Platz geschaffen für stilisierte Ranken mit Blättern, Blumen oder allgemeine Ornamentformen.

Der Strich ist fein und sicher. Die festen Umrisslinien deuten auf Einflüsse der Nowgoroder Schule hin. Die Farben sind meist gedämpft – Braun, Ocker und fahles Gelb, Rotbraun und Lachsrot, verschiedene Grüntöne von Gelbgrün bis Dunkelgrün, Rosa, Blau und Weiß. Häufig werden die feinen Striche mit Gold nachgezogen, so dass über dem ganzen Bild oder einzelnen Figuren ein goldener Schimmer liegt.

Stroganow-Ikonen sind uns in großer Zahl erhalten geblieben. Es mag etwa mehrere tausend davon geben. Viele finden sich in westlichen Sammlungen. Wir kennen auch zahlreiche Stroganow-Meister. Die bedeutendsten sind:

Nikifor Sawin, der seinen Ikonen gerne realistische, bis ins letzte Detail sorgfältig gezeichnete Naturschilderungen mitgibt.

Simon Usakow, der von 1626 bis 1686 lebte. Er rühmt die westeuropäische Malkunst und lässt viel Niederländisches einfließen. Seinen Ikonen merkt man an, dass er Porträtmaler war.

Prokopij Cirin war Lieblingsmaler des Zaren, der ihn nach Moskau holen ließ.

Die Verbindungen zwischen Russland und dem Abendland wurden im 17. Jahrhundert immer

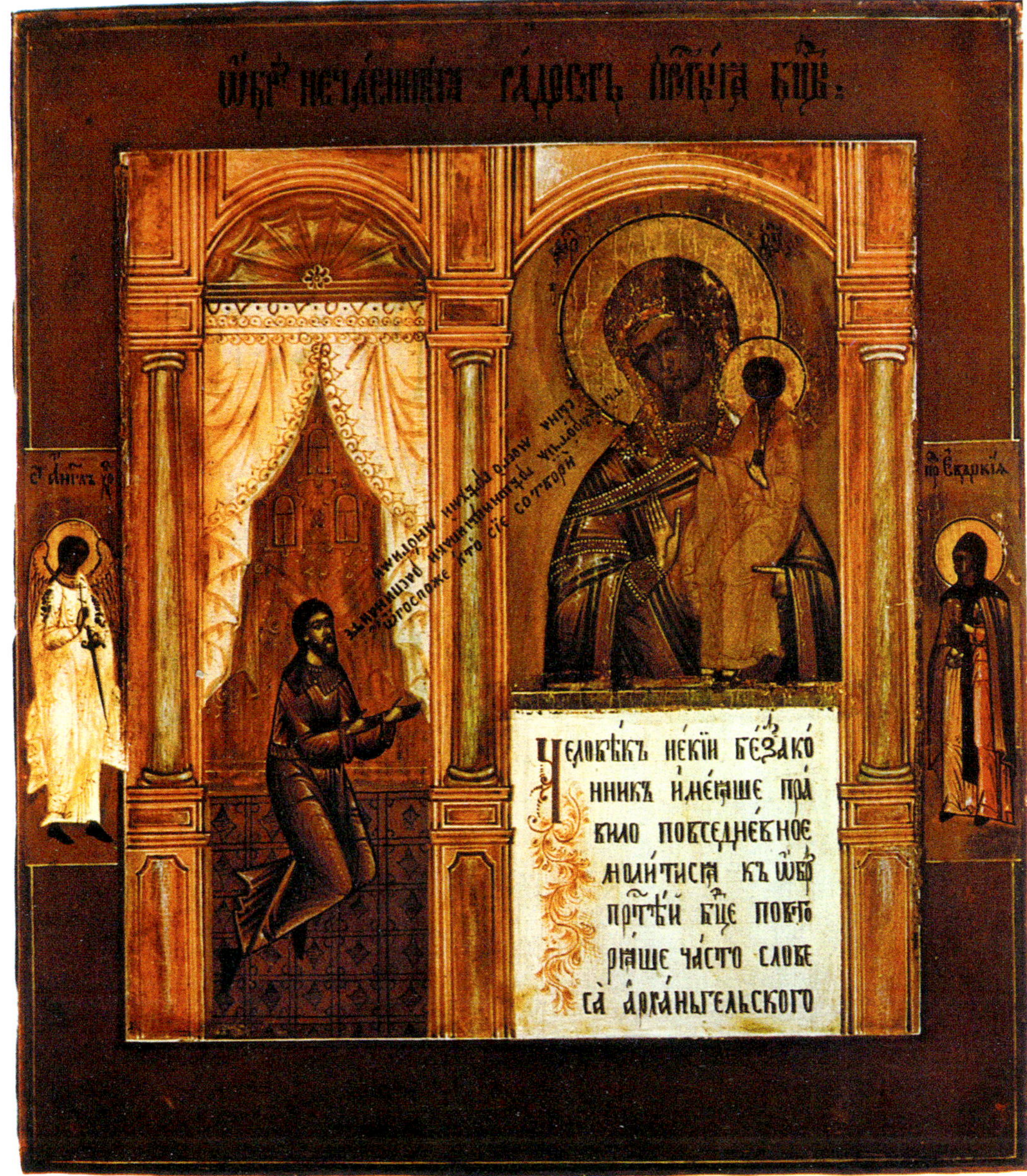

Anbetung der Gottesmutter, um 1800, Russland.
In dieser Zeit entwickeln sich viele neue Ikonentypen, sie werden mit den traditionellen verschmolzen. In dem Schriftblock unten sind die Worte verzeichnet, die der kniende Gläubige an die Gottesmutter richtet. Ihre Antwort zieht sich in drei Zeilen quer über die Bildmitte. – Die Gestalten auf dem Bildrand: links ein Schutzengel, rechts die Hl. Eudokia.
Privatsammlung Brenske, Hannover

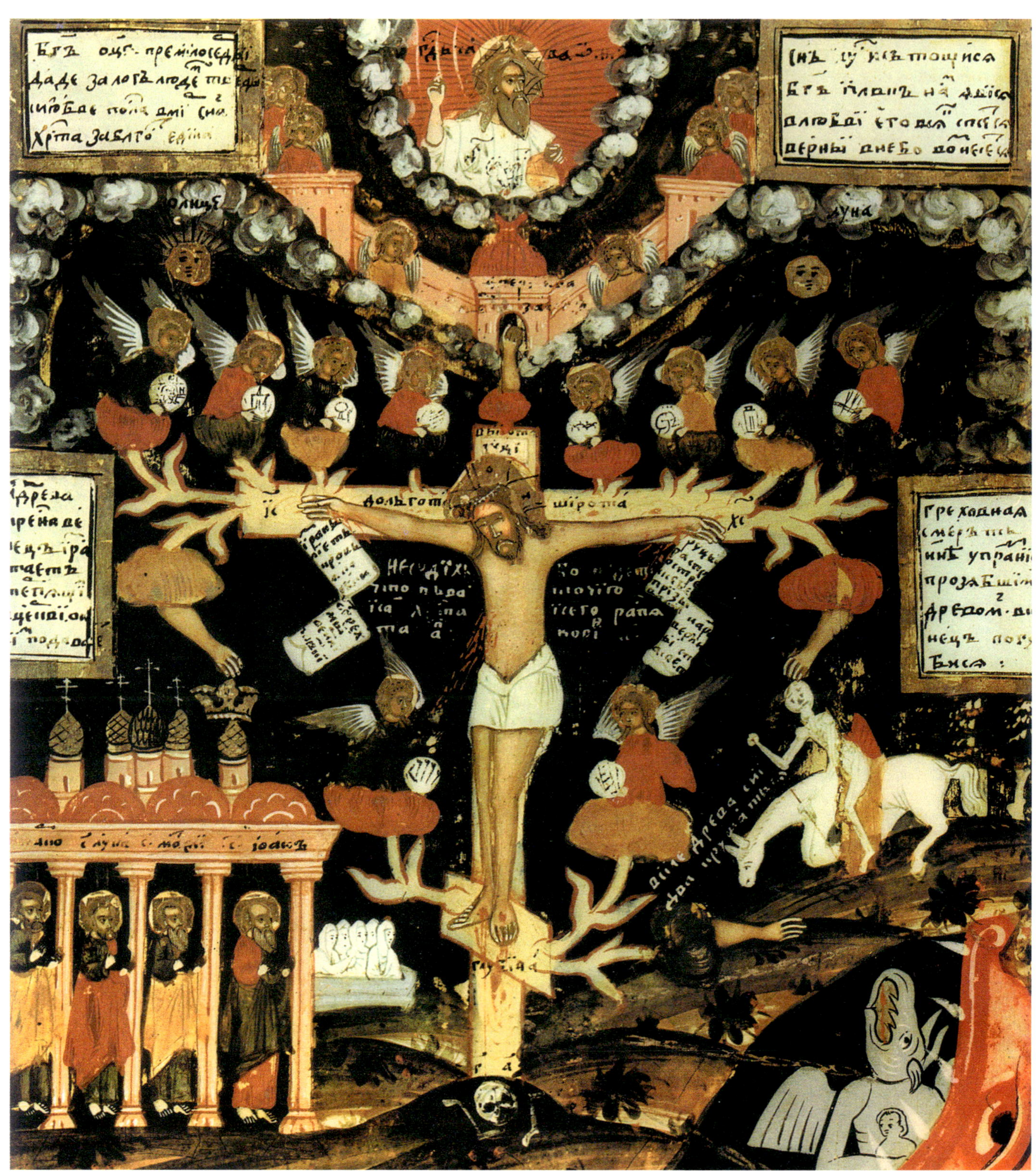

Kreuzigung Christi, griechische Ikone nach byzantinischer Schule, 18. Jh.
Seit dem 16./17. Jahrhundert liebt man Ikonen, die Geschichten erzählen und deren Sinn sich nicht auf den ersten Blick enträtseln lässt. Oftmals sollen diese Ikonen auch einen didaktischen Zweck erfüllen, und es sind ihnen zahlreiche Spruchbänder oder Schriftblöcke beigegeben. Über dem Gekreuzigten acht Engel mit den Passionswerkzeugen; über ihnen die Stadtmauern von Jerusalem, die Gottvater umgeben. Links unten die vier Evangelisten, rechts unten der Teufel im Walfischmaul als Sinnbild des Hades; darüber der auf einem weißen Ross heraneilende Tod.

dichter. Russland wollte sich aus dem mittelalterlichen Denken befreien und suchte den politischen Anschluss an Westeuropa.

Dogmatische und liturgische Fragen führten 1654 unter dem Patriarchen Nikon zu einer Reform der liturgischen Bücher, die bei vielen Geistlichen und im Volk auf heftigen Protest stieß. Die russische Kirche spaltete sich in Rechtgläubige, die Nikons Reform guthießen, und in Altgläubige, die den Traditionen folgten und sich nicht der Staatskirche anschlossen.

Für die Ikonenmalerei blieb diese Entwicklung nicht ohne Folgen. Es war an ihren Fundamenten gerüttelt worden, das nahm ihr die Sicherheit.

Von den Altgläubigen wurden indessen an einigen Orten im Gouvernement Wladimir – in den Städten Palech, Mstera und Chalui – Malschulen gegründet, die die Ikonenmalerei alten Stils pflegten. Sie richteten sich aus nach den Werken der Schulen in Nowgorod und Moskau, nach der Rubljew'schen und der Stroganow'schen Schule.

Es ist erstaunlich, dass die Maler es fertigbrachten, die aufklärerischen Tendenzen ihrer Zeit zu ignorieren und unbeirrt überzeugende und künstlerisch wertvolle Ikonen zu malen, meist Miniaturikonen in der Manier der Stroganow-Schule.

Außerdem kopierten sie immer wieder alte Ikonen der verschiedensten Schulen mit bemerkenswerter Genauigkeit. Die Unterscheidung von den Originalen fällt selbst Experten schwer.

Die ersten Ikonen, die Goethe sah, stammten aus Palech. Maria Pawlowna, die Gemahlin Karl Friedrichs von Sachsen-Weimar, hatte sie nach Weimar mitgebracht. Im Westen waren die Kultbilder der Ostkirche noch weithin unbekannt. Goethe war fasziniert von seiner Neuentdeckung und brachte auf vielen Umwegen Näheres über Maler und Herkunft der Ikonen in Erfahrung, die er 1804 bei der Fürstin gesehen hatte.

Die Palecher Malschule hielt sich bis 1917, abseits von den Strömungen der Zeit. Bis ins 19. Jahrhundert hat sie sich die Reinheit ihres Stils erhalten können. Doch schließlich schwand die Überzeugungskraft der Bildinhalte, und die Darstellung wurde sentimental und süßlich. Heute bemalen die Palecher Maler Tabaksdosen in Ikonenart und haben eine weitreichende Verkaufsorganisation aufgebaut.

Die allzu ungestüme prowestliche Einstellung Peters des Großen beschleunigte den Niedergang der Ikonenmalerei in den übrigen Schulen des Reiches. Die Moskauer Schule wurde vom Zaren selbst geschlossen. Die Maler schickte er nach Westeuropa, sie sollten die Techniken und Stilmittel der abendländischen Malerei kennen lernen Um etwa 1730 gründete er die Neumoskauer Schule. Sie versuchte, wie bereits Simon Usakow, westliche Formen mit der alten Maltradition zu verschmelzen. Die alten Themen wurden zwar beibehalten und durch viele neue ergänzt, aber es durften nur Barockmotive verwendet werden. Die Kleidung der Personen, die Architektur im Hintergrund, die Ornamentik und selbst die Farbgebung entsprechen dem europäischen Barock.

Bei Ikonen des 18. Jahrhunderts ragt häufig der Heiligenschein in den oberen, oft gerundeten Bildrand hinein.

Die religiöse Kunst Russlands hat ihre Kraft verloren. Das Urbild-Abbild-Denken ist wirkungslos geworden, die Zeit hat es überholt.

Bis zur Oktoberrevolution wurden auch weiterhin Ikonen gemalt, die aber oft deutlich vom Westen beeinflusst waren. Daneben entwickelte sich eine Massenproduktion von religiösen Bildern, die nur noch durch die tiefe Frömmigkeit der Gläubigen mit den Ikonen der alten Zeit verbunden waren.

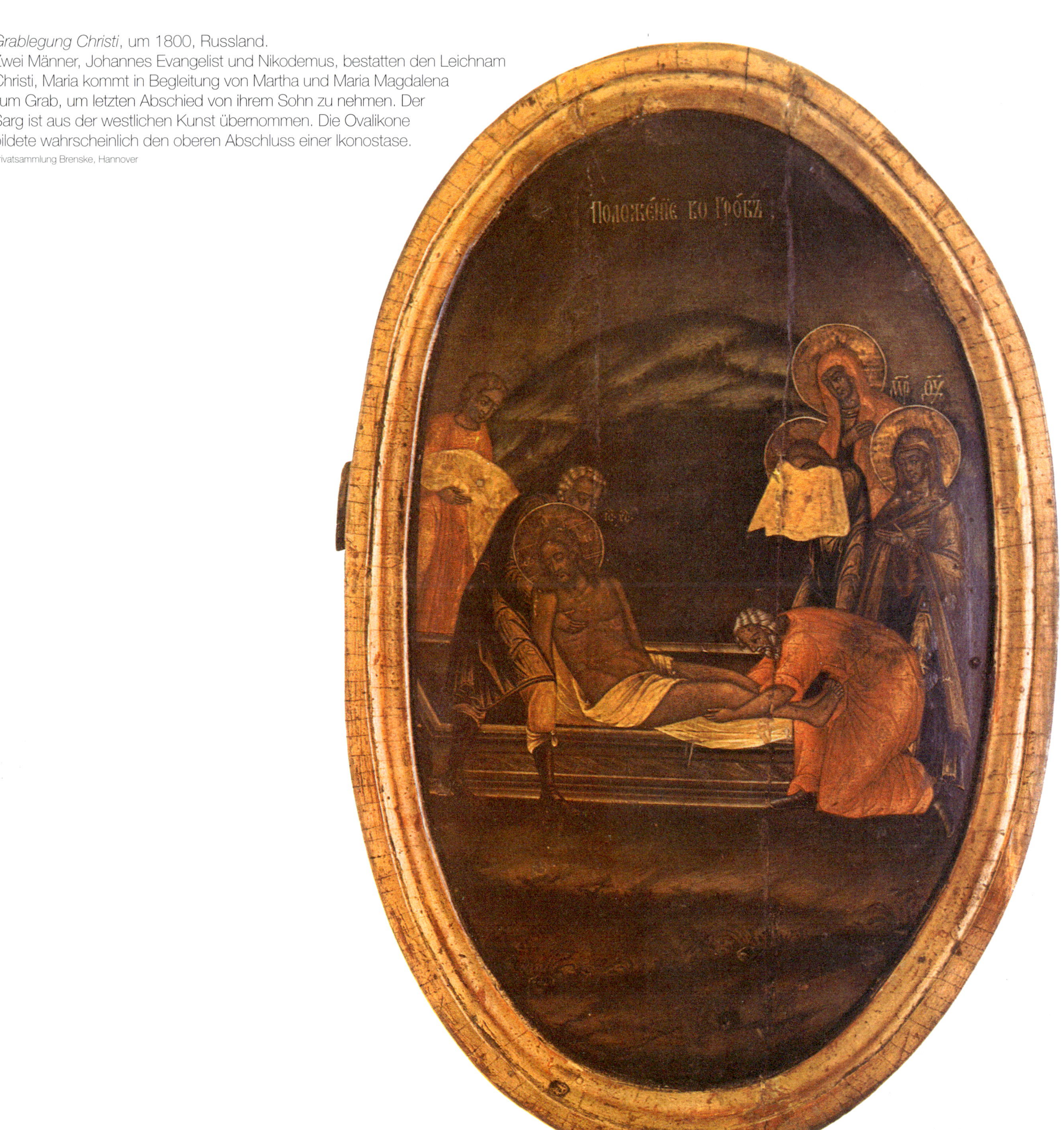

Grablegung Christi, um 1800, Russland.
Zwei Männer, Johannes Evangelist und Nikodemus, bestatten den Leichnam Christi, Maria kommt in Begleitung von Martha und Maria Magdalena zum Grab, um letzten Abschied von ihrem Sohn zu nehmen. Der Sarg ist aus der westlichen Kunst übernommen. Die Ovalikone bildete wahrscheinlich den oberen Abschluss einer Ikonostase.
Privatsammlung Brenske, Hannover

Hinweise für den Ikonenfreund

Zum Wesen der Ikonen

Ikonen sind Kultbilder der Ostkirche. Diese Glaubensgemeinschaft liegt in Deutschland nach den Evangelischen und den Katholiken an dritter Stelle. Zu ihr zählen vor allem griechische und jugoslawische Gastarbeiter mit ihren Familien. Etwa zehn Prozent der Christen in aller Welt gehören einer der orthodoxen Kirchen an.

Das Wort »IKONE« kommt aus dem Griechischen: eikón = Bild oder Abbild. Trotzdem ist eine Ikone etwas anderes als ein Gemälde westlicher Form, wie es uns geläufig ist.

Themen

Die Themen der Ikonen entsprechen in ihrer Mehrzahl unserem christlichen Verständnis. Aber auch die orthodoxen Festtage sind uns nicht ganz fremd und lohnen ein weiteres Studium.

Der religiöse Aspekt darf bei Ikonen keinesfalls vernachlässigt werden. Im Gegenteil: Deshalb sollte der Besitzer einer Ikone die ihr zugrunde liegende Stelle in der Bibel oder der Heiligenlegende unbedingt kennen. Dann erst wird der Betrachter die Ikone richtig verstehen und oft noch wichtige Einzelheiten der Darstellungen entdecken, die er sonst nicht beachtet hätte.

Ikonen und Gemälde

Wir sind es gewohnt, dass Bilder, welche jeweils nach der Phantasie des Künstlers entstanden sind, sich grundsätzlich unterscheiden. Wenn man bei Gemälden zwei gleichartige Motive findet, fragt man sich: Welches ist nun das Original und welches die Kopie? Dieses Denken gibt es bei Ikonen nicht. Ikonen sind nach Malerhandbüchern entstanden, d. h. nach Vorlagen, die meist Umrisszeichnungen aufweisen oder auch exakte Beschreibungen, so dass den Malern – oft waren es Mönche – die Themen und deren Gestaltung vorgegeben waren. Trotzdem unterscheiden sie sich in den Einzelheiten, so dass man jeweils eine besondere »Handschrift des Mönchs« herauslesen kann.

Dies muss man wissen, um zu verstehen, warum man bei Ikonen häufig dieselben Heiligen in ganz ähnlicher Haltung antrifft, z. B. den Nikolaus, aber auch Christus Pantokrator oder eine der vielen Darstellungen der Gottesmutter wie die Hodigitria oder die Kasanskaja. Gerade für den Sammler ist es interessant, beim gleichen Motiv die Unterschiede festzustellen.

Bekannt sind die »Malerhandbücher« (podlinnik) vom griechischen Berge Athos, das Stroganow-Malerhandbuch und das Serbische Handbuch (ein serbisches Original wird in Belgrad aufbewahrt). Während das Stroganow- und das Serbische Malerbuch Zeichnungen als Vorlage aufweisen, beschreibt das griechische Handbuch vom Athos jedes Thema so ausführlich, dass es sich von ähnlichen Motiven abgrenzt; es wurde im Jahre 1555 in die deutsche Sprache übersetzt.

Rein äußerlich unterscheiden sich Ikonen von Gemälden dadurch, dass sie nicht gerahmt sind. Trifft man bei Ikonen Rahmen an, kann man davon ausgehen, dass diese später zugefügt wurden oder dass es sich um sehr junge Ikonen des 20. Jahrhunderts handelt. Mönche haben Ikonen nicht gerahmt, weder in Russl and noch auf dem Balkan. Ein Rahmen entspricht nicht ihrem Charakter.

Malschulen der Mönche

Ikonen wurden vielfach von Mönchen »geschrieben«, die im Rahmen ihrer Klöster besondere Malschulen entwickelt haben. Obwohl diese Mönche eine außergewöhnliche künstlerische Fertigkeit erreicht haben, können sie nicht als Künstler im wesentlichen Sinne bezeichnet werden. Ihre Arbeit blieb anonym, sie haben deshalb auch nur in Ausnahmefällen signiert und datiert. Aus der gleichen Einstellung haben sie – besonders in späteren Jahren – oft gemeinsam die Ikonen geschaffen, d. h., einer der Mönche hat sich auf die Vorbereitung des Holzes spezialisiert, der nächste auf den Malgrund, ein anderer konnte besser den Hintergrund der Ikonen, die Architekturkulisse und ähnliche Feinheiten, zeichnen, und ein weiterer Mönch hat schließlich die Kunst der Gesichter und der Hände so beherrscht, dass sie ihre eigene Ausstrahlung erhielten.

Ikonen als Kunstwerk

Wie Gemälde dienen Ikonen häufig als Wandschmuck. Eine besondere Ausstrahlung werden sie dann erreichen, wenn mehrere Ikonen zusammen aufgehängt werden, wie es auch der häuslichen Ikonenecke im Osten entspricht.

Entscheidend ist die Malqualität einer Ikone. So haben viele Sammler besonders an der eigenartigen mystischen Ausstrahlung Freude, welche oft auch auf dem Goldgrund basiert.

Kunstgeschichtlicher Aspekt

Gerade die Kunstgeschichte der Ikonen ist äußerst interessant und lohnt ein näheres Studium: So lernt man die Themen, die schon der Evangelist Lukas gemalt haben soll, von den späteren Motiven zu unterscheiden. Man erfährt auch etwas vom Bildersturm, als über hundert Jahre lang Bilderverehrer und Bilderstürmer sich auf das Erbittertste bekämpften, so dass leider die meisten Ikonen vor dieser Zeit vernichtet wurden. So lernt man auch die Unterschiede zwischen den griechischen und den russischen Klöstern wahrzunehmen und damit auch die verschiedene Malweise dieser Ikonen. Entsprechende Literatur wird heute angeboten. Mancher Feierabend kann mit diesem Studium sinnvoll verbracht werden. Wenn man noch eine Reise dazu verwendet, um an Ort und Stelle weitere Einzelheiten zu studieren, so kann dieses eine lohnende Freizeitbeschäftigung werden.

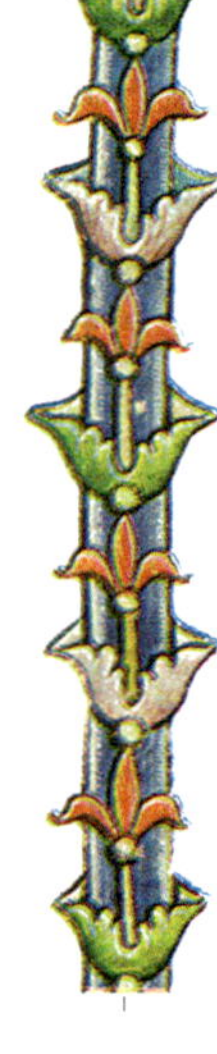

Meditative Wirkung

Daneben vermitteln Ikonen Ruhe und Ausgeglichenheit. Selbst einzelne Themen, die eine gewisse Bewegung ergeben, wie die Verklärung Christi mit den drei Jüngern, die in den Staub fielen, oder die Verkündigung, strahlen eine große Ruhe aus, die gerade der viel Beschäftigte benötigt.

Wenn heute viel von Yoga, autogenem Training, Psychotherapie und transzendentaler Meditation die Rede ist, so kann man diese Wirkung auch durch eine Ikone erzielen. Viele Themen weisen gleichzeitig eine hypnotische Ausstrahlung auf, wenn z. B. der Pantokrator den Gläubigen anschaut und zu einem frommen Leben anhalten will. Der Bibelspruch »Kommet her zu mir alle, die ihr mühselig und beladen seid«, der meist auf der geöffneten Bibel des Pantokrator zu lesen ist, spricht für sich selbst.

Mancher Sammler beginnt den Feierabend nach einem anstrengenden Tagesablauf erst nach dem Betrachten einer oder mehrerer Ikonen, er will einfach sich beruhigen und aus dem Alltag heraus führen lassen. Und wenn unsere Jugend heute zum Guru nach Indien fährt, um Meditation zu betreiben, so kann im Grunde der gehetzte moderne Mensch diese Wirkung auch bei Ikonen erleben.

Sammeln von Ikonen

In den letzten Jahren hat sich das Sammeln echter alter Ikonen immer größerer Beliebtheit erfreut. Es gibt mehrere Gründe, die dazu geführt haben können.

Demjenigen, der sich eine Sammlung aufbauen will, mögen die folgenden Hinweise dienlich sein: Ikonen sollte man stets nach dem persönlichen Geschmack auswählen, gleichzeitig jedoch auf die Qualität der Ikone, ihr Alter und die Malweise achten.

Es gibt kaum Ikonen, die nicht beschädigt sind, denn sie waren ja weniger Wandschmuck als Kultbilder, die man häufig in die Hand nahm, küsste und bei Prozessionen mitführte, so dass gerade bei älteren Stücken »Jahresringe« ablesbar sind.

Da die Ursprungsländer, insbesondere Russland und Griechenland, inzwischen den Export der alten Stücke verboten haben, um ihre kulturellen Güter im Lande zu bewahren, wird man in den nächsten Jahren Ikonen immer seltener im Handel antreffen.

Andererseits möchten viele Sammler ihre Sammlung ergänzen. Je früher man sich also zum Kauf der Ikone entschließt, die einem zusagt, um so günstiger wird man sie erwerben.

Jeder kann sich seine Sammlung nach eigenen Gesichtspunkten aufbauen. Der eine möchte vielleicht möglichst viele verschiedene Typen des gleichen Themas – etwa Christus oder Gottesmutter mit oder ohne Kind, von denen es ja 300 Variationen gibt – besitzen, ein anderer wird die Heiligendarstellungen bevorzugen und vielleicht mit dem Heiligen Nikolaus beginnen.

Ein anderer Sammler mag vielfigurige, bewegte Bilder vorziehen, z. B. die Zusammenfassung aller zwölf Hauptfesttage der orthodoxen Kirche auf einer Ikone oder die Monats-Ikonen, auf denen für jeden Tag eines Monats ein oder mehrere Heilige dargestellt sind.

Viele Sammler lieben die Vitaikonen, die in mehreren Bildern Geschichten aus dem Leben der Heiligen erzählen, weil sie dem westlichen Denken am nächsten stehen.

Mancher möchte gern die starke, gleichsam hypnotische Wirkung spüren, die von einer frontalen Darstellung Christi, der Gottesmutter oder eines Heiligen ausgeht, oder sich von der Innigkeit der Wladimirskaja rühren lassen.

Auch andere persönliche Gründe können die Wahl eines Motivs bestimmen. Ein Käufer mit dem Vornamen Georg möchte vielleicht eine Ikone des Heiligen Georg erwerben, ein passionierter Reiter eine Darstellung des Erzengels Michael auf geflügeltem roten Pferd oder des Heiligen Demetrius auf schwarzem Pferd. Auch Boris und Gleb sind häufig mit Pferden dargestellt.

Ein Arzt sucht vielleicht nach einer Ikone des Arztheiligen Panteleimon (im katholischen Bereich Pantaleon genannt) und ein Apotheker nach Darstellungen der Apothekenheiligen Cosmas und Damian. Diese Themen werden allerdings immer seltener.

Obwohl Ikonenthemen – im Unterschied zu Gemälden – durch Jahrhunderte hindurch unverändert übernommen wurden und den Mönchen die Einhaltung dieser Thematik zwingend vorgeschrieben war, ist die darstellerische Vielfalt größer, als man zunächst annehmen möchte. Es kann sehr reizvoll sein, die Behandlung desselben Themas aus verschiedenen Zeiten und Schulen zu vergleichen und die Stilunterschiede festzustellen.

Zum Sammeln von Ikonen gehört auch die Beschäftigung mit ihren kunst- und geistesgeschichtlichen Voraussetzungen. Die Literatur darüber ist sehr umfangreich. Die in diesem Buch aufgeführte Bibliographie kann nur eine kleine Auswahl sein. In vielen der angeführten Bücher sind weitere Hinweise auch zu ganz speziellen Themen der Ikonenmalerei zu finden.

Fragen der Datierung

In einem alten Malerhandbuch findet sich folgende Mahnung an die Ikonenmaler: »Mein Sohn, wenn du malst, dann halte an der Tradition fest, wie du es gelernt hast, denn nur der Ketzer wagt es, vom Urbild abzuweichen. Wenn diejenigen, die später eine von deinen Ikonen betrachten sollen, an dich allein dächten, ja, da hättest du deinen heiligen Auftrag schlecht ausgeführt.«

Hielt sich der Mönch nicht an das Vorbild, wich er zu sehr von den im Malerhandbuch gesammelten Umrisszeichnungen für die einzelnen Bildtypen ab, so konnte es sein, dass die Kirche die Ikone nicht anerkannte, also auch nicht weihte. Und da der Ikonenmaler seine Kunst als Dienst an Gott verstand, sind im Allgemeinen die Ikonen weder mit seinem Namenszug versehen noch datiert.

Aus der gleichsam dogmatischen Behandlung eines Themas über Jahrhunderte hinweg und der Anonymität des Malers oder der Schule ergeben sich häufig Schwierigkeiten, eine Ikone zu datieren oder ihren Ursprung näher zu bestimmen, und oftmals muss man sich damit begnügen, Entstehungszeit und -ort aufgrund verschiedener Anhaltspunkte großzügig einzugrenzen.

Von einigen Ikonentypen lässt sich mit Sicherheit sagen, dass sie erst ab einem gewissen Zeitpunkt auftreten. Damit ist eine unterste Zeitgrenze gegeben. Auch die Lebensdaten der dargestellten Heiligen lassen eine gewisse zeitliche Begrenzung zu. Das sind zwar nur grobe Hilfsmittel für die Zeitbestimmung, können aber zusammen mit weiteren Merkmalen der Klärung dienen. Auch aus dem Auftreten neuer ikonographischer Züge lassen sich Rückschlüsse ziehen, ebenso wie aus der Beschriftung, ob sie zum Beispiel der Hochsprache oder dem Kirchenslawisch angehört, oder ob sie dialektische Eigenheiten aufweist, durch die man die Ursprungsgegend und vielleicht auch die Zeit näher umreißen kann.

Auch Übermalungen können Hinweise geben, vor allem aber stilistische Änderungen. Solche von Zeitströmungen bedingte neue Auffassungen eines Themas ziehen sich im Allgemeinen durch alle Malschulen. An griechischen und kretischen Ikonen werden zum Beispiel schon recht früh abendländische Einflüsse sichtbar. In diesem Bereich treffen wir seit dem 16. Jahrhundert bereits häufig signierte Ikonen an.

Doch selbst wenn man davon ausgeht, dass Zeitstile in die Ikonenmalerei Eingang gefunden haben, lassen diese Merkmale nur bedingt eine exakte zeitliche Einstufung zu. Es war nicht ungewöhnlich, dass man neue Strömungen ignorierte und sich auf die Tradition besann, im 18. oder 19. Jahrhundert wieder im Stil des 15. oder 16. Jahrhunderts malte.

Da die einzelnen Malschulen nur selten einen reinen Stil aufweisen, sondern meistens Mischstile, ist auch die Herkunftsbestimmung oft recht schwierig. Da die Eigenarten der einzelnen Schulen noch zu wenig erforscht sind und sich auch nicht mehr genau rekonstruieren lassen, kann man nur nach bestimmten allgemeinen und auch manchen speziellen Wesenszügen, die wir zu kennen glauben, die Herkunft einer Ikone bestimmen oder vermuten.

Echt oder falsch

An die Frage der Datierung und der Stilanalyse schließt sich auch oft die Frage an, ob es sich um eine echte oder gefälschte Ikone handelt.

Von einer Fälschung muss bei Ikonen dann gesprochen werden, wenn versucht wurde, einen alten Stil zu kopieren, um eine alte Ikone vorzutäuschen. Bei russischen Ikonen sind kaum Fälschungen bekannt. In Griechenland dagegen haben es bestimmte »Malschulen« in neuerer Zeit im Fälschen zu großer Perfektion gebracht. Selbst Museen konnten bis in die jüngste Zeit getäuscht werden.

Wenn Teile der alten Ikone noch erhalten sind, andere aber nachträglich ergänzt wurden, ohne dass ausdrücklich auf diese Restaurierung im Katalog oder vom Fachhändler hingewiesen wird, spricht man von einer Teilfälschung.

Es kommt auch zuweilen vor, dass eine alte Ikone eine junge Basma erhalten hat, die im alten Stil gefertigt wurde. Mit dieser Verkleidung lassen sich zum Beispiel Randschäden gut kaschieren. Auch hier sollte ausdrücklich erwähnt sein, dass es sich nicht um eine Original-Basma handelt.

Ein Fachmann mit großer Erfahrung wird meist sehr rasch feststellen können, ob es sich um eine echte oder falsche Ikone handelt. Doch verschiedene Kriterien kann sich auch der Laie aneignen.

Die Rückseite zeigt, ob das Holz mit dem Beil zugehauen wurde, wie es bei sehr alten Ikonen der Fall ist. An der Art, wie die Querstreben, die Sponki, auf der Rückseite eingeschoben sind, lässt sich ebenfalls häufig auf das Alter der Ikone schließen.

Wurmlöcher zeigen nicht immer das wahre Alter der Ikone an. Um zu täuschen, wurden im 20. Jahrhundert Ikonen auf altem Holz gemalt, das bereits Wurmlöcher aufwies. Künstlich erzeugte Wurmlöcher haben gerade Gänge im Unterschied zu den unregelmäßigen natürlichen Wurmgängen.

Auch an den Krakelüren, den Rissen in den Farb- und Firnisschichten, lässt sich häufig das ungefähre Alter der Ikone ablesen. Doch auch hier ist man vor Täuschungen nicht sicher. Wenn man nämlich in jüngster Zeit gemalte Ikonen großer Hitze aussetzt, entstehen Risse, die sich allerdings von denen, die durch natürliche Alterung hervorgerufen wurden, in ihrer Form unterscheiden.

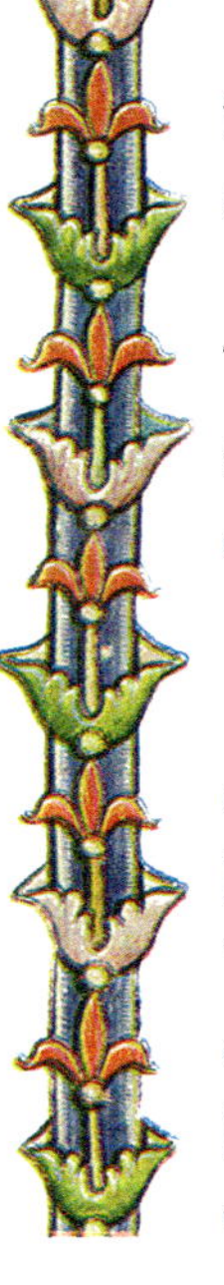

In allen Zweifelsfällen wende man sich an den Fachmann oder an Institute und Forschungslabore, die durch eine Materialuntersuchung Alter und Echtheit von Kunstgegenständen bestimmen. Es sind dies unter anderen:

- Dörner Institut, München
- Institut für Technologie der Malerei, Stuttgart
- Forschungslabor der Stiftung Volkswagenwerk, Berlin.

Beim Kauf einer Ikone sollte man unbedingt auf einer Echtheitsbescheinigung bestehen. Sie sollte zunächst einmal die Provenienz der Ikone angeben. Bei einigen Ikonen lässt sich die Schule bestimmen, aus der sie stammen. Das ist vor allem bei solchen aus der Palecher, häufig auch bei denen aus der Moskauer und Nowgoroder Schule der Fall. Doch es beeinträchtigt nicht den Wert einer Ikone, wenn die Herkunft nur mit »russisch«, »griechisch« oder »serbisch« angegeben wird.

Auch das ungefähre Alter der Ikone sollte in dem Zertifikat aufgeführt sein. Da jedoch ein Thema über lange Zeit hinweg bis in die Einzelheiten gleichartig dargestellt wurde, sind zwei Jahrhunderte als mögliches Entstehungsdatum nicht selten, in Ausnahmefällen ist der Zeitraum noch größer.

Auch ein Hinweis darauf, wann das betreffende Ikonenthema aufkam, wird oft möglich sein.

Schließlich sollten in dem Zertifikat das Thema ausführlich beschrieben und die dargestellten Personen namentlich aufgeführt sein, eventuell mit Angabe ihrer Namenstage.

Auf dem Berge Athos und an einigen anderen Orten – sogar in der Bundesrepublik Deutschland – werden Ikonen in der alten Tradition gemalt; sie zählen jedoch nicht zu den echten Ikonen in unserem Sinne, obwohl sie häufig eine große Ausstrahlung besitzen und von künstlerischer Qualität sind.

Ein seriöser Kunsthändler, der auf Ikonen spezialisiert ist, und ein fachlich versierter Sammler werden im Allgemeinen in der Lage sein, ein Testat auszustellen, das den Anforderungen genügt.

Außerdem gibt es in der Bundesrepublik einige Museen, die gegen eine entsprechende Vergütung eine Expertise ausstellen. Es sind dies vor allem:

- Ikonen-Museum Recklinghausen
- Ikonen-Museum Schloss Autenried bei Günzburg
- Stiftung Preußischer Kulturbesitz, Berlin, Altes Museum.

Allerdings wird ein Museum keine verbindlichen Preiseinstufungen vornehmen, denn die Preise werden durch Angebot und Nachfrage bestimmt.

Ikonen im Wohnraum

Obwohl Ikonen ursprünglich für die Ikonostase in der Kirche oder die Ikonenecke im Hause der orthodoxen Gläubigen geschaffen wurden, wird man sie auch ohne Schwierigkeiten in eine moderne Wohnung einbeziehen können.

Am besten wirken sie natürlich, wenn sie einzeln hängen. Man kann sie aber auch dicht neben- und übereinander anordnen – so entsprechen sie am ehesten einer Ikonostase.

Dem Charakter einer Ikonenecke entspricht es, wenn man die Bilder geschlossen aufhängt.

Zum Aufhängen genügt meist eine kräftige Hakenschraube, die man in der Mitte der Ikone – etwa 5–10 Zentimeter unterhalb des oberen Randes – anbringt. So erhält die Ikone eine leichte Schräge nach unten; dadurch werden die Lichtreflexe vermindert.

Ikonen, die größer sind als ca. 35 x 45 cm, sollten an zwei Hakenschrauben mit einer kräftigen Schnur oder einem Draht befestigt werden.

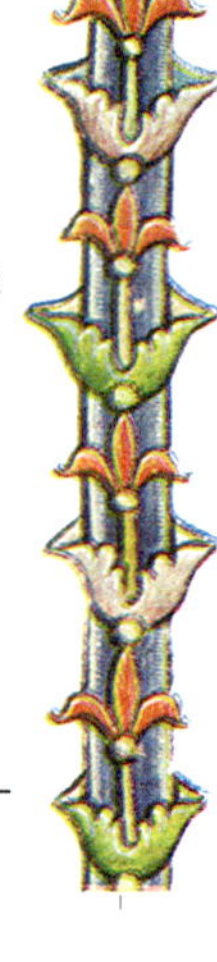

Ausleuchten der Ikonen

Ikonen leben vom Licht. Sie sollten deshalb immer in der Nähe von Lichtquellen hängen. Besonders die Bilder, die auf Silber-Goldgrund gemalt sind, verbreiten erst abends in künstlichem Licht ihren eigenartigen mystischen Schimmer.

Im Allgemeinen dürfen Ikonen nicht zu stark angestrahlt werden. Mit Kerzenlicht erzielt man auch heute noch oft eine sehr gute Wirkung. Gemäldeleuchten, wie sie in Skandinavien, England, in der Schweiz und in Kanada seit langem verwendet werden, spenden ein mildes Licht. Notfalls lassen sich auch Klavierlampen entsprechend umbauen. Besser noch sind Einzelstrahler mit mattiertem Licht oder so genannte Punktstrahler. Neonlicht ist gewöhnlich zu nüchtern, zu »kalt«.

Pflege und Reinigung der Ikonen

Nicht viel kann der Laie tun, aber doch etwas: Ikonen sollten vor zu starkem Lichteinfall geschützt werden, d.h., direkte Sonneneinstrahlung ist zu vermeiden. Auch starke Temperaturunterschiede sind schädlich; Ikonen sollten also nicht in der Nähe eines Fensters hängen, das man im Winter zum Lüften öffnet.

Eine Holzikone ist zwar unempfindlich, dennoch sollte man für gleichmäßige Luftfeuchtigkeit sorgen. Mit einem Hygrometer kann man sie überwachen. Es gibt heute im Handel Luftbefeuchter, die bei zu großer Austrocknung durch die Zentralheizung für genügend Feuchtigkeit sorgen. 50–60% entspricht dem normalen Maß.

Ist die Ikone zu trocken geworden, das heißt, beginnen sich feine Risse zu bilden, so sollte man mit dem Handballen vorsichtig etwas Bienenwachs oder Gemäldewachs auf die Bildoberfläche reiben, eventuell auch etwas Spezial-Gemäldemattlack (auf Wachsbasis) dünn auftragen.

Hin und wieder betrachte man die Ikone mit einer starken Lupe. Stellt man größere Schäden fest, wende man sich an den Fachmann, der die Ikone mit einer ultravioletten Quarzlampe ausleuchtet. Dann bespreche man mit dem Restaurator, ob und welche Restaurierungen vorgenommen werden sollen.

Ikonen sollten regelmäßig in großen Abständen mit einem weichen sauberen Wolltuch oder Pinsel gereinigt werden. Bei hartnäckigem Schmutz sollte ein Restaurator die Reinigung mit Terpentin, Spiritus oder Aceton vornehmen. Wasser und alle wasserlöslichen Mittel sind gefährlich, da sie den Kreidegrund zum Quellen und Abblättern bringen und die Vergoldungen beschädigen können.

Restaurierung

Das Restaurieren von Ikonen einschließlich der möglicherweise erforderlichen Bekämpfung des Holzwurms sollte grundsätzlich einem versierten Fachmann vorbehalten bleiben. Er wird einer Konservierung grundsätzlich Vorrang einräumen.

Wissenswertes über die Restaurierung von Ikonen können den Ausführungen von Anna Gulyanska am Ende dieses Kapitels entnommen werden.

Wirkliche Fachleute auf dem Gebiet des Restaurierens von Ikonen gibt es im Bundesgebiet nur wenige. Den Antiquitätenverbänden und örtlichen Industrie- und Handelskammern liegt eine Anschriftenliste vor. Auch die örtlichen Museen und Ikonen-Spezialhändler sowie die Gemeinschaft der Ikonenfreunde Hannover sind bei der Vermittlung der Anschrift des nächsten Restaurators behilflich.

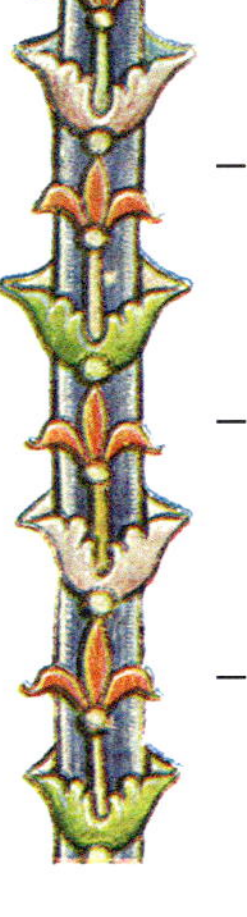

Ikonensammlungen und -ausstellungen

Ikonenausstellungen gab es im Westen erstmals nach der Jahrhundertwende. 1906 wurde in Paris die Ikonensammlung Lichatschew präsentiert, 1926 stellte die »Deutsche Gesellschaft zum Studium Osteuropas« in Berlin, Köln, Hamburg und Frankfurt a. M. Ikonen des 12. bis 18. Jahrhunderts aus.

Erst jetzt wurde einer breiten Öffentlichkeit bekannt, welche Bedeutung diese Bilder im kirchlichen Leben der Ostkirche hatten und wie sehr sie mit dem Leben des einzelnen Menschen verbunden sind.

Die erste Ikonen-Ausstellung nach dem Zweiten Weltkrieg fand im Kestner-Museum, Hannover, statt. Der Hautarzt Dr. Wendt, selbst Besitzer einer umfangreichen Ikonensammlung, hatte Ikonen aus etwa 20 Privatsammlungen zusammengetragen. Anschließend wurde die Ausstellung auch in Göttingen gezeigt.

In den letzten Jahren hat sich der Kreis der Ikonensammler erheblich erweitert. Man schätzt, dass es heute im Bundesgebiet über tausend Sammler gibt, die eine Anzahl Ikonen besitzen. In Europa sind etwa dreihundert Ikonensammler bekannt, die zum Teil über bemerkenswerte Sammlungen verfügen.

Ständige Ausstellungen öffentlicher Sammlungen gibt es im

- Ikonen-Museum Recklinghausen;
  Am Kirchplatz 2a, 45657 Recklinghausen; es wurde 1956 mit 73 Ikonen gegründet, heute besitzt es über 1000 Ikonen,
- Ikonen-Museum Schloss Autenried bei Günzburg an der Donau; von den etwa 300 Ikonen ist jeweils nur ein Teil ausgestellt,
- Stiftung Preußischer Kulturbesitz, Berlin, im Alten Museum werden derzeit nur die zehn ältesten Ikonen des Bestandes gezeigt.
- Ikonen-Museum Frankfurt am Main, Brückenstraße 3–7, 60594 Frankfurt am Main.

Gemeinschaft der Ikonenfreunde

Nach der Ikonen-Ausstellung in Hannover im Jahre 1952 bildete sich die »Gemeinschaft der Ikonenfreunde«. Ihr schlossen sich zahlreiche Privatsammler an, zunächst aus dem niedersächsischen Raum, später auch aus dem ganzen Bundesgebiet und dem europäischen Ausland.

Aufgabe der Gemeinschaft ist es, den Gedankenaustausch der Sammler untereinander zu fördern und ihnen bei der kunsthistorischen Einordnung ihrer Ikonen behilflich zu sein. Die Gemeinschaft stellt Echtheitszertifikate aus und berät ihre Mitglieder bei Tausch, An- und Verkauf ihrer Ikonen.

Die Gemeinschaft führt Ikonen-Studienreisen durch. Insgesamt haben bisher fast dreißig solcher Reisen stattgefunden.

Die »Gemeinschaft der Ikonenfreunde« erteilt in allen fachlichen Fragen kostenlos Rat. Die Anschrift ist: 30419 Hannover, Machandelweg 11, Telefon und Telefax (05 11)63 36 67.

Ikonenmarkt

Bei echten alten Ikonen werden folgende Bewertungsmerkmale unterschieden:

Ausstrahlung und Patina; besonders der Goldgrund verleiht der Ikone intensive Ausstrahlung. Alter und Entstehungszeit, Schule und Provenienz: Russische Ikonen werden allgemein höher bewertet als griechische Kultbilder oder solche des Balkans. Besonders hoch sind echte byzantinische Ikonen eingestuft, die sich heute meist in Museen befinden und nur selten angeboten werden.

Größe der Ikone und Seltenheitswert des Motivs spielen nur eine untergeordnete Rolle. Besonders die großen Ikonostasentafeln mit Abmessungen von ein mal zwei Metern und mehr sind nur noch selten zu finden und können aus Platzgründen von Sammlern oft nicht aufgehängt werden, denn sie setzen einen entsprechenden räumlichen Abstand des Betrachters voraus.

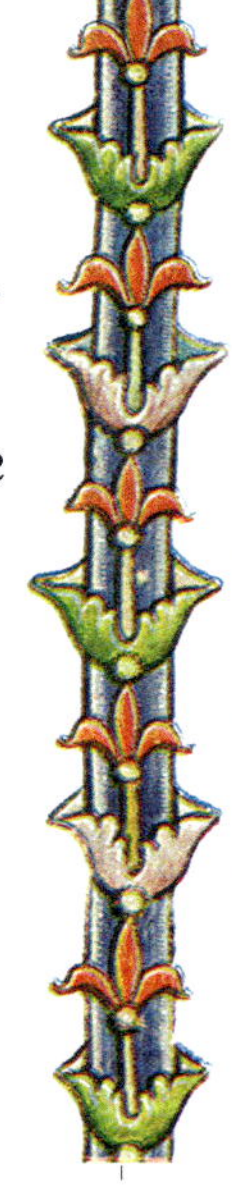

Leichte Beschädigungen stören bei Ikonen nicht, im Gegenteil, eine gewisse Patina gehört zu Ikonen. Auch fachgerechte Restaurierungen beeinträchtigen im Allgemeinen nicht den Wert.

Preisbildend und -regulierend wirken besonders die Auktionshäuser. Die erzielten Erlöse kann man jeweils den Ergebnislisten entnehmen.

Ikonen als Wertanlage

Wir nennen den Aspekt der Wertanlage in diesem Zusammenhang an letzter Stelle. Trotzdem ist er nicht unwichtig, wenn man bedenkt, dass eine Ikone einen nicht geringen Wert repräsentiert. In den letzten Jahren konnte bei guten Sammlerikonen eine Wertsteigerung von 25–30 % festgestellt werden; man spricht deshalb von den sogenannten Wandaktien, an denen man mehr Freude hat als an den Aktien.

Grundsätzlich sollte man darauf achten, dass man von einem anerkannten Fachmann eine Expertise erhält, der schon durch entsprechende Publikationen den Beweis dafür angetreten hat, dass er etwas von dieser Materie versteht.

Derartige Zertifikate sollen vor allem das Thema der Ikone ausführlich erläutern inkl. Bibelstellen, so dass sich der Besitzer weiter mit diesem Motiv befassen kann. Neben der Altersangabe ist es wichtig, dass die Echtheit garantiert wird. Weitere Hinweise auf den Inhalt eines ordnungsgemäßen Zertifikats finden sich am Schluss der Ausführungen zum Thema echt oder falsch (siehe die vorhergehenden Seiten).

Restaurierung von Ikonen

(am Beispiel der Ikone »Gottesmutter Freude aller Leidenden« aus dem Ikonen-Museum Recklinghausen)

von Anna Gulyanska

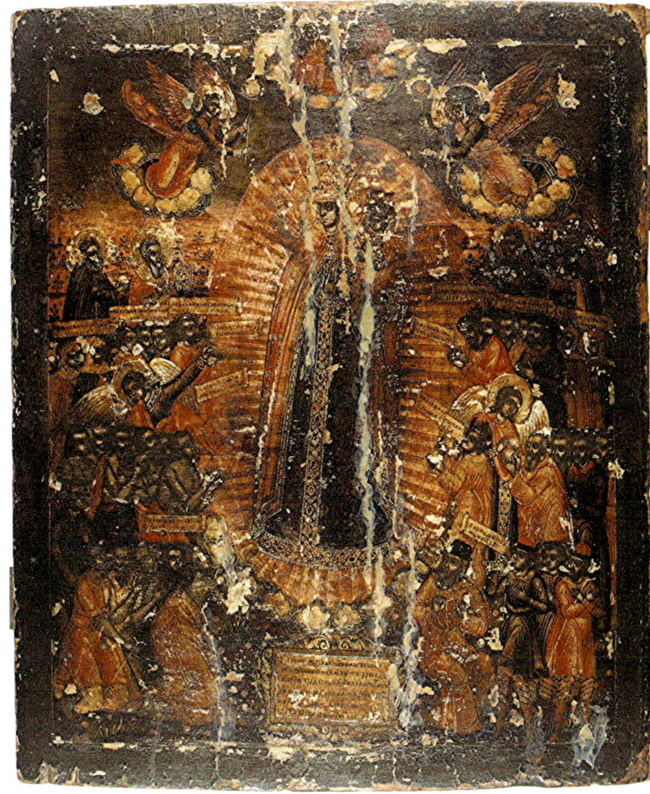

Abb. 1
»Gottesmutter Freude aller Leidenden«, Inv.-Nr. 71, Eitempera auf Holz, 54 x 45,5 x 2,8 cm, Vorzustand.

Im altem Russland spielten Ikonen im Leben des Volkes eine zentrale Rolle. Sie waren hoch geschätzt als Gegenstand religiöser Verehrung und wurden nicht als Kunstwerke betrachtet. Ikonenmaler versuchten nicht, einen eigenen Stil zu finden, sondern kopierten entsprechend den Forderungen der orthodoxen Kirche möglichst genau den einmal festgelegten Bildtypus des Motivs. Auch der Restaurator war bei seiner Arbeit bestrebt, den Charakter der Ikone als christliches Kultbild zu bewahren. Nicht ihre künstlerische Substanz war wichtig, sondern, dass das diesseitige Abbild des jenseitigen Urbilds möglichst unverändert erhalten blieb.

Bei jedem restauratorischen Eingriff drohte die Gefahr von Veränderungen im Sinne des jeweiligen Zeitgeschmacks. Dabei wurden die Ikonen einfach übermalt, so dass sich auf ihnen im Lauf von Jahrhunderten mehrere Malschichten, Ergänzungen und andere Überarbeitungen ansammeln konnten. Heute zielt die Restaurierung auf das Wiederherstellen des ursprünglichen Zustandes. Das Restaurieren hat sich auf das Nötige zu beschränken und die Veränderungen müssen reversibel sein. Neues wird nur so eingefügt, dass die originale Substanz nicht beeinflusst wird.

Am Beispiel der Ikone »Gottesmutter Freude aller Leidenden« aus dem Ikonen-Museum Recklinghausen werden diese Grundsätze näher erläutert. Im Rahmen meiner Diplomarbeit an der Fachhochschule Hildesheim / Holzminden / Göttingen wurden Untersuchung und Restaurierung dieser Ikone durchgeführt. Die Ikone »Gottesmutter Freude aller Leidenden« stammt aus Russland und wird um 1700 datiert. Sie wurde aus der Sammlung Dr. Wendt 1955 erworben. Zu dieser Ikone gehört noch ein Silber-Oklad von 1825 mit Messing-Heiligenscheinen. Die Ikone befand sich in schlechtem Zustand. Der Firnis war stark nachgedunkelt und die auffallenden Kittungen waren äußerst nachlässig ausgeführt worden.

Bevor man mit der Restaurierung beginnen konnte, waren gründliche maltechnische Untersuchungen notwendig. Dabei wurden winzige Malschichtproben entnommen und mikroskopisch untersucht. Außerdem wurden die Orte der Substanzentnahme in einer Zeichnung dokumentiert. Anhand der gewonnenen Untersuchungsergebnisse wurden dann konkrete Restaurierungsmaßnahmen festgelegt.

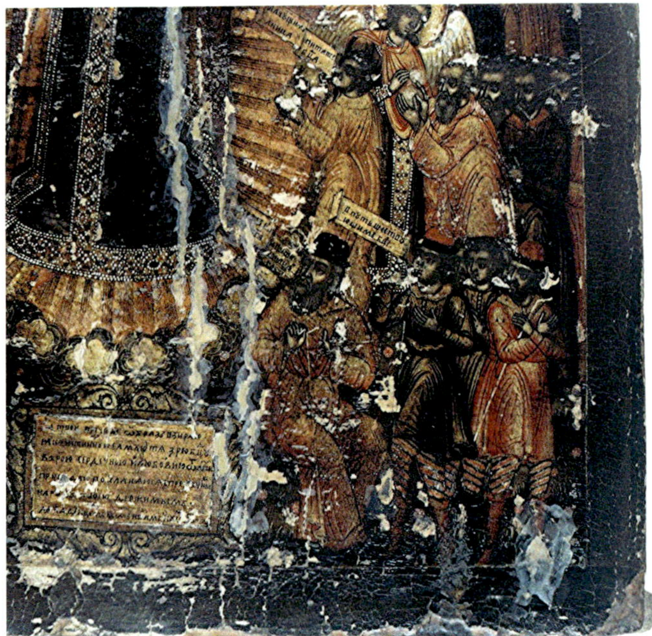

Abb. 2
Nicht korrekte Wachs-Harzkittungen und Fehlstellen in der Malschicht, untere rechte Ecke der Ikone, Vorzustand.

Schäden an der Malschicht

Die Schadenserhebung erbrachte die folgenden Ergebnisse:

- Vergilbung des Firnisses.
- Schädigung der Malerei durch frühere restauratorische Maßnahmen (Durchputzen im Bereich des Strahlenkranzes).
- Nicht korrekte Wachs-Harzkittungen.
- Mehrere Fehlstellen, die bis auf das Holz oder die Grundierung reichten, wohl durch frühere Befestigungen des Metallbeschlags verursacht.

Die Ikone war mit Wachs-Harzmasse gekittet. Durch die sorglose Überdeckung der umgebenden Originalmalerei mit der Kittmasse (Abb. 2) und zahlreiche Fehlstellen verlor die Ikone ihre ursprüngliche Wirkung.

Untersuchung der Ikone

Die aus den Proben hergestellten Querschliffe wurden unterm Mikroskop ausgewertet. So konnte der jeweilige Schichtaufbau ermittelt und nach diesen Befunden das Vorgehen für die Restaurierung festgelegt werden.

Die Untersuchung mit dem Technoskop zeigte, dass alle Partien der Ikone mit einer weißen, mehrschichtigen Grundierung unterlegt sind. Der maltechnische Aufbau hält sich strikt an die Tradition der Ikonenmalerei. Auf die Kreide- oder Gipsgrundierung wird die Unterzeichnung (Einritzen – russ. Grafja) eingeritzt. Die Unterzeichnung ist besonders an den Nimben und an den Gewändern gut sichtbar und sogar mit dem bloßen Auge zu erkennen. Darüber liegt die eigentliche Malschicht, ausgeführt in Eitemperatechnik.

Restaurierung

Durch die Restaurierung sollten die Details der Ikone wieder erkennbar werden.

Der vergilbte Firnis hatte die feinen Farbnuancen der warmen und kalten Farben gemildert oder ganz verdeckt. Er musste deshalb entfernt werden.

Lockere Teile der Malschicht wurden mit Hautleim oder mit einem Gemisch aus Bienenwachs und Kolophoniumharz gefestigt.

Die Kittungen waren mehrere Millimeter dick und reichten oft weit über die Fehlstellenränder hinaus, so dass sie die Malschicht und den originalen Firnis überdeckten. Sie wurden so weit abgetragen, dass sie mit dem Niveau der Malschicht bündig abschließen.

Die Farben an den Beschädigungen und Kittungen waren mittels Retusche an die originale Malerei anzugleichen.

Als Malfarbe für die Retusche wurde Gouache eingesetzt, da sie reversibel und relativ alterungsbeständig ist, außerdem weist sie eine gute Haftung auf dem Kitt auf.

Mit Hilfe von Normalretusche wurden neue und alte Kittungen so eingestimmt, dass sie nur bei näherer Betrachtung zu unterscheiden sind. Einige Fragmente wie Wolken und Gewandteile sind rekonstruiert worden

Zum Schluss wurde die Ikone mit einem neuen Firnis aus Dammar in Terpentinöl (1:4) überzogen.

Zusammenfassung

Einer der wichtigsten Aspekte der Firnisabnahme war die Rückgewinnung der Ikone in ihrer ursprünglichen Farbwirkung.

Die sehr fein abgemischten vorherrschenden Farben wie Rot, Weiß, Grün kommen durch die Restaurierung besser zum Vorschein. Dies gilt auch für die kühleren Farben. Durch diese Kontrastierung der Komplementärfarben erfährt die Ikone eine Steigerung ihrer Leuchtkraft.

Die vorher nicht oder nur schwach zu erkennenden Modellierungen und Konturen wurden wieder sichtbar. Ehemals dunkle Flächen gliederten sich nun in deckende und transparente Bildelemente. Die Tiefenwirkung des Hell-Dunkel-Kontrastes erschien jetzt wesentlich intensiver.

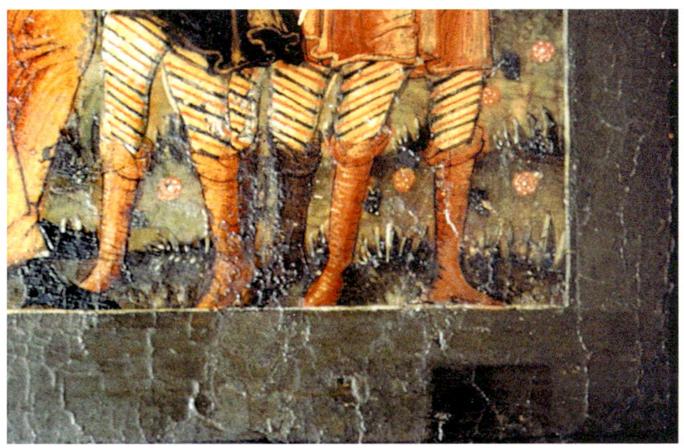

Abb. 3
Die untere rechte Ecke nach der Firnisabnahme, dem Entfernen der Wachs-Harz-Überschüsse, der Durchführung der Wachs-Harzkittungen und Retusche.
Als Dokument wurde eine rechteckige Stelle mit dem originalen Firnis gelassen.

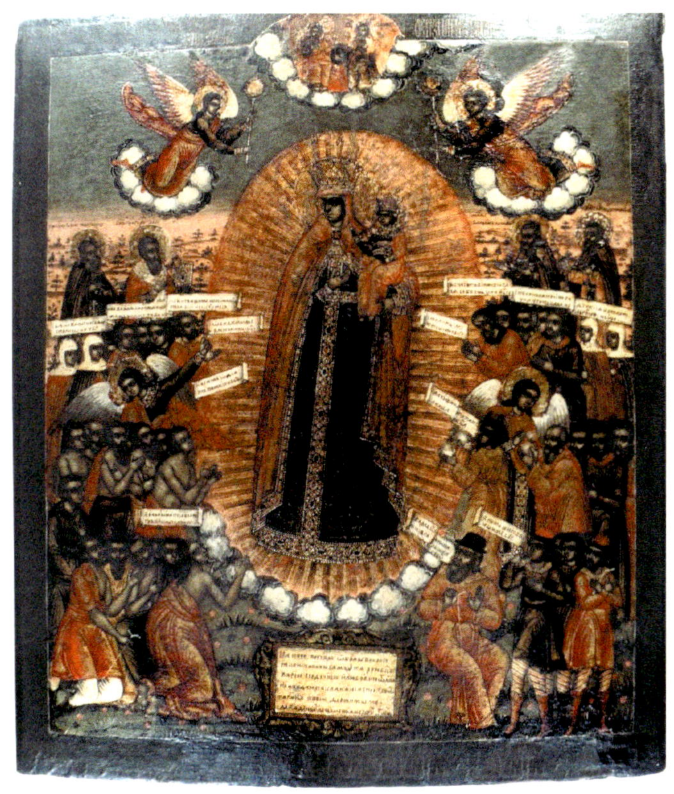

Abb. 4
Die Ikone »*Gottesmutter Freude aller Leidenden*« nach dem Firnissen, Endzustand, Gesamtaufnahme.

Die durch den verfälschenden bräunlichen Firnis hervorgerufene optische Verbräunung des Hintergrundes und der Umrandung wandelte sich in helles Blaugrün am Hintergrund und in Grün an der Umrandung der Ikone.

Es zeigt sich, dass das Restaurieren von Ikonen sehr vielseitige und umfassende Kenntnisse erfordert, die nur ein besonders ausgebildete Fachkraft haben kann.

Weitere Bücher des Autors zum Thema

Ikonen – Fenster zur Ewigkeit
C. Albrecht-Verlag, Hannover, 120 Seiten mit 49 ganzseitigen farbigen Abbildungen, 3. Auflage
Auch in englischer, französischer, spanischer und holländischer Übersetzung ISBN 3-98061271-6

Ikonen – Zeugnisse des Glaubens
Verlag F. Steinmeier, Nördlingen, 268 Seiten, 100 farbige Abbildungen ISBN 3-927-496-61-8

Ikonen selber machen
C. Albrecht-Verlag, Hannover
130 Seiten, 80 farbige und 100 Schwarzweiß-Abbildungen ISBN 3-9806127-0-8

Verzeichnis der Abbildungen

Das Verzeichnis ist nach Themen alphabetisch geordnet.

Bibliografie

Ainalov, D., Geschichte der russischen Monumentalkunst der vormoskovitischen Zeit, Berlin und Leipzig 1932
— Geschichte der russischen Monumentalkunst zur Zeit des Großfürstentums Moskau, Berlin und Leipzig 1933

Alpatov, M. V., Andrei Rublev, Moscow 1959
— Art Treasures of Russia, London 1966
— Treasures of Russian Art of the 11th–16th centuries, Leningrad 1971
— Altrussische Ikonenmalerei, Dresden 1974

Alpatov-Brunov, Geschichte der altrussischen Kunst, 2 Bde., Augsburg 1932

Demus, O., Die Entstehung des Paläologenstils in der Malerei (Berichte zum XI. Internationalen Byzantinisten-Kongreß), München 1958

Darmstadt Kunstverein, Luzerner Ikonensammlung Darmstadt 1966 (Katalog)

Elbern, V. H., Ikonen aus der Frühchristlich-Byzantinischen Sammlung (Berlin, Staatliche Museen Preußischer Kulturbesitz 1970)

Eller, K. und D. Wolf, Mosaiken, Fresken, Miniaturen. Das Kultbild in der Ostkirche. München 1967

Felicetti-Liebenfels, W., Geschichte der byzantinischen Ikonenmalerei, Olten-Lausanne 1956
— Geschichte der russischen Ikonenmalerei, Graz 1972

Gerhard, H. P., Welt der Ikonen, Recklinghausen 1963 (5. Aufl. 1974)

Grabar, A., Byzanz (Kunst der Welt), Baden-Baden 1964
— Die mittelalterliche Kunst Osteuropas (Kunst der Welt), Baden-Baden 1964
— Die Kunst des frühen Christentums (Universum der Kunst), München 1967
— Die Kunst im Zeitalter Justinians (Universum der Kunst), München 1967

Grabar, J., V. N. Lazarev u. O. Demus, UdSSR, Frühe russische Ikonen (Unesco-Reihe Weltkunst), München 1958

Haus der Kunst, Ikonen München 1970 (Katalog)

Hutter, I., Frühchristliche Kunst–byzantinische Kunst (Belser Stilgeschichte IV, Stuttgart 1968

Kaganowitsch, A., Kunst in Russland (17. und 18. Jh.), Genf 1969

Kollwitz, J., Reallexikon für Antike und Christentum s.v. Bild III. Bd. 2,1954

Lazarev, V. N., Theophanes der Grieche und seine Schule, Wien 1968
— Andrej Rublev, Moskva 1966
— Novgorodian Icon-Painting, Moscow 1970
— Moscow School of Icon-Painting, 1971

Mathew, G., Byzantinische Malerei, Berlin 1960

Mengs, F. X., Die Bilderlehre des hl. Johannes von Damaskus, Münster 1938

Musee Rath, Les Icones dans les Collections Suisses Genf 1968 (Katalog)

Nemitz, F., Die Kunst Russlands, Berlin 1940

Ostrogorski, G., Studien zur Geschichte des byzantinischen Bilderstreites, Amsterdam 1964 (Nachdruck d. Ausg. v. 1929)

Restle, M., Die byzantinische Wandmalerei in Kleinasien, Recklinghausen 1967

Reclam Philipp jun., Reclams Lexikon der Heiligen und der biblischen Gestalten, Stuttgart 1968

Recklinghausen Ikonenmuseum
Ikonen: Sammlung Amberg, Recklinghausen 1962
Ikonen: Sammlung Popoff, Recklinghausen 1966
Ikonenmuseum Recklinghausen, Recklinghausen 1968

Rothemund Boris (Slavisches Institut München),1971 »Verzeichnis der russischen Gold- und Silbermarken«
— Handbuch der Ikonenkunst, München 1966

Russische Ikonen, Woldemar Klein Verlag, Baden-Baden 1951

Schäfer, G., Das Handbuch der Malerei vom Berge Athos, Trier 1855; nicht überarbeiteter Nachdruck des Malerhandbuchs des Malermönchs Dionysios vom Berge Athos, München 1960

Schweinfurth, Phillipp, Die Geschichte der russischen Malerei im Mittelalter, Den Haag 1930
— Russian Icons, London 1953
— Russische Ikonen, Laupen-Berlin 1956

Skrobucha, H., Die Botschaft der Ikonen, Ettal 1961; engl. Ausg. u. d. T. Icons, London 1963

Von Geist und Gestalt der Ikonen, Recklinghausen 1961; engl. New York 1965
— Meisterwerke der Ikonenmalerei, Recklinghausen 1961

Sotiriou, G. u. M., Les icones du Mont Sinai, 2 Bde., Athenes 1956/58

Stroganow, Ikonenmalerhandbuch der Familie Stroganow, Slavisches Institut München 1965

Talbot Rice, D., The Icons of Cyprus, London 1937
— Beginn und Entstehung christlicher Kunst, Köln 1961
— Kunst aus Byzanz, München 1959
— Die Kunst Russlands, München 1965
— Die Kunst im byzantinischen Zeitalter, München/Zürich 1968

Volbach u. Hirmer, Frühchristliche Kunst, München 1958

Wendt, C. H., Rumänische Ikonenmalerei, Erich Röth-Verlag, Eisenach 1953

Wessel, K., Die byzantinische Emailkunst, Recklinghausen 1967

Wessel, K. und M. Restle (Hrsg.), Reallexikon zur byzantinischen Kunst, Stuttgart

Wulff, O., Altchristliche und byzantinische Kunst. Bd. I und II und Bibliographischer Nachtrag: Handbuch der Kunstwissenschaft. 1918, 1924, 1939

Wulff, O. und M. Alpatoff, Denkmäler der Ikonenmalerei, Eisenach 1953

Xyngopoulos, A., Thessalonique et la peinture macédonienne, Athen 1955

Register

H

I

J

K

L

M

N

O

P

R

S

T

U

V

W

Z